新时代文秘类专业新形态系列教材

总主编◎向 阳   总主审◎李 忠

秘书心理与行为

第2版

主 编◎侯典牧 郅利聪

副主编◎谭玉菡

重庆大学出版社

图书在版编目(CIP)数据

秘书心理与行为 / 侯典牧, 郅利聪主编 . -- 2 版 .

重庆 : 重庆大学出版社, 2025.6. -- ISBN 978-7-5689-

5303-0

Ⅰ . C931.46

中国国家版本馆 CIP 数据核字第 2025PJ4368 号

秘书心理与行为(第 2 版)

MISHU XINLI YU XINGWEI

主编　侯典牧　郅利聪

策划编辑:唐启秀

责任编辑:石　可　　版式设计:唐启秀

责任校对:关德强　　责任印制:张　策

*

重庆大学出版社出版发行

社址:重庆市沙坪坝区大学城西路 21 号

邮编:401331

电话:(023)88617190　88617185(中小学)

传真:(023)88617186　88617166

网址:http: // www.cqup.com.cn

邮箱:fxk@ cqup.com.cn(营销中心)

全国新华书店经销

重庆新荟雅科技有限公司印刷

*

开本:787mm×1092mm　1/16　印张:16.5　字数:360 千

2025 年 6 月第 2 版　2025 年 6 月第 1 次印刷(总第 5 次印刷)

ISBN 978-7-5689-5303-0　定价:44.00 元

丛书编委会

总主审　李　忠

总主编　向　阳

总　序

在习近平新时代中国特色社会主义思想的指导下,中国职业教育迎来了空前的发展。各职业院校在深入学习贯彻党的二十大精神的同时,始终坚持党的领导,坚持正确的办学方向,坚持立德树人,优化类型定位,深入推进育人方式、办学模式、管理体制、保障机制改革。职业院校的教师们以建设技能型社会、弘扬工匠精神为指南,培养了大批高素质技术技能人才,为全面建设社会主义现代化国家、赋能新质生产力、助力人才强国,提供了有力的人才和技能支撑。

现代文秘专业在职业教育改革的大潮中锚定目标,厚积薄发,积极地与新经济、新产业、新业态融合,对标现代服务业,坚持产教融通、校企合作,推动形成产教良性互动、校企优势互补的发展格局,释放出文秘类专业职业教育的新空间、新活力,取得了一系列令人瞩目的教学、科研和实践成果。本套教材正是在这样的形势下应运而生并得以推广。随着时代的不断发展、信息技术的更新迭代,文秘工作已经不仅仅是简单的文字处理和事务管理,它要求从业人员具备出色的政治素养、全面的职业素质、精湛的专业技能和敏锐的时代触觉。这套新形态教材的编写出版,旨在为文秘类专业的学生和从业者提供一个全新的学习平台,帮助他们更好地适应未来职业发展的需求。

在教育部职业院校教育类专业教学指导委员会文秘专业委员会的直接指导下,在重庆大学出版社的大力支持下,我们以国家现代文秘专业教学标准为依据,集合了全国多所职业院校文秘类专业的专业带头人和优秀教师,共同编写了这套符合"立德树人"整体要求、凸显校企融通思路的新形态教材。这套教材的编写,紧密结合了企事业单位对文秘人才的现实需求,充分吸收了最新的智慧办公和数字行政方面的成果,力求在传授专业知识的同时,培养学生的实践能力和创新精神。我们遵循高职教育的规律,以人才培养为核心,以行业需求为导向,以提升学生的综合素质和职业技能为目标,努力打造一套既符合高职教育特点,又具有鲜明时代特色的文秘类专业系列教材。

在编写过程中,我们始终坚持"为党育人、为国育才"的基本出发点,将课程思政贯穿每一本教材的始终。我们通过深入分析当前企事业单位对文秘人才的需求趋势,结合高职教育的特点和人才培养模式,力求在教材中融入最新的教育理念和教学方法,使之既符合教育规律,又能有效提升学生的职业技能和综合素质。在内容的选择上，我们力求精简、实用，避免空洞的理论阐述，而是更多地关注实际操作和应用，力求使每一个章节、每一个知识点都能紧密联系实际，服务于学生的未来职业发展；在版式设计上，我们采用了大量的图表、案例和实训练习，使学生在学习过程中能够更直观地理解知识点，更好地掌握实际操作技能。同时，我们还配套了大量的多媒体教学资源，包括视频教程、在线测试、模拟实训等，旨在为学生提供一个更加丰富、多元的学习环境。通过对这些资源的使用，学生可以随时随地进行自主学习和实践操作，进一步提升学习效果和职业技能。

我们坚信，这套文秘类专业新形态教材的出版，必将对推动新时代文秘类专业教育的发展产生积极而深远的影响。我们期待它能够成为广大师生教学、学习的得力助手，为我国文秘人才的培养贡献智慧和力量。

在此，我们要再次感谢重庆大学出版社在这套教材编写和出版过程中给予的全力支持。他们的专业团队在内容策划、编辑校对、版式设计等方面都给予了我们宝贵的建议和帮助，使得这套教材能够更加完善、更加符合读者的需求。

展望未来，我们将继续关注文秘行业的最新发展动态，不断更新和完善教材内容，确保其与时俱进、紧跟时代步伐。由于编者来自不同的省市和院校，各自的学术背景和经验有所差异，教材中难免存在不足之处。我们诚挚地希望广大师生能够积极使用这套教材，并提出宝贵的意见和建议。通过共同努力，我们期望推动文秘类专业教育的持续发展和进步。

让我们携手努力，共同书写文秘类专业教育的新篇章！

丛书编者

2024年3月

在当今这个信息爆炸、节奏飞快的时代,秘书作为企业运转中不可或缺的枢纽角色,其工作性质已远远超越了传统意义上的行政辅助。他们不仅是信息的桥梁、决策的参谋,更是情绪的调节器与团队氛围的营造者。因此,重新修订并出版《秘书心理与行为》一书显得尤为重要,本教材旨在深入探讨秘书工作中蕴含的心理机制,帮助读者构建起一套科学且实用的心理技能体系,以适应不断变化的职业挑战。

根据重庆大学出版社的安排,我们决定修订《秘书心理与行为》教材。本版教材在延续第1版优势及特点的基础上,重点突出下列特性:

1.调整教材体例架构

把原来的"部分、单元"结构,调整为"模块、专题"结构,每个专题都设计了能力提升训练内容,这样更符合高职学生的学习特点。

2.更新引导案例内容

在新时代的背景下,秘书的工作环境和特点发生了不少变化。因此,第2版教材,对引导案例进行了较多的补充和更新。

3.优化教材内容编排

新版教材删除了部分冗余以及比较过时的内容,增添了体现新时代特点的内容,如秘书工作的新变化及其角色适应、现代秘书应具备的新媒体技术素质等内容。

4.充实最新研究成果

这些年秘书心理研究工作取得了一定的进展,本教材力求充实最新成果,尤其是适应新时代发展要求的新成果。

同时保留第1版中有价值的内容:

1.注重学生心理自我认知提升

在本教材中,几乎每个专题后面都设有与该部分心理素质相配套的测评内容,学生在使用过程中可以利用测评加强自我认知,从而更有针对性地进行训练和提升。

2.强化心理素质专项训练

本教材在重要知识点、专题后设有专项的心理素质训练内容,以此提升学生的心理素质水平。

3.拓展知识维度,增添趣味

心理学学科分支较多,内容丰富,为了使秘书专业的学生在有限的时间内掌握更多有用的心理学知识,本教材在部分重要知识点处适当以知识链接的方式拓展实用且有趣味的心理学知识。

本教材的修订版得益于重庆大学出版社和教育部高职高专文秘类专业教学指导委员会的大力支持,我们在修订期间多次组织全国性的会议进行讨论,在此表示衷心的感谢。本教材由中华女子学院侯典牧主持编写,各作者的任务承担情况为:郅利聪(三门峡职业技术学院)负责编写模块二、模块三、模块四;谭玉菡(湖南大众传媒职业技术学院)负责编写模块六;侯典牧负责编写模块一、模块五、模块七、模块八、模块九、模块十,并承担全书的统稿工作。

本教材在编写过程中参考了大量的心理学、秘书学方面的文献资料,汲取了其中的一些新的研究成果。本教材既可作为秘书类专业的教材,也可供广大教师、秘书工作者以及办公室工作人员作为参考指导用书。

虽然本教材编写组成员从事秘书专业教学工作多年,并且一直在探索心理学在秘书工作中的应用,但书中仍存在不足之处,敬请广大读者和学术同仁批评指正。

侯典牧

2025年1月于北京

目　录

模块一
绪论

 学习目标

知识目标:

• 掌握秘书心理学的概念。

• 了解秘书工作所需要的心理与行为理论。

• 理解学习秘书心理学的意义。

能力目标:

• 掌握学习秘书心理学的方法。

素质目标:

• 深刻理解学习秘书心理学对于做好秘书工作的重要价值,形成持续学习的意识。

专题1 秘书心理学及其应用

案例导入

　　一位在一家美国公司驻香港分公司做第一秘书的女士在商场上有很高的声誉，却因为一件事被迫离职了。事情是这样的：美国总公司的几位最高领导者决定在港举行宴会，出席宴会的有美国总部要员、香港分公司的总经理和一些要员，以及一些合作关系密切的大客户。

　　作为香港分公司第一秘书的她乐于以女强人自居。在任何方面，她都要求自己干得非常出色。可不知什么原因，她在一些宴会中，展露的风头有时竟凌驾于总经理之上。总经理是一位"好好先生"，在不损害自己利益的情况下，每每让她发言。她还是第一次经历这样盛大的宴会，所以从筹办开始，她就抱着很谨慎的态度，务求取得总公司主管的赞许。宴会当晚，她周旋于宾客间，确实令现场气氛甚为欢悦。当总公司的高层主管及分公司的总经理分别致辞时，她在旁边逐一介绍他们出场。轮到介绍她的上司，即分公司总经理时，她不知怎的，在介绍之前，竟说了一番谢词，感谢在场客户一直以来的支持。虽然只是三言两语，却已让总公司的主管皱眉。因为她负责的，只是介绍上司出场，而非独立发言。在宴会中，总公司主管与她交谈，发现她在提及公司的事时，总是以个人主见发表看法，并没有提及总经理的意见。给人感觉她才是分公司的总经理。结果该分公司总经理反而被上级邀请开会，研究其是否忠于自己的职位，是否懒散到由秘书代为处理日常事务。自此之后，总经理对她的态度开始有了较大的转变，最后，她自动辞职。[①]

　　秘书的任务是协助领导开展工作。在公司高层眼中，你做出的成绩，自然也是公司主管领导下的成果——下属尽力完成上司指派的工作是分内的事。正如前文所述的秘书那样，她过于越位的表现，直接导致总部怀疑她的上司失职，上司自然会把她视为危险人物。这位女秘书的出格表现，显示出其工作价值观、工作角色、个性、人际沟通能力等多方面与秘书岗位不匹配。因此，要做一名秘书工作者，就需要学习和掌握多方面的心理学相关知识，以使自己更好地胜任秘书工作。

一、秘书心理学的产生

　　随着经济的发展和企事业单位组织结构的变革，秘书工作的范围在不断扩大，参谋性职能在加强，专业化程度在提高，工作的平台也日趋现代化，这无疑会给秘书人员的工

---

① 孟庆荣.秘书工作案例及分析[M].北京：清华大学出版社，2007：31-32..

作提出更多的要求。在这种形势下,秘书人员怎样才能更好地承担起参政、处事、提供服务的职能,同时又能愉悦身心,轻松工作呢? 为解决这一问题,我们把研究人的心理规律和心理现象的科学,同研究处理人的事务的科学有机结合,于是便产生了一门新兴学科——秘书心理学。现代意义上的秘书学产生比较晚:20世纪80年代初期秘书学走过了它的初创阶段,80年代中后期出现了蓬勃发展的局面;而秘书心理学研究,直到20世纪90年代才发展起来。[①]

心理学的原理应用于不同领域,便会产生不同领域的心理学,职业心理学是心理学的原理在各种职业活动中的应用,而秘书心理学是职业心理的一种。秘书心理学是为秘书工作者更好地做好秘书工作服务的。

在现代职场中,秘书扮演着至关重要的角色。他们不仅是信息的传递者、决策的辅助者,更是人际关系的润滑剂、组织文化的塑造者。《秘书心理与行为》教材旨在深入探讨秘书工作中的心理机制,帮助读者更好地理解并应对职场挑战。

二、秘书心理学的概念

秘书心理学作为一门新兴的交叉学科,是心理学与秘书事务有机结合的产物。对它的理解可以从三个方面来把握:第一,它运用了心理学的有关原理和方法;第二,它研究和解释的是秘书活动的心理现象和规律;第三,它的最终目的是指导秘书的实践活动。所以,秘书心理学就是运用心理学的基本原理和方法,研究秘书人员及其活动的心理现象和规律,并对其提供指导的一门应用性学科。[②]

人的任何活动都涉及心理和行为两个方面,心理是行为的内在原因,行为是心理的外在表现。因此,秘书心理学也涉及秘书工作者的心理和行为两个层面。

三、秘书工作所需要的心理与行为理论

秘书要做好本职工作,就必须具备与其工作相匹配的心理素质特征,这就要求秘书工作者必须正确认知与其所从事的工作相匹配的心理素质,如认知、能力、气质、性格、价值观等;秘书工作的主要特点是辅助领导者处理事务,其中最重要的就是处理好双边的互动关系,同时,秘书作为领导的助手,经常要帮助领导处理内外部的接待和交往事务,这就要求秘书掌握与领导的互动心理规律,掌握人际交往和沟通的心理规律和技能,能够恰当地利用激励理论协助开展工作;秘书是具有独立意识的人,但秘书工作的特点决定了其常常只能扮演配角,这就要求秘书学会自我生涯设计和压力管理,以便在面对多种压力时,能够使自己工作舒心且卓有成效。

---

① 季水河.秘书心理学[M].长沙:中南工业大学出版社,1997:4.

② 侯典牧.秘书心理学[M].北京:首都经济贸易大学出版社,2008:2.

具体来说,秘书工作所需要的心理与行为内容主要表现在四大方面。

(一)秘书工作者的心理素质与秘书实践活动的适配问题

第一,由于秘书角色的特殊性和工作的独特性,要胜任和做好秘书工作,任职者必须具有与秘书工作相适应的性格、气质特征以及完成工作所必备的知识和能力。第二,秘书作为一种职业,对个体来说要做得有意义、有兴趣、有成就感,对企业来说要录用合格的秘书人员,保证秘书岗的稳定性,而不至于造成秘书人员的频繁跳槽,这就要求任职者具有与秘书职业相匹配的职业价值观。可见与秘书职位相匹配的性格、气质、知识、能力和价值观等理论知识都是秘书工作者所要学习的重要内容。

(二)秘书工作者的角色定位、交往沟通及其与领导之间的互动关系问题

秘书工作者做好本职工作,必须对秘书的工作角色有一个恰当的定位,定位准确才能处理好各种工作关系,才能把秘书工作做得恰到好处。秘书的社会角色行为主要包括秘书的角色特征、角色条件、角色规范和角色意识等方面的内容。广大秘书工作者应对秘书的社会角色形成比较清晰的认识,对秘书这一角色在社会中所处的地位及其相应的行为表现有一个整体上的把握,从而为秘书扮演好自己的角色提出明确的目标和指导。

秘书工作者作为领导的助手,处在一个机构或团体的中枢位置,经常要参与机构或团体的多种重要活动,与机构或团体上下内外的沟通和协调等都是十分重要的。因此,如何有效进行人际交往与沟通,是秘书工作者要解决的现实问题。了解和掌握人际交往的基本心理规律和技巧,有助于秘书工作者提高人际交往的能力。

为领导服务是各行各业秘书第一位的基本职能,因此,领导活动的基本范围和利益指向决定了秘书活动的范围,而秘书与领导的关系也成为秘书最首要、最基本的社会关系。因此,正确认识秘书与领导关系的实质,掌握秘书与领导关系的心理规律和有效处理的方式,是做好秘书工作的重要前提。

(三)秘书工作者在工作中的激励问题

秘书主要协助领导做好组织的管理工作,而管理工作的核心就是激励。领导的工作是否有成效,关键在于其是否能够在极大程度上调动员工的工作积极性。秘书作为领导的助手,要为领导做好服务,协助领导做好管理工作,就需要掌握激励的有关理论和规律,这也是秘书内外交往与沟通所必需的。

(四)秘书工作者的生涯设计与情绪、压力管理问题

秘书职业具有工作成绩的内隐性、服务对象的广泛性、自我提高的机遇性等特点,如何设计自我生涯,规划自己的人生,是广大秘书工作者非常关心的问题。因此,了解职业生涯规划的影响因素,掌握职业规划的流程,了解秘书职业生涯发展的特点和趋势,掌握生涯资源的自我开发的有效方式,是广大秘书工作者尤其是初入秘书行业的工作者迫切需要学习的内容。

人们在工作中只有身体健康、心理健康、心情愉快才能提高工作效率。然而,秘书工作比较繁琐,每天都面临来自内外的多重压力,如果长时间得不到调整,就会变得身心疲惫,甚至引发身心疾病。培养高情商,学会自我情绪管理与调节,对于秘书而言至关重要。因此,如何管理好自己的情绪与压力问题也是新时代秘书要学习的重要内容。

四、秘书心理与行为的内容结构

根据秘书职业和工作中的心理需求,可把秘书心理与行为的内容分为三大部分。

(1)秘书工作人员与岗位的匹配。该部分主要涉及秘书的社会角色意识、角色定位、角色适应,秘书工作所需的性格与气质特点,秘书工作的职业价值观,现代秘书的知识素养和能力需求等内容。

(2)秘书工作的有效开展与适应。该部分主要涉及秘书的人际交往实务,秘书与领导的关系,激励理论在秘书工作中的应用等内容。

(3)秘书工作者的自我发展与管理。该部分主要涉及秘书的职业生涯规划、秘书的情绪与压力管理等内容。

五、秘书心理学的未来发展

随着人工智能和远程办公技术的发展,秘书的角色正经历着前所未有的变革。在这一背景下,深化对秘书心理学的研究,将有助于更好地理解并预测这些变化对秘书职业的影响,从而培养出更加适应未来需求的高素质秘书人才。

(一)秘书心理学的研究内容将更加丰富多样

随着社会的进步和科技的发展,秘书工作的内容和形式也在不断变化。随着人工智能、大数据等技术的应用,秘书心理学还将研究如何利用这些技术手段提高秘书工作的效率和质量。

(二)秘书心理学的应用价值将更加凸显

秘书工作是企事业单位中不可或缺的一部分,其工作效率和质量直接影响着整个组织的运行。因此,秘书心理学的研究对于提高秘书工作水平具有重要的现实意义。未来,秘书心理学的研究成果将被广泛应用于秘书培训、选拔、考核等方面,为企事业单位培养更多优秀的秘书人才提供理论支持和实践指导。

(三)秘书心理学的国际交流与合作将更加紧密

随着全球化的推进,各国之间的文化交流日益频繁,秘书心理学作为一门具有普遍性的学科,其国际交流与合作也将更加紧密。未来,各国秘书心理学研究者将共同探讨秘书工作中的心理问题,分享研究成果,推动秘书心理学的发展。同时,通过国际合作,秘书心理学的研究方法和理论体系也将不断完善,为全球范围内的秘书工作者提供更好

的心理支持。

能力训练

心理素质训练：这门课对秘书工作的应用价值

学生分组讨论：结合教材三大模块，即秘书工作人员与岗位的匹配、秘书工作的有效开展与适应及秘书工作者的自我发展与管理，讨论这门课对秘书工作的重要应用价值。

【习题与思考】

1. 秘书心理学的概念。
2. 秘书工作所需的心理与行为理论有哪些？

专题2 学习秘书心理学的意义与方法

案例导入

张瑞是一位资深秘书，她服务的对象是一家大型跨国公司的CEO。由于工作压力巨大，CEO经常情绪波动大，对工作的要求极为严格。张瑞意识到，为了更好地服务CEO，她需要掌握一些心理学技巧来应对各种情况。

首先，张瑞开始学习基础的心理学知识，了解人际沟通技巧以及压力管理方法等。通过阅读相关书籍和参加在线课程，她学会了使用积极倾听的技巧来提高与CEO的沟通效率。

其次，张瑞还学会了如何在高压环境下保持冷静，这对于处理紧急情况至关重要。有一次，当公司面临一场突发的公关危机时，张小姐不仅迅速组织了应急会议，还有效地协调了各个部门的资源，帮助CEO制订了应对策略。她的镇定和高效赢得了CEO的信任和同事们的尊重。

最后，张瑞不断反思和总结经验，她认识到秘书心理学不仅仅是一种技能，更是一种艺术。通过不断学习和实践，她能够更好地理解人性，预测并满足上司的需求，从而在职场中建立起良好的人际关系网。

通过这个案例，我们可以看到，秘书心理学对于提升工作效率和改善人际关系具有重要作用。张小姐的成功经验告诉我们,作为一名秘书,除了专业技能之外,掌握一定的心理学知识同样重要。这不仅能够帮助我们在工作中更加游刃有余,还能够让我们在复杂的人际网络中保持清晰的头脑和稳定的情绪,从而成为真正的职场高手。

一、学习秘书心理学的意义

（1）通过学习秘书心理,秘书工作者可以对秘书这一角色在工作中所处的地位及相应的行为表现有一个整体上的把握,为扮演好自己的角色提供有益的指导。

（2）通过学习秘书心理,秘书工作者可以明晰秘书工作对人的素质要求,为审视自我、提高自我、发挥优势、更好地胜任秘书工作提供帮助。

（3）通过学习秘书心理学,秘书工作者可以掌握人际关系与交往的心理规律和技术,正确认识秘书与领导关系的实质,掌握有效处理秘书与领导关系的方式,为减少工作冲突、提升工作绩效打下基础。

（4）通过学习秘书心理,秘书工作者可以更好地设计自己的职业生涯,调节身心健康,有效管理工作压力,使工作更加富有成效、身心更加健康、生活更加幸福。

总之,《秘书心理与行为》不仅仅是一本关于秘书工作心理基本规律和心理调整技巧的指南,它更是一部探索人性、理解自我与他人的心灵之书。通过《秘书心理与行为》,你将获得一套认知自我的心理学工具箱,不仅能够提升工作效率,还能促进个人成长,成就更加充实而有意义的职业生涯。

二、学好秘书心理学的方法

秘书心理学探讨秘书活动中与工作关系密切的实际问题,同时也涉及心理学的一般基础理论问题,这对没有心理学基础的人来说是比较难以理解和掌握的。因此,要学好秘书心理学,必须注意以下四点:

（1）理论学习是掌握秘书心理学的基础。秘书心理学是一门综合性学科,它涉及心理学、管理学、沟通学等多个领域。因此,秘书工作者需要通过阅读相关书籍、参加专业培训、听取专家讲座等方式,系统地学习心理学的基本理论和秘书工作的专业知识。通过理论学习,秘书可以了解人的心理活动规律,掌握情绪与压力管理、人际交往、冲突解决等方面的技巧,为实际工作打下坚实的基础。

（2）尽可能广泛地联系生活实际,来理解心理学的基本理论。人常常凭借自己的经验来判断和理解事物。因此,借助自己的生活经验来理解复杂的心理学理论,会使这些理论变得生动和容易理解。

（3）要把秘书心理学作为一个整体进行理解和把握,前后知识要联系起来,这样才能融会贯通,形成科学的认知结构。知识结构的建立,可以帮助我们找到各部分之间的内在联系,加深对知识的理解,同时也有利于记忆。研究表明,按照自己的理解将知识结构化,对知识的掌握就深入到了一个新的层次。

（4）尝试性地运用所学的秘书心理知识。人们对事物的理解高度依赖于自己的直接经验，所以任何知识在缺乏直接经验支持的时候，理解的深度都会受到一定的局限。"要想知道梨子的味道，就得亲自尝一尝。"如果你没有吃过梨子，那么你对梨子的知识再多，"梨子"对你来说仍然是一个遥远的概念。对于秘书心理的学习也是一样，如果结合自己实际工作中所碰到的有关秘书心理的问题，用所学到的秘书心理知识去进行分析，那么对知识的理解会跃升到一个新的更高的层次，对知识的运用也将有更为现实和深刻的意义。有实践经验支持的知识，与简单从课堂上和书本上获得的知识相比，无论在理解的深度上，还是在应用的活跃性上，都会有明显的优势。

能力训练

心理素质训练：我对这门课的期望

（1）给每个学生发一张"我的期望"卡，给他们两分钟时间，让他们写出主要想从这门课程里面得到什么。

（2）让大家分享一下他们想从这门课中得到的东西。

（3）让大家讨论通过什么有效的教学互动形式可以达到此目的。

"我的期望"卡

姓名：_____

班级：_____

我的期望：_____

1._____

2._____

3._____

4._____

5._____

6._____

7._____

【习题与思考】

1.学习秘书心理学的意义是什么？

2.如何学好秘书心理学？

模块二
秘书的社会角色

学习目标

知识目标:
- 了解秘书常见的错误角色定位。
- 理解秘书角色的定位过程。
- 掌握角色、角色定位、角色意识等重要概念。
- 掌握秘书必备的角色意识知识。

能力目标:
- 运用秘书角色的有关理论分析秘书的角色意识。

素质目标:
- 树立正确的角色意识,使秘书摆正自己的位置。
- 正确区分错误角色与合理角色意识,助力新变化下秘书的角色适应。

专题1　秘书的角色定位

案例导入

　　某高科技公司的CEO秘书李强,面对日益繁重的工作任务,他意识到仅仅作为行政支持的角色已无法满足公司和CEO的需求。因此,他开始主动扩展自己的职能范围,包括深入理解公司业务流程、参与部分管理层决策会议以及对外代表CEO处理一些公关事务。李强的行动赢得了CEO和同事们的认可,他的定位也从一名普通秘书转变为一名高级管理助理。

　　首先,李强明确了自己的职责边界。他深知自己的工作是为CEO提供全方位的支持,这意味着他需要在了解公司业务的基础上,为CEO筛选信息、优化决策流程。他利用自己对细节的把控能力,将日常琐事处理得井井有条,让CEO能够专注于公司的战略发展。

　　其次,李强不断提升自己的专业素养。他参加各种培训,学习财务知识、市场营销等多领域技能,这使得他在参与决策时能提出有见地的建议。同时,他也注重培养自己的沟通技巧,无论是内部协作还是外部联络,都能游刃有余。

　　再次,李强懂得如何在授权与限制之间找到平衡。他知道什么时候该自主行动,什么时候需要征求CEO的意见。这种职业敏感性来自他对公司文化的深刻理解和对CEO工作风格的熟悉。

　　最后,李强的成功还在于他的自我定位清晰。他没有越权行事,也没有停留在传统的秘书角色上。他将自己定位为一个既能独立作战又能密切配合CEO的合作伙伴,这样的角色转变既满足了个人职业成长的需要,也为公司带来了更大的价值。

　　秘书工作的合理角色定位是一个动态的过程,它要求秘书不断学习、适应并预见未来的需求。李强的案例告诉我们,秘书不仅是执行者,更要成为思考者和战略伙伴。在不断变化的职场环境中,秘书需要不断地审视和调整自己的角色,以确保能够为组织带来最大的价值,同时也能实现个人职业生涯的成长和发展。

一、角色概念

　　角色,也称社会角色,是个体在社会群体中被赋予的身份及该身份应发挥的功能,是与一定社会位置相关联的一套符合社会要求的个人行为模式。

二、秘书角色定位过程

　　秘书的角色定位过程是指秘书在角色认知的基础上,根据自身的文化水平和职业工作技能状况,结合行业现状进行初始定位;秘书的初始定位与组织的角色期望产生冲突后,双方进行角色的调整与互动,继而进行角色再定位。再定位又使秘书形成对自身角色的再认知,如此循环往复,最终形成科学的角色定位。

秘书的角色定位是一个动态的、循环反复的过程,一般要经历角色认知、角色初始定位、角色期望、角色冲突、角色互动与调整、角色再定位这六个环节。[①]

(一)角色认知

角色认知是指一个人对自己在社会群体中所处的地位以及由此所规定的社会职责的感知与认识。现代秘书的角色认知指的是企业秘书对其所担任角色的社会地位及由此所规定的职责的知觉和理解。秘书在进入某一组织担任一个角色时,首先要思考的问题就是:我在组织中的地位如何、领导要求我做什么、我的职责有哪些等。这些构成了秘书对自身角色的认知。从心理学的角度看,现代秘书的角色认知具有鲜明的主观性,有统御角色心理活动的特殊功能,它直接影响着秘书在企事业组织中的角色定位。

(二)角色初始定位

初始定位即秘书对其承担角色的初步定位。秘书角色定位由角色认知、自身能力、企事业情况等因素共同决定,其中最重要的因素是角色认知。秘书以自己对秘书角色的认知为基础,把自身能力与企事业实际情况结合起来,初步明确自己的职责和功能,对自己在企业中的角色进行初始定位,并以此为基础开展工作,在特定的范围内发挥特定的作用。秘书是相对于领导而存在的,直接为企业领导提供服务是秘书活动的实质,秘书的工作成果也往往体现在领导的工作成效和企业的综合效益中。这是构成秘书角色特征的重要前提,它决定了秘书在社会活动中扮演的是配角,其工作是以辅佐和服务为根本特性的管理工作。但这并不是说秘书在企业中是可有可无的,恰恰相反,秘书人员作为企业秘书活动的主体,处于企业管理的中枢地位,在处理所负责的具体业务工作中必须"唱主角"。例如,秘书在承办某一次会议、参与起草某一文件的过程中,其主体作用就十分明显。这就是对秘书角色的基础性定位。但是,秘书的角色定位绝不仅仅是这么简单,它还涉及秘书工作的专业领域或服务取向。例如,秘书是把自己定位为参谋型秘书还是事务型秘书,专才型秘书还是通才型秘书,这都是企业秘书必须面临的选择。因为秘书的工作虽然从总体上说具有综合性,但这只是相对而言的,"万金油"式的秘书虽然随处可用,但是在真正需要其发挥作用时,则常常令人失望。即使是通才型的秘书,也要看其在哪些方面通、哪些方面不太通。任何人都不可能无所不知,企业秘书也是如此。因此,企业秘书必须根据其所服务的组织的具体情况和服务对象,正确评价自身的知识与技能水准,决定自己的从业方向。

---

① 刘燕平.企业秘书角色定位过程探析[J].嘉兴学院学报,2002,14(S1):109-111.

(三)角色期望

角色期望,是对处于一定社会地位的人所应有的角色行为的期望。角色行为是被社会规范化了的行为。角色期望包括两种:社会或角色群成员对角色个体的各种行为的期望和个人对自己的角色行为的期望。个人对自己的角色行为的期望实际上已被包含在秘书角色认知中,因此,本教材将着重讨论的是第一种期望,即社会或角色群对秘书角色的期望。其一,社会对秘书角色的期望,是指社会期望秘书人员充当的角色。当今社会对企业秘书人员的称谓有"笔杆子"、"智囊"、经理的"左右手"、企业的"勤杂工",还有交际花、花瓶等,无论褒贬,这些称谓都在一定程度上反映出社会对秘书的角色期望。其二,角色群对秘书角色的期望。角色群是指一个人所面对的所有角色的组合。对于秘书而言,其面对的角色群主要包括:单位的中高层领导、普通工作人员、其他秘书等。简单地说,角色群期望就是单位内部成员对秘书人员的期望,这是更加直接、具体的期望。以企业总经理对总经理秘书的期望为例:根据企业及自己的实际需要和喜好,有的总经理希望其秘书成熟稳重、足智多谋,充当其参谋和左右手;有的则希望秘书有较强的英语水平,能够承担起翻译工作。这都是企业角色群期望的体现。企业秘书角色期望往往具有一定的导向性。

社会对秘书及其职业行为的期望形成了社会秘书观,它能在秘书周围造就一种舆论机制,对秘书的价值观产生深层次的影响。而角色群对秘书的角色期望,则会对秘书的职业道德、职业行为、职业习惯乃至职业技能带来一种直接的影响,并在一定程度上影响秘书角色地位的合理定位。

(四)角色冲突

角色冲突是指个人担任的社会角色与角色期望不和谐时所发生的矛盾与冲突。秘书的自我定位与企业角色期望者的期望是相互作用的,这两者一开始就彼此和谐的情况是很少的。当二者出现矛盾时,角色冲突便随之产生。

秘书的角色冲突主要分为三种类型。

1.自我定位与角色期待者的冲突

秘书的自我定位与角色期待者的期望经常会有矛盾。比如,有的秘书刚刚踏上工作岗位就希望一显身手,干出一番大事业,所以当领导安排他们从事一些诸如收发、抄写之类的"朴实"工作时,他们就会认为自己无望被提拔重用而心灰意冷,厌倦秘书工作。又如,有的秘书只希望安安稳稳地做一些日常事务,不敢承担重任,所以当领导把他们放到重要位置,希望其为领导出谋划策、安排日程时,他们就会捉襟见肘,一时难以应付。

2.自我定位与自身能力的冲突

有的秘书对自己期望值比较高,如希望做一个高级白领,或希望仅处于最高领导一人之下,充当企业的"二把手"等。但是由于自身能力有限,他们一时很难有出色表现,实际扮演的角色不能如己所愿,这也会引起角色冲突。

3.由于自身多重身份而引起的冲突

社会赋予秘书以多重身份,使得秘书既可能是领导的"代言人",又可能是跑龙套的"后勤",还担任着公民、丈夫(妻子)、儿女等社会角色,这些构成了秘书的个人角色集合。因此,秘书一定要注意处理好各角色的关系,否则,整个角色集合系统将会呈现混乱、无序的状态,角色冲突也会随之产生。

能力训练

有这样一则故事:有一天,英国女王维多利亚深夜才办完公事回家,她见卧室门紧闭,就举手敲门。听到敲门声,女王的丈夫阿尔伯特问:"谁?"女王回答:"我是女王。"门没开,女王再敲,阿尔伯特又问:"谁?"女王回答:"维多利亚。"门还是没开,女王再敲,阿尔伯特仍然问:"谁?"女王回答:"你的妻子。"这时,阿尔伯特满面笑容地走出来,把她迎进了卧室。这个故事很耐人寻味,为什么维多利亚女王前两次敲门,门都没开,第三次敲门才开了呢? 因为前两次敲门时,女王的自我定位与角色期望者的期望发生了冲突:深夜在卧室内,阿尔伯特自然可以不接待女王和陌生人,而只有自己的妻子才有进入的资格。因此,只有在这种情况下,角色扮演者与角色期望者之间才是和谐一致的。

试结合沟通背景,分析女王与阿尔伯特产生冲突的原因,并进一步思考沟通语言所显示的角色的变化对于沟通的影响,并联系自己的实际谈谈沟通中沟通场合与角色期望相匹配的重要意义。

(五)角色互动与调整

角色互动与调整,是指秘书的角色定位与角色期望发生矛盾、冲突后,秘书在角色期待压力下与角色期望者之间所进行的相互调整与适应的过程。如前所述,当秘书的角色定位与角色期望相矛盾时,当秘书的自我预期与自身能力有所差异时,当秘书所充当的某一身份与另一身份相矛盾时,角色冲突将不可避免。角色冲突的产生促使双方通过各种方式进行角色定位与角色期望的调整,这就是角色互动的过程。角色互动包括:角色期望者发出影响角色期望对象的信息,角色期望对象的反应也影响角色期望者未来的期望。可见,角色期望者的期望将形成一种压力并作用于期望对象,而期望对象的反馈又会影响到角色期望者对期望对象本来的期望。例如,领导希望秘书做"笔杆子",但该秘书却不具备这方面的能力,相反却有意做公关工作,从而导致角色冲突的产生。在冲突的过程中,一方面,秘书感受到了来自领导的期望和压力,认识到应提高自己的写作能力,以适应工作需要;另一方面,领导也意识到秘书能力与其期望的差异,从而可能考虑让其改为负责公关工作,这就是角色的互动与调整。

(六)角色再定位

角色再定位,是角色互动的必然结果。在关于维多利亚女王的故事中,正因为女王扮演的是"女王"和普通人"维多利亚"的角色,而没有根据生活环境、交际环境以及角色期望者的实际需求,把自己转换成"妻子"的角色,所以才连续吃了两次闭门羹。女王与其丈夫对话的过程即角色互动的过程,互动的结果是,女王第三次敲门时调整了自己的角色,把自己定位为阿尔伯特的妻子,双方因此达成了共识与和谐。也可以说,女王找准了自己的位置,同样,经过调整,当秘书重新找准了自己在单位中的位置,并且这个位置被单位认可时,秘书的角色再定位也就完成了。在现实中,专业技术知识不足却在技术部门任职的秘书,在其自身定位与角色期望产生冲突后不得不调整自身角色定位的情况,是很常见的。这种角色调整的主要方式与途径,就是秘书通过学习提高自身在该领域从事秘书工作的相关技术能力。当秘书重新定位,开始胜任技术秘书这一角色,并且这一定位得到了单位领导和技术部门的肯定时,其便完成了对自身角色的再定位。

秘书再定位的过程还有另一种表现:单位根据秘书的实际能力调整秘书岗位,秘书重新适应新岗位。但对于秘书而言,一般都需要主动调整自身角色认知、填补能力空缺并进行再定位,而不是被动地等待单位来调整其角色。

秘书角色定位正确与否,直接影响秘书工作的效率,影响秘书自身的进步。因此,秘书必须按客观规律对自身角色进行正确的定位。

秘书进行科学的角色定位应注意把握以下几点:

1.要善于适应角色期望

企业需要秘书做什么? 领导希望秘书扮演什么角色? 秘书要经常站在角色期望者的角度进行换位思考,并不断地发现自己与角色期望的差距,不断地提升自身的知识、技能、技巧水平,才能科学地定位自己,更好地满足单位需要。

2.要积极培养三种意识

秘书必须把服务作为基本职能,甘当领导配角,培养高度的责任意识、服从意识、服务意识,牢记为人民服务的宗旨,在为领导服务的过程中认真履行自己的神圣职责,才能将"现实的我"与"角色的我"有机地结合起来,实现自己的角色价值。反之,秘书工作者如果有过分强调自我表现的欲望,就会很容易偏离自己的角色要求,对工作产生干扰。

3.要正确发挥各种角色的功能

企业秘书所拥有的不同角色是具有各自不同的职能的,所以秘书要自觉感知不断变换着的环境背景,适应不断变换着的职业行为习惯,适时调整自己的角色期望与角色形象,全身心地投入岗位工作。同时,秘书还要通过自己的实际工作,使自己的角色职能得以充分体现,进而实现企业秘书的角色价值。

三、秘书角色定位中的常见问题

秘书角色定位中常见的问题是:秘书对自己的角色认识不清、定位不准,出现越位现象。"越位"是下级在处理与领导关系的过程中经常发生的一种错误,其主要表现如下。

(一)决策越位

领导是本单位、本部门的决策者,是决策的主体,在决策实施的过程中领导的决策权力需要得到保障。决策是领导活动的基本内容,处于不同层次的领导,其权限是不一样的。而秘书是单位的工作人员,无决策权,所以只能"谋"不能"断",不能擅作主张。但有的秘书不清楚自己的角色定位,明明应由领导作出的决策,其却超越权限擅作主张,形成了决策越位。

(二)表态越位

表态,是指表明对某事件的基本态度,一般与一定的身份相联系。不同的人,由于其扮演角色的不同,对同一个事件进行表态时会产生截然不同的效果。超越身份胡乱表态是不负责的表现,是无效的。一般来说,单位之间交涉问题时,对带有实质性问题的表态,应由领导或领导授权才能进行。而有的人作为秘书,却没能做到这一点,领导未表态也没授权,其却抢先表明态度,造成喧宾夺主之势,陷领导于被动。

(三)工作越位

秘书是为领导服务的工作人员,所以秘书和领导必须各司其职、各负其责,在各自的职责范围内展开工作,不能相互替代。有的秘书出于把工作做好的愿望,或想为领导排忧解难,抢先去做本来应由领导出面处理的工作,造成工作越位。还有一些秘书,为了在领导面前显示自己有才能、积极肯干,或为了在同事面前显示自己有权力、出风头,而有意造成工作越位。

(四)答复问题越位

对有些问题的答复,往往需要相应的权威,而有的秘书角色定位不准,不具备相应的权威,却擅自作出答复,这也是越位。

(五)社交越位

秘书经常会陪领导参加一些社交活动,在同客人应酬、参加宴会、录像合影、参加节庆纪念活动等场合,秘书应适当突出领导,当好配角。有的秘书,张罗过欢,显示自己过多,显示领导太少,这也不好。我们常从电视里看到,领导接见先进人物、参加宴会时,一般主要领导走在前面,获得的镜头更多,在照片中也往往处于显著位置。如果在实际操作过程中出现偏差,就会造成社交越位。

发生越位行为的原因很多。从领导角度来说,有的单位或部门可能"兵强将弱",领

导控制不了秘书;有的单位或部门的领导可能对权力撒手太大,一些本来应由自己办的事也交由秘书办,缺乏及时的、必要的集权;等等。从秘书角度来说,有的人是心理品质有问题,不把领导放在眼里,认为自己比领导高明,因此凡事好为领导先,这种人为数极少;而就多数有这方面错误行为的人而言,他们是因为不能准确认知自己的角色地位,受到了盲目的工作热情驱使。

四、秘书错误的角色定位产生的消极影响

首先,引起领导的反感,使领导对其失去信任。如果秘书过分表现,在言语、行为上有失实的表现,就会引起领导的反感。如果过分夸张,便显得失实;过分吹捧,便显得虚伪。久而久之,领导就会对其产生戒备心理,逐渐失去对秘书的信任。

其次,影响与周围同事的关系,工作难以开展。秘书过分表现自己,势必会造成周围同事的非议与反感。秘书与同级之间进行交往,其主要目的是工作上的合作。这就要求秘书与同事在工作上各司其职,相互尊重、相互支持、相互理解,善于设身处地为他人着想,甚至做到舍己为人,建立和谐的人际关系,并最终达成良好的合作关系。

再次,引起群众的反感,失去群众基础。如果秘书过度追随领导而忽视与群众的交往,其与群众的关系就会变得淡漠。如果秘书对上阿谀奉承,对下颐指气使,领导在场是一个样,不在场又是另外一个样,大做表面文章,群众就会对之越加反感。若这种秘书长期得到重用,群众就会逐渐对领导失去信心,向心力、凝聚力就会越来越差,整个单位的工作作风就会受到不良影响。

最后,影响自身心理健康。秘书过分的表现欲,势必使其挖空心思想尽各种办法表现自己,也容易产生对别人的猜测、嫉妒心理,当现实不能达到自己的期望时,就会产生焦虑、抑郁等情绪,久而久之,就会产生心理疾病,影响心理健康。

可见,秘书要定位好自己的角色,处理好与领导的关系,自觉收敛和约束自己,注意防止和克服越位现象是十分必要的。当然,强调在处理与领导的关系时要防止越位,并不是说干工作可以不出力,对任何人而言,出力永远是绝对必要的,问题是社会分工所决定的出力方式是有差别的,不承认或违背这种差别,就会影响整体效能。因此,在处理与领导的关系时,强调防止越位,是一种积极的措施,而不是一种消极的限制。

五、秘书工作中合理定位关系的处理

在秘书工作中,对自身角色进行正确的定位必须处理好以下三组关系①:

(一)处理好"到位"与"越位"的关系

所谓"到位",就是指秘书要成为领导的参谋助手,如果只停留在收发、抄写、奉命办

---

① 侯典牧.秘书心理学[M].北京:首都经济贸易大学出版社,2008:19-20.

事上,不能为领导的决策和工作的运转出主意、想办法、当好参谋,就不算到位,就不是一个好秘书。所谓"越位",就是指"越俎代庖",即超越秘书作为参谋助手的地位,以领导的角色或假借领导的名义,跑到前台去指手画脚,发号施令。

在日常工作实践中,每一位秘书工作者都必须明确自己的地位和作用,努力做到既到位又不越位。要做到这一点,首先,要划清领导层和服务层的界限,明确领导是决策者,具有法定的地位和权力;秘书是服务者,是领导决策和决策实施的服务者,秘书尽管具有领导"外脑"的作用,但只有参谋建议权,没有决策指挥权。在讨论问题时,秘书可以平等大胆地阐述自己的见解,可一旦领导决定了,秘书就要不折不扣地执行。对领导的意图不能按个人好恶增减,更不能凭自己的主观意愿行事。有的秘书在领导身边工作,就自认为身居要位,动辄发号施令、颐指气使,其根本原因在于混淆了两个层次之间的界限。其次,要强化参谋意识,这是履行好参谋职能的思想前提。决策科学化已成为当今管理工作的普遍追求。最后,要不断提高自身素质,提高参谋水平。秘书每天都面对扑面而来的信息,要能随时收集、筛选、分析、综合,去粗取精、去伪存真,由此及彼、由表及里,大处着眼、小处着手,为领导提供有价值的信息情报。在实际工作中,要避免以下情况:服务欠主动,拨一下动一下;工作无创新,只能机械地执行指示,上传下达,办事打杂;谋事少点子,只想值班守摊,抄抄写写,收收发发;办起事来丢三落四、拖拖拉拉;传起话来天南海北、走弦跑调;作起文来词不达意、不知所云。1939年,毛主席在延安的在职干部教育动员大会上说:"我们的队伍里边有一种恐慌,不是经济恐慌,也不是政治恐慌,而是本领恐慌。"直到现在,这句话都在告诫从事秘书工作的人员要不断提高自身素质,尤其是在国家经济形势复杂多变、改革开放不断深入的今天,充满变化的外部环境决定了秘书的素质、水平和能力总是处在一个由适应到不适应再到新的适应的过程,秘书的学习能力、应对能力、竞争能力、创新能力都必须有一定的提高,否则,服务领导、服务基层、服务群众就是一句空话。非学无以广才,秘书要把学习作为第一需求,时刻做好"战备训练",注重理论、知识、材料和思想的积累,在搞好事务服务的同时,敢于参与政务服务,做一个名副其实的参谋。

(二)处理好"被动"与"主动"的关系

秘书工作,从内容到形式都是根据领导工作的需要来确定的,具有很强的从属性、被动性。然而,从当好参谋、助手的角度来看,秘书工作又往往要求秘书在领导决策之前要有主动性。怎样处理好被动与主动的关系,变被动服务为主动服务呢? 一是要超越自我,换位思考,提高参谋的有效性。秘书人员要善于从"辅助性的地位"上解脱出来,站在领导的高度,从领导的角度去思考本地区、本系统带有全局性的大事,熟悉和掌握当前的重点、难点和热点问题;要学会模拟思维,经常给自己提出这样的问题:假如我是领导,应该想什么、抓什么? 做到不在其位而谋其政,不掌其权而想其事。养成这种习惯,秘书人员就会摆脱自己职位的局限,就有了主动服务的立足点。二是要详察"上情",增强工作的预见性。秘书工作最基本、最重要的特点就是围绕领导的意图进行工作。详察"上情",就是要深刻领会和理解领导的意图,知道领导所关注、考虑和要解决的是什么问题。同时,还要吃透上级政策精神,以把握方向。此外,还要知道同级部门在干什么,以把握自己在横向比较中的位置。在此基础上,秘书人员就可以超前工作,超前准备,为领导决策和决策实施提供及时的服务。三是要选准重点问题。对于领导关注的头号问题,秘书人员要主动开展调研,力争走在前、快半拍,使调研成为领导决策的"前奏曲"。

(三)处理好"主"与"补"的关系

处理好"主"与"补"的关系,即秘书人员和领导的互补性问题,要注意以下几点:首先,要在认识上互补。任何一个领导,都有自己认识上的优势和劣势领域。因此,在领导研究某个问题时,秘书人员要及时搜集这方面的最新研究成果、动向,并进行冷静的逆向思考,发现不足,协助领导尽快获取对该问题的科学认识。对那些被领导忽视而又必须解决的问题,秘书人员要认真研究,及时提醒领导。其次,要在工作上互补。当领导热心于某项工作时,秘书人员要积极当好参谋、助手,发挥好决策前的信息调研作用、决策中的谋划协调作用、决策后的跟踪督查和反馈作用,保证工作的顺利完成。在领导集中精力抓某项工作时,秘书人员要冷静地考虑其他工作,及时提醒领导,避免其顾此失彼。最后,要在情绪上互补。领导的性格和情绪直接影响着秘书人员,秘书人员必须努力适应自己的服务对象。但同时,秘书人员也要对领导的情绪起调节作用:当领导情绪激昂,对某件事、某个人的认识处理过热时,秘书人员一定要冷静,切不可随声附和、火上浇油,以避免把事情弄糟;当领导情绪低沉时,秘书在情绪上则应热烈一些,以免领导受到情绪的影响而在工作上出现偏颇。

能力训练

秘书角色扮演练习

经理司晓明与秘书王玲

活动说明:

1.某一个小组选出一个代表扮演司晓明的角色——A公司的人力资源部经理,另一个小组选出一个代表扮演王玲的角色——司晓明的秘书;

2.扮演司晓明这个角色的成员及其所在小组,不得阅读王玲的角色陈述;

3.其他学生,包括扮演王玲这个角色的成员,都应该阅读司晓明的角色陈述;

4.有角色扮演任务的小组应按要求在课下做好书面的角色分析,并仔细思考对话时要表达的意思;

5.课上两个角色的交流时间不得超过15分钟。

扮演王玲的小组阅读以下材料：

王玲的角色陈述

你听见电话铃响，急忙从床上爬起来，一瘸一拐地到厨房去接电话。你真的感到身体很虚弱。昨晚在回家的路上，你一脚踩在了小孩的滑板上，摔倒在车道上，并且扭伤了膝盖。你根本动不了，而且疼痛难忍。你有点儿不想接电话，因为你认为这个电话可能是你的上司司晓明打来的，他会责怪你将工作忘在了一边。你知道你应该接受一些批评，但那不全是你的错误。为司晓明工作一个月以来，你已经多次询问过关于全面工作的情况描述。你认为你不太理解司晓明对工作主次的区分以及你的具体工作职责。你接替了一个为司晓明工作了十年后突然离世的秘书的职位。司晓明雇你来收拾残局，但是你发现与司晓明一起工作特别不顺利。司晓明太忙，以至于不能对你进行正规、系统的培训，而且他认为你对这份工作的熟悉程度与前任秘书一样。这种假设存在很大问题，因为你已经有三年时间没有从事秘书工作了，而且你觉得自己在业务方面有点儿"生锈"了。

司晓明的发言稿就是让你感到工作困难的一个典型例子。司晓明在许多天前就把这份稿件给了你，并强调了它的紧迫性，但是你手头还有另外一份已经延误的季度报告没交，还有一堆信件、文件等着你来处理。你以前从来没有写过像这次这样的季度报告，每当你向司晓明提出问题的时候，他都会告诉你等他开完会，晚些时候再与他讨论这些问题。当你询问他能否安排一些额外的人手来协助你完成那些已经逾期的工作时，司晓明表示由于公司销售业绩不佳，不能提供这样的帮助。这种回答让你很苦恼，因为你知道你的工资比前任拿得少。你知道司晓明的报告快到最后的交稿期限了，所以你本打算昨晚回到办公室将司晓明的发言稿打印出来，并完成那份季度报告，但是在医院的急救室中度过两个小时使你的计划泡了汤。你想给司晓明打电话解释这个问题，却发现司晓明的电话号码不在你的电话本中。你坐下以支撑受伤的双腿，并在拿起话筒的时候忍住疼痛。

分析王玲的角色陈述并准备对话要点。

扮演司晓明的小组阅读以下材料：

司晓明的角色陈述

你成为A公司的人力资源部经理已经10年了。当你认为你已经对你的工作"了如指掌"的时候，天塌了下来：一个实力强劲的机构试图来管理你的企业，有关政府部门最近就你公司的歧视性雇佣准则提出索赔要求，公司的总裁和主管销售的副总裁因为公司的业绩不佳，在上月被迫辞职。紧接着，为你工作了很长时间的秘书由于心脏病死亡。

一个月前，你雇用了王玲来接替你原来秘书的职位。王玲只有两年的秘书工作经验，因此你可以少给她一些工资，而且你认为王玲应该能够收拾残局。王玲最近请求你给予一些暂时性的帮助，但是你的确不能马上提供这些帮助，于是你告诉王玲会找时间和她讨论，同时希望她先专心完成更紧急的事情。你的前任秘书能毫无问题地完成这些工作，所以你希望王玲也可以做到。

你被邀请在公司举办的新质生产力课程全国性会议上发言，而且你希望顺便离开公司去休息几天。许多天前，你就将你的发言稿给了新秘书王玲，她应该有充足的时间将它打印出来并复印。

今天早晨你来到办公室，准备在今晚乘飞机离开之前对自己的发言稿进行校对和预演。但是让你震惊的是，你看到了一张便条，上面写着你的秘书今晨突然病倒了。你飞快地跑到王玲的桌边，开始疯狂地寻找你的发言稿。你发现它与本应该在两周之前上交的季度报告中的一些材料、一堆过期的信件以及两天前的未开封的信件混在了一起。

当你给秘书的家中打电话时，你意识到你正在流汗而且满脸通红。这是今年在你记忆中最糟糕的一次混乱局面了。

分析司晓明的角色陈述并准备对话要点。

思考：

1.假如你是王玲，面对你上司在电话中的质问，你会如何答复？

2.假如你是王玲，你如何和上司有效沟通，以获得上司对你工作的理解和支持？

【习题与思考】

1.什么是角色，什么是角色意识？

2.试述角色定位的流程。

3.秘书角色定位中常见的问题有哪些？

专题2 秘书工作中的角色意识与角色适应

案例导入

李丹是一家跨国公司的高级秘书，她的日常工作涉及的领域十分广泛，从日程安排、文件整理到接待来宾，每一项任务都需要她细致入微地考虑。一次，公司迎来了一位重要的外国客户，对于这次高规格的接待，李丹意识到这不仅仅是一场普通的商务活动，更是公司形象和实力的展示。她在筹备过程中，精心挑选了代表公司文化的礼物，并提前了解了客户的个人喜好及其所在国家的习俗，确保每一个环节都能体现出公司对客户的尊重与自身的专业素养。

在会议当天，李丹以一身得体的职业装扮出现，她的每一个微笑和手势都透露着专业与自信。她周到地安排了会谈流程,确保每位与会人员的需求都得到满足。当讨论进入关键时刻时,她适时地提供了必要的文件支持,却从不过度插言或主导议题,她知道自己的定位是辅助而非主导。

此外,李丹还具备敏锐的洞察力和应变能力。在一次紧急会议中,当发现投影设备突然出现故障时,她迅速而冷静地调整了备用方案,保证了会议的顺利进行。她的这种临危不乱、处变不惊的能力,正是她角色意识的延伸——秘书不仅要为日常事务提供保障,更要为突发事件提供解决方案。

该案例告诉我们,秘书不应被简单地视为办公室的"杂务处理者"。她们的角色意识应当是全面且深入的,既要在日常工作中展现出专业和效率,也要在关键时刻展现出冷静和智慧。秘书应成为组织中不可或缺的一员,他们的表现往往能够影响到整个团队甚至公司的形象和发展。

一、秘书角色意识含义

所谓角色意识,是指一个人在社会群体中对自己所处地位以及由此所规定的社会职责的感知与认识,以及对周围人的种种角色关系的理解与协调。角色意识具有主观能动性,具有能够统御其他角色心理活动的特殊功能。[①]

秘书工作中的角色意识,是指秘书人员在工作时对其所承担角色的社会地位及由此所规定的职责的知觉、理解和体验。秘书角色的心理体验,是对秘书责任、义务自觉感知的心理活动。淡化和削弱这种心理活动,秘书人员就无法发挥其作为具有强烈社会责任感的人的主观能动作用,沦落为一个机械地履行秘书职能的"机器"。养成鲜明、强烈的角色意识,是秘书人员干好本职工作并发挥主观能动性的基础;而不能形成正确的角色意识,就很难成为一名优秀的秘书工作者。

二、常见的错误秘书角色意识

正确的秘书角色意识是秘书做好工作的基础和前提。一个秘书只有具备正确的角色意识,才能明确自己的身份、地位、职责及行为规范,才能按照角色的特定要求自觉提升德、才、识等方面的修养,将自己的言谈举止纳入秘书的角色要求,才能自觉评估、约束自己的行为,成为一名合格的秘书工作者。影响秘书正确角色意识的因素有很多,主要分为两类:一是客观原因,如社会文化环境、社会政治条件以及社会角色特征差异等;二是主观原因,如个体的社会经验、行为动机、人格特征等。在这些因素的影响下,人们可能会误解或扭曲秘书的角色形象。近几年来对秘书角色错误的认识包括以下几个方面:

[①] 侯典牧.秘书心理学[M].北京:首都经济贸易大学出版社,2008:24.

(一)"高级保姆"说

"高级保姆"说认为,秘书为领导服务的范围没有界限,从日常工作到家庭事务都要为领导提供服务,是一种不需要什么专长的工作,只要察言观色、百般讨好、服务周到就行了。这是对秘书工作的一种误解,对秘书工作性质的误判,是在贬低秘书工作。虽然秘书为领导服务是一种角色规定,但这种服务应该是工作职责范围内的服务,如果超出了工作职责范围,就不属于秘书角色的分内之事。当然,如果秘书与领导关系密切,私人关系好,在生活中相互关心和帮助亦属正常,但这属于非秘书角色的一种个人关系。我国也有一些专为高级领导人员配备的、以负责领导生活为主要工作内容的生活秘书,这种秘书角色属于一种特殊现象,不是我们所要讨论的一般意义上的秘书角色。把秘书当作领导的"高级保姆",是对秘书角色的错误认识,这种认识把秘书角色完全置于受领导雇佣的位置上,是与我国秘书工作的现状不相符合的。

(二)"人格失真"说

这种观点认为,秘书服务于领导、服从于领导,一切唯领导是从,没有自己独立的人格,甚至会扭曲自己的人格。这是许多人受一些文艺作品的消极诱导,对秘书台前幕后的实际工作缺乏了解而形成的误解。过去,有些电影、小说等文艺作品出于塑造人物的需要,把秘书角色描绘成在领导面前点头哈腰、唯唯诺诺、狐假虎威的不光彩形象,把少数人的个别行为进行了抽象概括,丑化了秘书形象,使人们对秘书人员及其工作产生了许多误解。其实,秘书作为一种特定的社会角色,不仅有自己的重要工作内容,而且有自己独立的人格。秘书与领导之间具有平等的法律地位,不存在人身依附关系。秘书人员靠自己的知识能力和勤奋工作来塑造自己独立的人格形象,在工作中聆听领导的指示、领会领导的意图、执行领导的决定完全是一种工作需要。

(三)"悠闲自在"说

这种观点认为,秘书的工作主要是坐在办公室里写写画画,接接打打电话,喝喝茶、聊聊天,领导有事跟着去,有人拜访领导时传传话。这是不了解秘书工作的实质,低估了秘书工作的性质所致。其实,秘书的工作繁重而复杂,不仅要参与事务,还要管理事务;既要统筹全局、出谋划策、参与决策,又要周密组织、精心协调、推动决策的落实。因此,不能低估秘书的作用。

(四)"花瓶摆设"说

这种观点认为,秘书什么都不懂、什么都不会,只要形象好、气质佳、能喝酒、会说话,能给领导充充面子、摆摆架子,就能胜任秘书工作。这是轻视秘书工作的表现。其实,秘书要能胜任工作,不仅要能察言观色、善于倾听、用心领会,还要能写会做、组织得当、善于沟通和协调。总之,秘书是一种专门化的职业,不是任何人都能胜任的。

(五)"高级参谋"说

有些人过高地估计秘书角色所发挥的参谋作用,将秘书人员说成领导的"智囊团""思想库"。这种对秘书角色的认识是不够准确的,过分夸大了秘书的作用。秘书围绕领导工作做一些事务性工作,即便发挥了较大的参谋作用,为领导出主意、想点子,但其基本工作仍然是办文、办会、办事,如果过分强调秘书的参谋作用,忽视其基本职能,就会本末倒置。因此,秘书不是专职高级参谋,其基本任务是辅助领导开展工作,把领导从具体繁杂的事务中解脱出来。

分析秘书角色的错误意识,意在提醒秘书工作者要脚踏实地履行好自己的职责,不要眼高手低,不屑于做那些琐碎的事情,而要摆正自己的角色位置,提高明辨是非的能力,避免受这些错误角色意识的误导,从而树立正确的秘书角色意识。

三、秘书应具备的合理角色意识

秘书的基本角色就是领导的助手,基本职责和作用是协助领导开展领导活动和公务活动,实施组织和社会管理。纵观秘书活动的实践情况,任何一个秘书都要具备如下角色意识。

(一)高度的责任意识

秘书身处党政领导机关,直接或间接地参与领导活动和政务活动,在社会生活中负有重要责任,具有较大的作用和影响。因而,秘书人员必须树立高度的责任意识,培养高度的政治责任感和社会责任感。

(二)强烈的服从意识

秘书是领导决策的坚定执行者和坚决维护者,必须坚定不移、毫不走样地贯彻领导决策,执行领导决定。对此,秘书只有执行的义务,而没有抵制的权利。秘书在执行领导决策中的创造性,只能是艺术上和形式上的创造和丰富,而不能是内容上的偏离和改造。不同的意见、建议和想法,必须在保证领导决策贯彻执行的前提下,采取适宜的、符合组织原则的方式和程序提出。服从是秘书最基本、最起码的角色意识,也应成为秘书意见和领导决策意见不一致时唯一的调节原则和手段。

(三)鲜明的服务意识

秘书工作的总的利益指向与其他社会工作一样,都是为人民服务,为社会服务。不同的是秘书所承担的每一项具体工作都具有服务的性质,主要是为领导服务,也包括间接地为机关、为基层服务。秘书必须把服务作为基本职能,充分认识和理解服务工作的重要意义,感受服务的崇高伟大,树立自觉服务的角色意识。在领导活动和政务活动中甘当领导的配角,真诚热爱配角这一社会角色。把自己的全部热情和精力投入到伟大的服务活动中去,像春蚕吐丝一样一丝不苟、严谨认真、富有主动精神和责任感。

(四)主动的参与意识

秘书要在坚定执行领导决策决定的前提下,把强烈的社会责任感和事业心转化成积极的参与意识,为领导出主意、想办法,当好幕僚和参谋,为领导活动提供最佳的服务。这包括提供积极、正确、有价值的信息,科学的数据,新鲜的资料,正确的见解,以此为领导工作和决策搞好超前服务,在决策后认真贯彻实施,督促检查执行情况,实事求是地向领导反馈信息,并采取有效的方式弥补领导决策中的某些遗漏,帮助领导及时纠正不正确的决策,成为领导工作的重要补充。

(五)较强的公关意识

秘书身处种种领导关系的热点和辐射中心,需要处理好上下级关系,沟通、联络、平衡左右关系,协调领导、部门之间的关系,接待受理群众来信来访,应付处理各种突发的紧急事件。因此,除培养坚定的意志外,秘书还要具有很强的公关能力,全面积累自己的学识、技能、阅历、经验和掌握各种礼仪,学会和善于处理各种复杂关系,善于处理各种特殊、突如其来的紧急情况,化难为易、化险为夷,为领导承担一些忧虑,解决一些困难。

(六)良好的形象意识

作为领导的随员,秘书的个人形象以及一言一行,都代表着单位的形象。因此,秘书要忠于事业,一心为公,严于律己,自觉维护集体形象,自觉抵制各种不正之风。不凭借领导的名义办私事,不打着领导的旗号向下伸手索利,不利用工作的便利条件拉关系。为人处世要做到与人为善,以诚相待,和蔼谦逊;要讲究仪表,衣着得体,整洁利落,举止大方,彬彬有礼。

(七)强烈的法规意识

秘书部门和秘书人员在政务活动中承担着起草行政公文和行政条例的任务,因而秘书人员必须具有鲜明的法规意识,以指导自己在政务活动中的行为,并约束自己的社会行为,要强化对法规观念的学习,将其变成工作渴求和自觉行动。

(八)严格的保密意识

秘书身处单位的心脏位置,接触大量机要文件,掌握许多核心机密,一旦泄密,就会给工作带来损失,这是不能容许的。鉴于秘书工作的主要特点是从属性和辅助性,秘书要自觉养成保密意识,做到知密不泄密。

(九)必要的进谏、规劝意识

除了在工作上提供服务、支持以外,秘书人员要在政治上对领导负责,发现领导工作、决策上的问题和错误,通过正当的渠道、妥善的方法向领导机关和有关领导反映,及时进行纠正和处理;在处理领导生活中的违纪问题时,要在坚持原则的基础上进行必要的抵制;对于领导的各种不良行为和恶习,绝不可以投其所好,甚至助纣为虐、推波助澜,使之走向犯罪的深渊。否则,这不仅会危害党和社会主义事业,而且也是对自己极不负责的表现。对领导要做到服从而不是顺从,从而成为一个党性强、作风正,让党和人民放心的秘书人员。

四、秘书工作的新变化及其角色适应

随着信息技术的飞速发展,传统秘书工作正经历着翻天覆地的变化。昔日使用纸笔、电话和文件柜办公的日常工作场景已被电子邮件、智能办公软件和云服务所取代。秘书的角色不再局限于简单的文书处理和会议安排,而是向着更为复杂多变、要求更高的方向演进。在这场变革中,秘书如何调整自我定位,提升技能,以适应新的工作环境,成了一个值得深究的话题。

(一)技术革新,助力秘书工作效率精准性的双飞跃

数字化工具的应用减少了工作中的重复性劳动,让秘书有更多时间从事高层次的决策支持和项目管理。然而,这也意味着秘书必须具备足够的技术知识,能够熟练操作各类办公软件,甚至参与公司信息系统的优化过程。因此,不断学习和掌握新技能成为秘书不可或缺的能力之一。

(二)全球化趋显,凸显秘书跨文化沟通能力的重要性

秘书作为企业内外沟通的桥梁,需要具备良好的语言能力和文化敏感性。这不仅涉及书面和口头交流的技巧,还包括对不同国家和地区商务礼仪的理解。秘书应主动扩展国际视野,提升跨文化交流的能力,以适应多元化的商务环境。

(三)角色蜕变,推动秘书向协调者和战略伙伴转型

随着企业组织结构的扁平化,秘书的角色也由执行者向协调者和战略伙伴转变。他们需要具备更强的项目管理能力,能够在多个部门和项目之间有效协调资源,推动工作的顺利进行。这就要求秘书不仅要了解公司的业务流程,还要具备一定的领导力和影响力,以便在关键时刻引导团队达成目标。

(四)智能时代,替代秘书传统工作职责的范畴

随着人工智能和机器学习技术的兴起,一些传统的秘书职责可能会被自动化程序所替代。面对这一挑战,秘书应当积极思考如何利用这些技术来提高工作效率,而不是被动地等待被替代。例如,通过使用智能助手来处理常规的查询任务,秘书可以将更多精力投入到需要人类创造力和直觉的工作中。

总之,秘书工作的新变化要求从业者不断提升个人素质,拓展技能边界,并具备快速适应新技术的能力。在智能时代,秘书不再是单纯的行政支持角色,而是企业运营中不可或缺的多面手,他们的适应力和创新能力将直接影响企业的高效运转和竞争力的提升。因此,秘书必须拥抱变化,积极适应新角色,才能在未来的职场中立于不败之地。

角色扮演与态度转变

心理学研究表明,如果个体在一个时期内把自己当成另外一个人,并按照这个人的态度和行为方式来生活,那么这个人的态度和行为方式会最终固定到角色扮演者的身上,使扮演者形成新的态度和行为模式,从而最终实现态度转变。

通过角色扮演,个体得以学习和建立新的行为模式,是转变态度的一个很有效的办法。心理学上的许多行为矫正技术,表面上只关注行为的变化,不关心内在观念和态度的转变,事实上它们是试图通过行为的改变来最终转变态度。行为与态度是一个整体,行为变化而态度不变化,就会产生认知失调,而通过认知的调整功能,已经变化的行为会引导态度发生转变。因此,新的行为模式建立之日,可能就是新的态度确立之时。

启示:即使初为秘书,但不妨一开始就把自己当成一名已经成熟的秘书去扮演角色,过一段时间就会真正形成成熟秘书的行为模式,发生态度和行为上的真正改变。

能力训练

哪种行为最合适

一天,老板怒气冲冲地把秘书叫到自己的办公室,因为一位交往多年的代理商给他寄了一封非常无礼的信。他让秘书记录自己口述的回信:"我没想到会收到你这样的来信。尽管我们之间已有那么长时间的业务往来,但事到如今,我不得不中止我们之间的一切交易,并且我要让所有的同行知道你的行为。"信的内容大致是这样。老板命令秘书立即将信打印寄走。对于老板的命令,秘书现在有以下四种应对方式:

A."好,我马上就办!"说完,秘书立即回到自己的办公室,将信打印好寄走了。

B.如果将信寄走,则对公司和老板本人都十分不利。秘书想到自己是老板的助手,有责任提醒老板。为了公司的利益,得罪了老板也值得。于是,秘书对老板说:"老板,这封信不能发,别发算了!"

C.秘书不仅没有退下去,反而前进一步向老板提出忠告:"老板,请您冷静一点! 给人家回一封这样的信,后果会怎么样呢? 在这件事情上,难道我们自己没有一点值得反省的地方吗?"

D.当天快下班的时候,秘书将打印出来的信送到已经心平气和的老板面前,问道:"老板,可以将信寄走了吗?"

思考：

作为秘书，你认为以上四种行为哪种最正确，哪种最恶劣？为什么？

【习题与思考】

1.常见的错误秘书角色意识有哪些？

2.秘书应具备哪些合理的角色意识？

3.面对工作的新变化，秘书应如何促进角色适应？

模块三
秘书工作的适配个性心理

知识目标：

- 了解个性、气质、性格的分类。
- 理解个性、气质、性格的含义和特点，以及气质与性格的关系。
- 掌握秘书工作的适配个性特质。

能力目标：

- 根据组织文化和秘书工作岗位的特点，塑造适合秘书角色的个性。

素质目标：

- 不断完善自己的性格，使之符合秘书角色的需要。

专题 1　个性心理概述

案例导入

公司即将举办一场重要的产品发布会，需要秘书负责组织和协调整个活动的筹备工作。

性格类型 A：细致严谨型

这位秘书在处理事情时非常注重细节和程序，她会首先制订一个详细的活动筹备计划，包括时间表、人员分工、预算等。在执行过程中，她会严格按照计划进行，确保每个环节都不出差错。她会与各个部门保持密切沟通，以确保信息的准确传递。在遇到问题时，她会及时向上级汇报，并寻求解决方案。

性格类型 B：灵活应变型

这位秘书在处理事情时更注重效率和实际效果，她会根据实际情况调整计划，以最快的速度解决问题。在筹备活动时，她会根据经验和直觉做出决策，迅速调整人员和资源分配。在遇到突发情况时，她会迅速采取措施，确保活动顺利进行。

两种不同性格的秘书在处理同样一件事情时各有优势。细致严谨型秘书能够确保活动的筹备工作有条不紊地进行，避免出现遗漏和失误；而灵活应变型秘书能够迅速应对各种突发情况，保证活动的顺利开展。在实际工作中，可以根据具体情况选择合适的秘书或者让两种性格的秘书相互配合，以达到最佳的工作效果。

一、个性的含义与结构

(一)个性的含义

个性(personality)一词源于拉丁语"persona"，开始是指演员所戴的面具。一般来说，个性就是个性心理的简称，又称人格。

个性在心理学中的解释是：一个区别于他人的、在不同环境中显现出来的、相对稳定的、影响人的外显性和内隐性行为模式的心理特征的总和。

个性结构是多层次、多侧面的，是由复杂的心理特征构成的整体。这些层次包括：第一，完成某种活动的潜在可能性的特征，即能力；第二，心理活动的动力特征，即气质；第三，完成活动任务的态度和行为方式的特征，即性格；第四，活动倾向方面的特征，如动机、兴趣、理想、信念等。这些特征不是孤立地存在的，而是错综复杂、相互联系并有机结合的一个整体，对人的行为进行调节和控制。

(二)个性的结构

从构成方式上讲,个性其实是一个系统,由三个子系统组成。

1.个性倾向性

个性倾向性指人对社会环境的态度和行为特征,它是推动人进行活动的动力系统,是个性结构中最活跃的因素,决定着人对周围世界的认识、态度的选择和趋向,以及人追求的目标,包括需要、动机、兴趣、理想、信念、世界观等。个性倾向性是个性系统的动力结构,它较少受生理、遗传等先天因素的影响,主要是在后天的培养和社会化过程中形成的。个性倾向性中的各个成分并非孤立存在的,而是互相联系、互相影响和互相制约的。其中,需要是个性倾向性乃至整个个性积极性的源泉,只有在需要的推动下,个性才能得以形成和发展,而动机、兴趣和信念等都是需要的表现形式。世界观处于最高指导地位,它指引和制约着人的思想倾向和整个心理面貌,是人的言行的总动力和总动机。由此可见,个性倾向性是以人的需要为基础、以世界观为指导的动力系统。

2.个性心理特征

个性心理特征是指人的多种心理特点的一种独特结合,是个体在其心理活动中经常地、稳定地表现出来的特征,主要是指人的能力、气质和性格。能力,是指人顺利完成某种活动所具备的一种心理特征。能力总是和人完成一定的活动联系在一起的,离开了具体活动,既不能表现人的能力,也不能发展人的能力。气质,是指个人与生俱来的心理活动的动力特征,是体现在心理活动的强度、灵活性与指向性等方面的一种稳定的心理特质,具有明显的天赋属性,基本上取决于个体的遗传因素。性格,是指一个人对人、对己、对事物(客观现实)的基本态度,以及与之相适应的习惯化的行为方式中比较稳定的独特的心理特征的总和。

3.自我意识

自我意识是指个体对自身所有身心状况(包括自我认识、自我体验、自我调控等方面)的意识,如自尊心、自信心等心理表现就属于自我意识的范畴。自我意识是个性系统的自动调节结构。有的学者也将自我意识称为自我调控系统。

二、个性的特点

了解个性必须探讨它的特性及表现,这样才能把个性心理与其他心理现象区别开来。个性具有以下几方面的特性:

(一)自然性与社会性

人的个性是在先天的自然素质基础上,通过后天的学习、教育与环境的作用逐渐形成的。因此,个性首先具有自然性:人们与生俱来的感知器官、运动器官、神经系统和大脑在结构与机能方面的一系列特点,是个性形成的物质基础与前提条件。但人的个性并非单纯自然的产物,它必然会被深深地打上社会的烙印——初生的婴儿作为一个自然的实体,还不能称其具有个性。

个性又是在个体的生活过程中逐渐形成的,在很大程度上受社会文化、教育教养的内容和方式的影响。每个人的人格都被打上了其所处的社会的烙印,这是个体社会化的结果。人的本质并不是单个人所固有的抽象物,实际上,它是一切社会关系的总和。由此可见,个性是自然性与社会性的统一。

(二)稳定性与可塑性

个性的稳定性是指个性特质表现具有时间上的持续性和跨情境的一致性。生活中那些暂时的、偶然表现出来的心理特征,不能说是一个人的个性特征。例如,一个人在某种场合偶然表现出对他人冷淡、缺乏关心的态度,不能就以此认为这个人具有自私、冷酷的个性特征。只有那些在绝大多数情况下都得以表现出来的心理现象,才是个性的真实反映。

在秘书工作中,我们经常可以看到,每个秘书都具有一些不同的、经常表现出来的心理特征。例如,有的秘书热情、活泼、开朗;有的秘书不善言谈,稳重、踏实、埋头苦干。这些不同的行为表现不仅限于单位中,在其他场合也是如此。

但个性(或称人格)绝不是一成不变的。随着社会现实状况、生活条件、教育条件的变化,以及年龄的增长、主观的努力等,个性也会发生某种程度的改变。特别是在生活中经过重大事件或挫折后,这些事情往往会在个性上留下深刻的烙印,从而影响个性的变化,这就是个性的可塑性。当然,个性的变化比较缓慢,不可能立竿见影。

由此可见,个性既具有相对的稳定性,又具有一定的可塑性。秘书工作者要充分认识到这一点,才能在履行秘书职责时保持耐心和信心。

(三)独特性与共同性

个性的独特性是指人与人之间的心理和行为是各不相同的。这是因为构成个性的各种因素在每个人身上的侧重点和组合方式是不同的。例如,在认识、情感、意志、能力、气质、性格等方面,每个人都会展现出独特的一面:有的人认识事物细致、全面,善于分析;有的人认识事物较粗略,善于概括;有的人情感较丰富、细腻;有的人情感较冷淡、麻木;等等。这如同世界上很难找到两片完全相同的叶子一样,也很难找到两个完全相同的人。"人心不同,各如其面。"这句俗语为个性的独特性作了最好的诠释。

强调个性的独特性,并不意味着要排除个性的共同性。个性的共同性是指某一群体、某一阶级或某一民族在特定的群体环境、生活环境、自然环境中,所形成的共同的、典型的心理特点。

三、个性形成的影响因素

一个人的个性的形成和发展往往受内在和外在的多种因素影响。

(一)遗传和身体的因素

所谓遗传,是指上一代染色体中携带的遗传性状传给下一代的现象。遗传包括种系遗传和个体遗传两种,而心理学中所讨论的问题,主要是个体遗传。在日常生活中,人们会发现,子女与父母往往不只是容貌、体形相似,在性格、智力方面也有某些相似之处。

身体因素主要指一个人的外表和身体机能对其个性的影响。人的容貌、体形的好坏对人的个性会产生直接影响:身体外部条件较好的人容易产生愉快、满足之感,这种自豪感容易使人形成积极向上的个性;反之,身体外部条件欠佳的人,容易形成一种心理压力,产生一种自卑感,久而久之,这种自卑感容易使人形成消极的个性。同样,若身体中某一个或多个机能存在障碍(如神经系统、心血管系统、内分泌系统),也可能导致人的个性发生变化,比如出现思想压抑、情绪呆板、行动迟缓等情况。

(二)自然与社会文化的因素

自然与社会文化因素通过影响人的观念和行为,最终影响人的人格特征。居住在不同自然环境下的民族反映出了地理、人文对个性的影响。南北方因为气候不同,高原、平原、海岸地带由于地势不同,对人的性格形成有很大的影响:北方人往往粗犷、豪迈、外向,南方人往往细腻、含蓄、内向;高山地带的人意志坚毅,海岸地带的人心胸开阔,平原地带的人多克制。自然与社会文化因素决定了人格的共同特征,它使同一社会的人在人格上具有一定程度的相似性。

(三)家庭的因素

家庭因素对个性的影响,是指家庭的经济与政治地位、父母的文化素养和言行、家庭成员之间的关系等因素,对一个人个性的形成和发展所产生的影响。俗话说"父母是孩子的第一任老师""有其父必有其子",这都形象地说明了家庭因素对人的个性的影响。影响人的性格的家庭因素有很多方面,比如父母的观念、思想、职业、性格、文化水平,以及父母对子女的态度,即父母对子女的哪些行为给予鼓励、哪些行为予以批评,希望子女成为怎样的人等。这些集中地表现为父母的养育态度和方式。不同的养育态度会直接影响子女不同性格特征的形成:父母严厉,子女易形成执拗、冷淡、粗暴、依赖、自卑等性格特征;父母放任,子女易形成冷酷、攻击性、情绪不安或消极、与世无争、玩世不恭等性格特征;父母溺爱,子女易形成任性、幼稚、以自我为中心、放肆、缺乏独立性、胆小怕事、对人没有礼貌等性格特征;父母民主,子女易形成独立、直率、积极、协作、社会适应性强等性格特征。

值得注意的是,早期的亲子关系决定了行为模式,塑造了日后的行为。受世界卫生组织(WHO)的委托,鲍尔比对在非正常家庭中成长的儿童和流浪儿童做了大量的调查。在提交的《母性照看与心理健康》的报告中,他得出的结论是:儿童心理健康的关键在于婴儿和年幼儿童与母亲建立的一种和谐而稳定的亲子关系。一些国家的调查发现，"母爱丧失"的儿童（包括受父母虐待的儿童），在早期会出现神经性呕吐、厌食、慢性腹泻、阵发性绞痛、不明原因的消瘦和反复感染等症状，还表现出胆小、呆板、迟钝、不与人交往、敌对、攻击性、破坏性等个性特点，这些个性特点会影响他们一生的顺利发展，使他们容易出现心理不健康、情绪障碍、社会适应不良等问题。

可见，父母的态度对子女性格的形成至关重要。综合家庭因素对个性影响的研究资料，可以得出以下结论：①家庭是社会文化的媒介，它对个性具有强大的塑造力；②父母教养方式直接影响孩子个性特征的形成；③父母在养育孩子的过程中，表现出了自己的个性，并有意无意地影响和塑造着孩子的个性，形成家庭中的"社会遗传性"。

知识链接

X，Z，Y——三种家庭教养模式

有学者依据家庭中两代人之间的"独立—依赖"关系，归纳出了三种典型的家庭模式：

X型　在X型家庭中，父母与子女在物质和情感上的关系都是相互依赖的，亲子关系的取向是顺从，这属于集体主义模式。如韩国与日本的母亲总是热衷于保持与孩子的互动，即母亲千方百计地把自己与孩子"焊接"起来，她们认为母子的亲密关系是儿童健康发展的重要条件。在家庭教养过程中，母亲总是力图创造一种"关系上的协调"，但是她们却难以培养孩子的心理独立性。

Z型　在Z型家庭中，两代人之间在物质和情感上都是相互独立的，亲子关系的取向是独立性，这属于个人主义模式。如美国和加拿大的母亲认为母子间的分离与个体化是孩子人格健康发展的条件，所以母亲尽力将自己与孩子分离开来，以培养孩子的独立自主性。母亲在家庭关系中创设的是一种"个体上的协调"，但是这也会使双方产生情感上的孤独与失落。

Y型　Y型家庭将上述两种模式辩证地综合在一起，强调在物质上的独立和在情感上的相互依赖。中国与土耳其的家庭近似这种模式。如关于土耳其的研究发现，土耳其青年既忠于家庭，又注重本人才能的自我实现。在具有集体主义文化基础的发展中国家中，受大规模的城市化和现代化影响，家庭人际关系可能向Y型转化。

(四)学校教育的因素

学校的文化环境、教师的言传身教会对学生产生巨大的影响。洛克在一项教育研究中发现，在由性情冷酷、刻板、专横的教师管教的班集体中，学生欺骗行为会增多；而在友好、民主的氛围中，学生欺骗行为会减少。教师的公正性会对学生品德产生影响。学生

极其看重教师对他们是否公正、公平。教师的不公正行为会导致中学生学业成绩和道德品质下降。

学校的同伴群体对学生的个性形成也有重要影响。中学阶段是青少年个性形成的重要时期。学校的文化知识、思想品质、行为规范等方面的教育，对学生良好个性的培养有至关重要的影响，而这些影响主要来自课堂教学、课外活动、班集体的风貌、师生关系与同学关系等。不同的班主任和班集体所培养出来的学生，其个性往往会有很大差别，一个优秀的班主任和一个良好的班集体，对学生良好个性的培养起着直接且潜移默化的作用，并且会对一个学生的一生产生影响，因此选拔优秀的班主任、建立良好的班集体在学校工作中显得尤为重要。

教师对学生人格的发展具有导向作用，学校是人格社会化的主要场所。

(五)个体社会实践的因素

社会和社会实践对一个人的个性培养和发展的作用也不容忽视，而且可以说其最终决定了一个人个性的形成。当一个人从家庭、学校最终走向社会后，为了适应日益扩大的生活领域和人际交往范围，在反复学习担当各种新角色、开展新工作所应有的行为方式和对事物的态度的同时，也形成和改变了某些个性特征。职业的种类、劳动报酬、荣誉以及与领导和同事的关系等，都会对个性的变化起着重要作用。例如，人际关系的协调、领导的信任、事业的顺利进展都会使人的才能得到充分的发挥，让人情绪饱满，更容易显示其积极、主动、活泼、热情的个性特点。

除了上述这些因素以外，职业的不同也会直接影响人的个性。比如，教师往往热情、冷静、有口才、思维敏锐、有条理；文艺工作者通常活泼、开朗、情感丰富、富于创造性；等等。年龄也会对一个人的个性产生影响，不同年龄段的人的个性会有明显的区别，这与人的思想发展、知识面扩大以及经验积累有关。

综上所述，个性是先天与后天的"合金"，是遗传与环境交互作用的结果。遗传决定了个性发展的可能性，环境决定了个性发展的现实性。多种因素的共同作用，促成了个性的形成。

能力训练

分组讨论：观察这两幅漫画，谈谈在不同家庭教育环境下，孩子会分别形成什么样的个性？

【习题与思考】

1.举例说明个性的含义与特点。

2.个性形成的影响因素有哪些?

专题2　气质与性格

案例导入

看戏迟到的不同表现

苏联心理学家达威多娃的研究表明,同是看戏迟到,四种气质类型的人的言行表现各不相同。胆汁质的人跟检票员争执起来,急于想进入剧场。他辩解说,剧场的钟走得太快了,还打算推开检票员跑到自己座位上去。多血质的人知道检票员不会放他进入剧场,就趁没人注意,从侧厅跑到自己的座位上。黏液质的人看到不让他进场,就想:"算了,第一场可能不太精彩。我还是去小卖部等一等,到幕间休息再进去吧。"抑郁质的人想:"我总是不走运,偶尔来一次剧场就这样倒霉。"接着他就回家去了。可见,不同气质类型的人,在相同情境下会有不同的行为表现。

一、气质的概念与类型

(一)什么是气质

气质是不依活动目的和内容为转移的、与生俱来的、典型且稳定的心理活动的动力特征。心理活动的动力特征,第一是指人的心理过程进行的稳定性(如感知觉的速度、注意力集中的时长、思维的快慢等),第二是指心理过程的强度(如情绪的强弱、意志力的强弱等)以及心理活动的指向性(例如,有的人倾向于关注内部事物,有的人倾向于关注外部事物)。

(二)气质的基本特点

1.气质的动力特征

气质是表现在心理活动的速度、强度、稳定性、灵活性等方面的动力特征。在现实生活中,有的人性情急躁,容易发脾气,其心理活动的速度快、强度高;有的人却是干什么事都慢条斯理,不轻易动肝火,其心理活动的稳定性较强,但强度较低;有的人则动作利索,言语迅速而有力量,其心理活动的灵活性较强。

2.气质的稳定性和可变性

气质与能力、性格相比更具有稳定性,不容易改变。心理学家格塞尔曾经对同卵双生子进行了长达14年的跟踪研究。经过细致的观察,他发现,他们的气质发展几乎表现出一贯的个体差异,这些差异在14年后几乎没有什么变化。

3.气质的天赋性

气质是在个体出生后就表现出来的独特特征,具有明显的"天赋性"。从婴儿身上就能发现,有的婴儿哭声又大又急,而有的则比较平静,哭声很小。这说明气质特征是与生俱来的。

(三)气质的理论与类型

有关气质类型的理论有很多,如体液说、阴阳五行说、体型说、激素说、高级神经活动类型说等。气质类型是指某一类人身上共同具有的各种心理特征的独特组合。在此,我们只介绍其中影响最大的两种学说。

1.体液说

体液说是由古希腊医生希波克拉底提出来的。希波克拉底认为,人体内有血液、黏液、黑胆汁、黄胆汁四种基本体液。每种体液对应一种气质。在体液中,血液占多数的人为多血质,黏液占多数的人为黏液质,黄胆汁占多数的人为胆汁质,黑胆汁占多数的人为抑郁质。虽然体液说缺乏科学性,但体液说对气质类型的划分较客观地反映了人们在气质方面的差异,所以一直沿用到现在。

受体液说的影响,心理学界提出了气质的四种典型类型:

(1)胆汁质。《水浒传》里的黑旋风李逵,脾气暴躁,膂力过人,为人耿直,忠义烈性,思想简单,行为冒失。心理学家把类似于李逵的气质,称作胆汁质。胆汁质属于热情、直率、外露、急躁的类型。胆汁质的人在情绪方面,无论是高兴还是忧愁,体验都非常强烈,且来得非常迅速(如暴跳如雷),情绪爆发后很快就会平息下来;思维活动具有较大的灵活性,但理解问题有粗枝大叶、不求甚解的倾向;在行动上生机勃勃,在工作中表现得顽强有力。

概括地说,胆汁质的人以精力旺盛、表里如一、刚强、易感情用事为特征,整个心理活动都迅速而突发。

(2)多血质。多血质属于活泼、好动的气质类型。多血质的人容易表露情绪,情绪多变,他们很敏感,遇到不如意的事就会马上表现出来。他们思维灵活,反应迅速,但往往不求甚解;行动敏捷,对工作充满热情,如果没有条件限制,会参加一切活动,但工作热情持续时间往往不长;对环境适应能力强,爱交往,但交情粗浅。

概括地说,多血质的人以反应迅速、有朝气、活泼好动、动作敏捷、情绪不稳定、粗枝大叶为特征。

(3)黏液质。黏液质属于稳重、自制、内向的类型。黏液质的人情绪兴奋性较弱,心情相对平稳,情绪变化缓慢,他们经常心平气和,很难出现情绪大幅波动的状态,也不容易产生强烈的不安情绪和激情。他们喜欢深思,在做任何事情前都爱深思熟虑;能坚定地执行自己做出的决定,不慌不忙地去完成任务;往往对已经习惯的工作表现出极大的热情,而不容易适应新工作。

概括地说,黏液质的人以稳重但灵活性不足、踏实但有些死板、沉着冷静但缺乏生气为特征。

(4)抑郁质。《红楼梦》中的林黛玉多愁善感,聪颖多疑,孤僻清高。心理学家把类似于林黛玉式的气质,称作抑郁质。抑郁质属于好静、情绪不易外露、办事认真的类型。抑郁质的人内心体验深刻而丰富,对事物的反应有较高的敏感性,能体察到一般人所觉察不到的事情。他们很少表现自己,尽量避免出头露面的活动;动作显得迟缓、单调,不爱与人交往,常常有孤独感。

概括地说,抑郁质的人以敏锐、稳重、体验深刻、外表温柔、怯懦、孤独、行动缓慢为特征。

不过,单纯属于这四种典型气质之一的人并不多,在生活中绝大多数的人是四种气质相互混合、渗透的人。有的人是两种气质的混合型(如多血—胆汁型、抑郁—黏液型),有的人是三种气质的混合型,有些则是四种气质的混合型。值得说明的是,气质没有好坏之分。

能力训练

心理测试:气质测验

指导语:下面共有60题,只要你能根据自己的实际行为表现如实回答,就能帮助你确定自己的气质类型。但必须做到:①回答时请不要猜测题目内容要求,也就是说不要去推敲答案的正确性,以下题目答案本身无所谓正确与错误之分;回答要迅速,整个问卷限在5~10分钟内完成。②每一题都必须回答,不能有空题。③在回答下列问题时,如果题目中的描述与自己的情况"很符合"记2分,"较符合"记1分,"一般"记0分,"较不符合"记-1分,"很不符合"记-2分。

(1)做事力求稳妥,不做无把握的事。

(2)遇到可气的事就怒不可遏,要把心里话全说出来才痛快。

(3)宁肯一个人干事,不愿和很多人在一起做事。

(4)到一个新环境后很快就能适应下来。

(5)厌恶那些强烈的刺激,如尖叫、噪声、危险镜头等。

(6)和人争吵时,总是先发制人,喜欢挑衅别人。

(7)喜欢安静的环境。

(8)善于和人交往。

(9)羡慕那种善于克制自己感情的人。

(10)生活有规律,很少违反作息制度的规定。

(11)在多数情况下,情绪是乐观的。

(12)碰到陌生人会觉得很拘束。

(13)遇到令人气愤的事,能很好地自我克制。

(14)做事总是有旺盛的精力。

(15)遇到问题常常举棋不定,优柔寡断。

(16)在人群中从不觉得过分拘束。

(17)情绪高昂时,觉得干什么都有趣;情绪低落时,又觉得干什么都没有意思。

(18)当注意力集中于一件事时,别的事就很难使我分心。

(19)理解问题总比别人快。

(20)碰到危险情景,常有一种极度的恐惧感。

(21)对学习、工作、事业怀有很高的热情。

(22)能够长时间做枯燥、单调的工作。

(23)对于符合兴趣的事情,干起来劲头十足,否则就不想干。

(24)一点小事就能引起情绪波动。

(25)讨厌做那种需要耐心和细致的工作。

(26)与人交往不卑不亢。

(27)喜欢参加热烈的活动。

(28)爱看感情细腻,描写人物内心活动的文学作品。

(29)工作、学习的时间长了,常感到厌倦。

(30)不喜欢长时间谈论一个问题,更愿意实际动手干。

(31)宁愿侃侃而谈,不愿窃窃私语。

(32)别人说我总是闷闷不乐。

(33)理解问题常比别人慢些。

(34)疲倦时只要短暂的休息就能精神抖擞,重新投入工作。

(35)心里有话宁愿自己想,不愿说出来。

(36)认准一个目标就希望尽快实现,不达目的誓不罢休。

(37)学习、工作的时间同样长,却常比别人更容易感到疲倦。

(38)做事有些莽撞,常常不考虑后果。

(39)老师或师傅讲授新知识、新技术时,总希望他讲慢些,多重复几遍

(40)能够很快地忘记那些不愉快的事情。

(41)做作业或完成一件工作总比别人花的时间多。

(42)喜欢参加运动量大的剧烈体育活动,或参加各种文艺活动。

(43)不能很快地把注意力从一件事转移到另一件事上去。

(44)接受一个任务后,就希望把它迅速解决。

(45)认为墨守成规比冒风险要强一些。

(46)能够同时注意几件事。

(47)当我烦闷的时候,别人很难使我高兴起来。

(48)爱看情节起伏跌宕、激动人心的小说。

(49)对工作持认真严谨、始终如一的态度。

(50)和周围人们的关系总是处理不好。

(51)喜欢复习学过的知识,重复做已经掌握的工作。

(52)希望做变化大、花样多的工作。

(53)小时候会背的诗歌,我似乎比别人记得更清楚。

(54)别人说我"出口伤人",可我并不觉得是这样。

(55)在体育活动中,常因反应慢而落后于他人。

(56)反应敏捷,头脑机智灵活。

(57)喜欢有条理而不甚麻烦的工作。

(58)兴奋的事常使我失眠。

(59)老师讲新概念,常常听不懂,但弄懂以后就会很难忘记。

(60)假如工作枯燥无味,马上就会情绪低落。

表3.1　计分维度与方法:每题得分按下表题号相加,并计算各栏的总分

胆汁质	题号	2	6	9	14	17	21	27	31	36	38	42	48	50	54	58	合计
	得分																
多血质	题号	4	8	11	16	19	23	25	29	34	40	44	46	52	56	60	合计
	得分																
黏液质	题号	1	7	10	13	18	22	26	30	33	39	43	45	49	55	57	合计

续表

胆汁质	题号	2	6	9	14	17	21	27	31	36	38	42	48	50	54	58	合计
	得分																
抑郁质	得分																
	题号	3	5	12	15	20	24	28	32	35	37	41	47	51	53	59	合计
	得分																

分数解释:

(1)如果某一栏得分超出20分,并明显高于其他三栏(>4分),则为典型的该气质类型。

(2)如果某一栏得分在10~20分,并高于其他三栏,则为一般的该气质类型。

(3)如果出现两栏得分接近(<3分),并明显高于其他两栏(>4分),则为两种气质的混合型。

(4)如果某一栏得分很低,而其余三栏得分接近,则为三种气质的混合型。

(5)如果四栏的分数都不高且相近(<3分),则为四种气质的混合型。

多数人的气质是一般型气质或两种气质的混合型,典型气质和三四种气质混合的人较少。

判断完自己是什么气质类型后,对照本模块专题二关于气质类型的描述,就可以知道自己的气质特点了。

2.高级神经活动类型说

高级神经活动类型说是由苏联生理学家巴甫洛夫提出的。他认为,神经活动的基本过程是兴奋和抑制。兴奋与抑制具有三个基本特性:强度、平衡性和灵活性,这三种特性不同程度的表现可以组合成四种神经系统活动类型。这四种类型与体液说的四种类型有很好的对应关系:高级神经活动类型是体液说气质类型的生理基础,体液说气质类型是高级神经活动类型的心理表现,其关系如表3.2所示。

表3.2 高级神经活动类型与体液说气质类型

神经过程的基本特性			高级神经活动类型	体液说气质类型
强度	平衡性	灵活性		
强	不平衡		冲动型(不可遏制型)	胆汁质
强	平衡	灵活	活泼型(灵活型)	多血质
强	平衡	不灵活	安静型(不灵活型)	黏液质
弱			弱型(抑制型)	抑郁质

(1)活泼型(强、平衡、灵活)。它对应于多血质。这种类型的个体能根据刺激灵活调整自己的活动,适应性较好。巴甫洛夫认为这是一种健康、充满活力的神经系统类型,这

种类型的个体对恶劣的心理、社会环境有较高的抵抗力。

(2)安静型(强、平衡、不灵活)。它对应于黏液质。这种类型的个体行为惰性较强，因此不太容易适应迅速变化的环境。

(3)冲动型(强、不平衡)。它对应于胆汁质。这种类型的人兴奋强度胜过抑制强度，容易冲动，具有神经质特点，对自己的行为常常难以控制。

(4)抑制型(弱型)。它对应于抑郁质。这种类型的个体的神经细胞很脆弱，即使是正常强度的刺激对他们来说也显得过强，致使抑制强度远远超过兴奋强度。这使得个体在适应环境变化方面有一定的困难，容易表现出神经官能症病状。

能力训练

请分组讨论，分析《西游记》中四个人物各属于什么气质类型(或混合型)，并分别描述其行为特点。

1.孙悟空属于_____

2.唐僧属于_____

3.猪八戒属于_____

4.沙僧属于_____

二、性格的概念与类型

(一)性格的含义

性格是一个人对现实的稳定的态度和在习惯化了的行为方式中表现出来的人格特征。它是一种与社会最密切的人格特征，表现了人们对现实和周围世界的态度，并表现在其行为举止中。

(二)性格结构及其特征

1.性格的态度特征

性格的态度特征是指个体在对现实生活各个方面的态度中表现出来的一般特征，在人的性格结构中处于核心地位。性格的态度特征主要表现在：对社会、集体、他人态度的特征，如爱祖国、爱集体、富于同情心、乐于助人等，相反的是对国家、集体漠不关心的态度；对劳动、工作、学习的态度特征，如勤劳或懒惰、认真或马虎、细致或粗心、刻苦或敷衍等；对自己态度的性格特征，主要表现为自信、自尊、自强或自卑、懦弱等。

2.性格的理智特征

性格的理智特征是指个体在认知活动中表现出来的心理特征。在感知方面，存在不同的类型：能按照一定的目的任务主动进行观察的，属于主动观察型；有的则明显受环境刺激的影响，属于被动观察型；有的倾向于观察对象的细节，属于分析型；有的倾向于观察对象的整体和轮廓,属于综合型;有的倾向于快速感知,属于快速感知型;有的倾向于精确感知,属于精确感知型。在想象方面,有主动想象和被动想象之分,有广泛想象与狭隘想象之分。在记忆方面,有主动记忆与被动记忆之分,有善于形象记忆与善于抽象记忆之分等。在思维方面,也有主动思维与被动思维之分,有独立思考与依赖他人思考之分,有思维深刻与思维肤浅之分等。

3.性格的情绪特征

性格的情绪特征是指个体在情绪表现方面的心理特征。在情绪的强度方面,有人情绪强烈,不易于控制;有人则情绪微弱,易于控制。在情绪的稳定性方面,有人情绪波动大,变化明显;有人则情绪稳定,心平气和。在情绪的持久性方面,有的人情绪持续时间长,对工作、学习的影响大;有的人则情绪持续时间短,对工作、学习的影响小。在主导心境方面,有的人经常情绪饱满,处于愉快的情绪状态;有的人则经常郁郁寡欢,处于低落的情绪状态。

4.性格的意志特征

性格的意志特征是指个体在调节自己的心理活动时表现出的心理特征。自觉性、坚定性、果断性、自制力等是主要的意志特征。自觉性是指个体在行动之前有明确的目的,事先确定了行动的步骤、方法,并且在行动的过程中能克服困难,始终如一地执行既定计划。与自觉性相反的表现是盲从或独断专行。坚定性是指个体能采取一定的方法克服困难,以实现自己的目标。与坚定性相反的是执拗性和动摇性,前者不会采取有效的方法,一味我行我素;后者则是轻易改变或放弃自己的计划。果断性是指个体善于在复杂的情境中辨别是非,迅速做出正确的决定。与果断性相反的表现是优柔寡断或武断、冒失。自制力是指个体善于控制自己的行为和情绪。与自制力相反的表现是任性。

(三)性格的分类

性格的类型是指一类人身上所共有的性格特征的独特结合。按一定的原则和标准把性格加以分类,有助于了解一个人性格的主要特点,也有助于揭示性格的实质。心理学家们曾经以各自的标准和原则,对性格类型进行了分类,下面是几种有代表性的观点:

1.以心理机能优势分类

这是英国的培因和法国的李波特提出的分类法。他们根据理智、情绪、意志这三种心理机能在人的性格中所占优势的不同,将人的性格分为理智型、情绪型、意志型。理智型的人通常以理智评价周围发生的一切,并以理智支配和控制自己的行动,处世冷静;情绪型的人通常用情绪来评估一切,言谈举止易受情绪左右,这类人最大的特点是不能三思而后行;意志型的人行动目标明确,主动、积极、果敢、坚定,有较强的自制力。除了这三种典型的类型外,还有一些混合类型,如理智—意志型,在生活中,大多数人属于混合型。

2.以心理活动倾向分类

这是瑞士心理学家荣格的观点。荣格根据一个人里比多的活动方向来划分性格类型,里比多指个人内在的、本能的力量。里比多活动的方向可以指向内部世界,也可以指向外部世界。前者属于内倾型,其特点是处世谨慎,深思熟虑,交际面窄,适应环境能力差;后者为外倾型,其特点是心理活动倾向于外部,活泼开朗,活动能力强,容易适应环境的变化。这种性格类型的划分,在国外已被应用于教育和医疗等实践领域。

3.以个体独立性程度分类

美国心理学家威特金等人根据场的理论,将人的性格分成场依存型(又称顺从型)和场独立型(又称独立型)。场依存型者,倾向于将外在参照物作为信息加工的依据,他们易受环境或附加物的干扰,常不加批判地接受别人的意见,应对能力差;场独立型的人不易受外来事物的干扰,习惯于更多地利用内在参照即自己的认识,他们具有独立判断事物、发现问题、解决问题的能力,而且应对能力强。可见,这两种人是按两种对立的认知方式进行工作的。

三、气质与性格的区别和联系

气质与性格是个性中既有区别又有联系的两个重要方面。

(一)气质与性格的主要区别

(1)二者的生理机制不同。气质是以神经过程的特性以及由此形成的高级神经活动类型为生理基础的;而性格则是神经类型特点与神经系统在生活经验的影响下共同作用的结果。

(2)气质具有先天性,受遗传因素的影响较大。它更多地体现神经系统基本特性的自然影响,所以气质具有较强的稳定性,很难改变。而性格是后天形成的,是在人与周围环境的相互作用中逐渐发展而形成的。因此,对性格起决定作用的不是生物遗传因素,而是社会环境的作用。性格虽然也具有稳定性,但与气质相比,更容易改变,具有较强的可塑性。

(3)气质是在行为中表现出来的心理活动的动力特征,不带有社会内容,也不具有社会评价意义。同一气质的人会以同样的方式在各种活动中表现出来,而不受活动内容、性质的影响。同时,气质类型仅表明人与人之间的个体差异,不存在评价的好坏。每一种气质类型都有积极的一面和消极的一面。因此,气质不具有社会评价意义。性格则恰恰相反,它是带有一定社会倾向性的个性品质,是现实社会关系在人脑中的反映。它表现出一个人的社会性及基本精神风貌。因此,性格具有社会评价意义。

(二)气质与性格的联系

气质与性格虽然存在重要区别,但同时也具有密切的联系。主要表现在以下方面:

(1)气质可以按照自己的动力特征影响性格的表现方式,使性格带有独特的色彩。

例如,在选购商品的活动中,同是认真、细致的性格,多血质的消费者挑选商品时动作迅速利索,情感溢于言表,而黏液质的消费者挑选商品时却沉默寡言、动作迟缓,情感不外露。因此,不同气质类型的人,可以具有相同的性格特征;而相同性格的人,也可以有着迥然相异的气质。

(2)气质可以影响性格特征形成和发展的速度。例如,对于自信心的建立,胆汁质、多血质的人往往不需要进行特殊的意志努力就能够做到,而抑郁质的人却要努力克服心理上的自卑感,才能建立充分的自信。又如,在购买活动中,黏液质的消费者往往能根据自己对商品的观察和认识,独立做出购买决策,不受外界干扰;而胆汁质的消费者则注意力不稳定,自我控制力差,容易冲动,因而要排除外界干扰,独立进行决策就较为困难。

(3)性格对气质具有重要的调控作用。由于性格是人在社会生活实践过程中形成的对现实的稳定态度和习惯化的行为方式,因此性格在一定程度上可以掩盖或改造气质,使气质的消极因素受到抑制,积极因素得到发展。

能力训练

气质类型分析

下面的实例说明了什么?试以气质类型学说加以分析。

王亮和王锋是双胞胎。同年入学,现在已是某高中二年级的学生了。这两兄弟个子一样高,而且样貌极其相似,人们经常把王亮误认成王锋,把王锋误认成王亮。但是,他俩的性情却大不相同:王亮性情豪爽,易激动、办事果断、敢作敢为、行动迅速,喜欢参加各种争斗性活动,当受到挫折时怒发冲冠,爱打抱不平而不考虑后果;王锋则性情温和、安静、稳定、办事优柔寡断、行动迟缓,即使在经受挫折时仍心平气和,不动声色。然而,两人的成绩却不相上下。

心理测试:性格测验

在下列每题的几个选项里,选出最符合你的一个。要根据现在的你而不是过去的你进行选择。

1.你何时感觉最好?

(a)早晨   (b)下午及傍晚   (c)夜里

2.你走路时是……

(a)大步快走   (b)小步快走   (c)不快,仰着头面对着世界

(d)不快,低着头   (e)很慢

3.和人说话时,你……

(a)手臂交叠地站着   (b)双手紧握着

(c)一手或两手放在臀部　　　　　　　　(d)碰着或推着与你说话的人

(e)玩着你的耳朵、摸着你的下巴或用手整理头发

4.坐着休息时你的……

(a)两膝盖并拢　　　(b)两腿交叉　　　(c)两腿伸直　　　(d)一腿蜷在身下

5.碰到你感到发笑的事时,你的反应是……

(a)一个欣赏性的大笑　　　　　　　　　(b)笑着,但不大声

(c)轻声地咯咯笑　　　　　　　　　　　(d)羞怯地微笑

6.当你去一个派对或社交场合时,你会……

(a)很大声地入场以引起注意　　　　　　(b)安静地入场,找你认识的人

(c)非常安静地入场,尽量不被注意

7.当你非常专心地工作时,有人打断你,你会……

(a)欢迎他　　　　(b)感到非常恼怒　　　(c)在以上两极端之间

8.下列颜色中,你最喜欢哪一种颜色?

(a)红色或橘色　　　　(b)黑色　　　　(c)黄色或浅蓝色

(d)绿色　　　　(e)深蓝色或紫色　　　(f)白色　　　　(g)棕色或灰色

9.入睡的前几分钟,你在床上的姿势是……

(a)仰躺,伸直　　　(b)俯躺,伸直　　　(c)侧躺,微蜷　　　(d)头睡在手臂上

(e)被子盖过头

10.你经常梦到你在……

(a)下落　　　　(b)打架或挣扎　　　(c)找东西或人　　　(d)飞或漂浮

(e)你平常不做梦　　　(f)你的梦都是愉快的

计分方法:

1.(a)2　　　(b)4　　　(c)6

2.(a)6　　　(b)4　　　(c)7　　　(d)2　　　(e)1

3.(a)4　　　(b)2　　　(c)5　　　(d)7　　　(e)6

4.(a)4　　　(b)6　　　(c)2　　　(d)1

5.(a)6　　　(b)4　　　(c)3　　　(d)5

6.(a)6　　　(b)4　　　(c)2

7.(a)6　　　(b)2　　　(c)4

8.(a)6　　　(b)7　　　(c)5　　　(d)4　　　(e)3　　　(f)2　　　(g)1

9.(a)7　　　(b)6　　　(c)4　　　(d)2　　　(e)1

10.(a)4　　　(b)2　　　(c)3　　　(d)5　　　(e)6　　　(f)1

分数解释:

【低于21分:内向的悲观者】

人们认为你是一个害羞、神经质且优柔寡断的人。你需要他人照顾,永远要别人为

你做决定,不想与任何事或任何人有关联。

人们认为你是个杞人忧天者,是一个永远看到不存在的问题的人。有些人认为你令人感到乏味,只有那些熟知你的人知道你不是这样的人。

【21~30分:缺乏信心的挑剔者】

你的朋友认为你勤勉刻苦,但又有些挑剔。他们认为你是一个谨慎、小心翼翼的人,一个做事缓慢且稳定的、辛勤工作的人。

如果你做了任何冲动的事或无准备的事,都会令人们大吃一惊。他们认为你经常会从各个角度仔细地检查所有事情之后仍决定不付诸行动。他们对你这种反应的认识一部分是由你小心的天性所导致的。

【31~40分:以牙还牙的自我保护者】

别人认为你是一个明智、谨慎且注重实效的人,也认为你是一个伶俐、有天赋、有才干且谦虚的人。你不会轻而易举地和别人成为朋友,却是一个对朋友非常忠诚的人,同时你也期望朋友能给予你忠诚的回报。

那些真正有机会了解你的人会知道,要动摇你对朋友的信任是很难的,但相对地,一旦这种信任被破坏,就会让你很难承受。

【41~50分:平衡的中道】

别人认为你是一个充满新鲜感、富有活力、极具魅力、风趣好玩、讲究实际且永远有趣的人,是一个经常成为众人关注焦点的人。但是你是一个足够平衡的人,不至于因此而昏了头。他们还认为你亲切和蔼、体贴入微、善解人意,是一个永远能使人高兴起来并会帮助别人的人。

【51~60分:吸引人的冒险家】

别人认为你是一个令人兴奋、高度活泼且相当容易冲动的人。你是一个天生的领袖,一个会很快做决定的人,尽管你的决定不总是对的。他们认为你是一个大胆且敢于冒险的人,愿意尝试做任何事,至少一次;是一个愿意把握机会而享受冒险的人。因为你身上散发的美丽充满刺激感,他们喜欢跟你在一起。

【60分以上:傲慢的孤独者】

别人认为对你必须"小心处理"。在别人的眼中,你是自负、以自我中心的人,是个极端有支配欲和统治欲的人。别人可能钦佩你,希望能多像你一点,但不会永远相信你,会在与你进行更深入的交往时有所顾虑和犹豫。

【习题与思考】

1.举例说明气质的概念与类型。

2.举例说明性格的概念与类型。

3.气质与性格的区别是什么?

专题3　秘书工作的适配个性

案例导入

某公司的行政秘书李倩负责处理公司高层的日常行政事务和会议安排。她在工作中表现出与岗位适配度极高的个性：

在安排公司高层会议时，李倩会仔细核对每一位与会者的行程，确保他们没有时间冲突，并提前准备好会议所需的所有材料。在会议开始前，她会再次检查会议室的布置、设备能否正常工作等细节，以确保会议的顺利进行。同时，当处理大量的文件和报告时，她能够耐心地逐一审阅，确保所有信息都准确无误。——体现细心与耐心。

李倩擅长制订和执行日程计划。她会根据高层领导的工作需求，合理安排他们的日程，确保他们能够高效地完成各项工作。同时，她还会提前预测可能出现的冲突或问题，并制订相应的解决方案。在她的组织下，公司高层的行程总是井然有序，从未出现过混乱或延误的情况。——体现组织与规划能力。

作为公司内外沟通的桥梁，李倩经常需要与各方进行有效的沟通。她能够清晰、准确地传达公司高层的意图和要求，并协调各部门之间的合作。当遇到问题时，她能够迅速找到问题的根源，并与相关部门进行沟通和协调，共同解决问题。她的沟通和协调能力得到了公司内外的一致好评。——体现沟通与协调能力。

有一次，公司突然接到一个重要客户的紧急需求，需要立即召开一次会议讨论合作事宜。面对这种情况，李小姐迅速调整了自己的工作计划，紧急协调会议室的使用安排、准备会议材料，并通知所有与会者。在她的努力下，会议如期召开并取得了圆满成功。她的应变能力为公司赢得了宝贵的时间和机会。——体现应变能力。

通过这个例子可以看出，李倩的个性与秘书工作相适配，这让她能够胜任秘书这一工作角色。

一、秘书个性结构的配置分析

（一）组织文化对个性的要求

组织文化是指在一定的社会、政治、经济、文化背景条件下，组织在生产与工作实践过程中所创造或逐步形成的价值观念、行为准则、工作作风和团体氛围的总和。具体地说，组织文化是指组织全体成员共同接受的价值观念、行为准则、团队意识、思维方式、工作作风、心理预期和团体归属感等群体意识的总称。

组织文化包括以下几个层面：

1.理念层面的文化

理念层面的文化就是关于秉持何种理念做事的文化。这个层面反映出了组织核心价值观的要求,体现了组织的愿景规划。在这一层面上,文化为"组织为什么存在"这一问题提供了意义。

2.制度层面的文化

制度层面的文化就是关于如何做事的文化。这个层面反映的是如何规范和统一员工的行为,以达成组织的具体目标。一个单位的规范化管理一般都是从建设必要的规章制度做起的,所以这个层面上的文化,最关键的是要对每一项制度和要求进行有说服力的阐释。

3.个性层面的文化

个性层面的文化就是组织中的每一个"个性"所代表的精神追求。组织中个性化、多样化的精神追求与组织统一要求的理念和制度之间的矛盾、冲突是组织变革的动力之源。这一层面的人格化代表是组织中那些对既定的共性层面文化影响较小的普通成员。个性层面的文化体现出文化的柔性,是组织创新与变革的动力之源。

4.背景层面的文化

背景层面的文化就是组织所在国家(地区)的各种社会文化传统,既包含东方文化与西方文化的巨大差异,也包含公有制经济与市场经济的巨大差异,还包含各种产权、合作、资本构成、人员来源等方面的巨大差异。这些背景决定了组织文化的基本生存条件。

秘书的个性要受到多种组织文化的影响,这使个人的作用和力量非常有限。因此,适配组织文化的秘书个性应包含不断学习和沟通的能力,以及善于团结协作、热情开朗的性格。

(二)秘书工作特点对个性的要求

1.当机立断

秘书工作变化快,同一时间要处理的事情繁多,因此,这就要求秘书必须具备当机立断的能力。

2.从容不迫

秘书遇到事情时,不要过于害怕和紧张,要通过事先规划、保持冷静、有效沟通等方式使问题得到妥善解决。

能力训练

秘书小林已与张三约好,今天下午两点陪总经理去登门拜访他,商谈明年双方合作的事情。正准备动身,值班秘书来电话,说李四来访,此刻正在接待室。现在已经一点半了,秘书应该怎么办?二者只能取其一,如果按原计划去拜访张三,就不能接待李四;如果在公司接待李四，就得推迟或取消对张三的拜访。这时不仅难以抉择去见张三还是李四，而且也不好向任何一方解释。而总裁办主任正好不在公司，并且一时也联系不上，没法向他请示，问题真有些棘手。那么，秘书小林应该如何处理这件事呢？

秘书这时一定要冷静。首先应该想清楚可以采取哪些补救措施：给张三（或李四）打电话，推迟或者取消约会；尽快与总裁办主任联系上，听取他的指示；如果不能按原计划拜访张三，那么，在告知张三不能如约前往时一定要诚实地说明真正的原因，尽量注意说话时的语气；在处理好这些问题之后，就要充分预估取消或推迟约会可能造成的各种后□□□果存在消极后果，就要采取新的措施，将这种消极后果减轻到最低程度；另外□□□□□□日程的变更，要及时与有关方面（比如司机）取得联系，以保持各部

□□□□□□□□□还应想好执行的先后顺序：是先给张三打电话还是先通知李四；是先□□□□指示还是先按原计划办，再向总裁办主任汇报……在这种情况下，判断哪些指□□优先的唯一标准是，怎么对公司（或总经理）有利就怎么做。反过来说就是，那些没有什么实际意义的因素暂时就不要想那么多。比如说这次不能如约去拜访张三，并不意味今后也不去了，把原因说明，张三不一定就会计较；而对李四来说，由于长期的业务往来，他与自己的上司建立了密切的私人关系，这次没有接待他，在他知道了事情原委之后，也许会一笑了之。秘书在想这些问题时，实际上就已经把公司的利益摆在首位了。秘书遇到突发事件时，只有保持理智冷静，才能做到从容不迫。

3.有条不紊

要做到秘书工作有条不紊，需要在计划、时间管理、文件和信息管理、有效沟通、细节处理、应急处理等多方面付出努力。

知识链接

秘书工作的 NTL 分类法

这天早上总裁办秘书一进办公室，老板就让她起草一份上半年的工作总结报告，要求明天下班之前交给他，说下个星期开公司董事会要用。她估摸了一下，得有三四万字，有二三十页。刚从老板办公室出来，她还没有坐下，老板又打电话过来，说今天下午一点，要与公司一位副总、销售部经理和财务经理一起商量工作。她回复说马上通知他们几个。刚放下电话，前台就送来一份传真，是新加坡恒鑫公司老总发来的，内容是说后天到北京，让公司帮他预订酒店。她刚看完传真，老板又来电话，说他没时间，下个月初就不到电视台为《一周财经观察》节目做嘉宾了，让她给对方发电子邮件说明一下。她刚喘口气，人力资源部的人又通知她，让她填写参加存档新方法讲座的报名表，并说明天下班之前是报名的最后期限。

对于一些年轻的秘书来说，一上班就遇到这么一大堆杂事，心里确实有些发怵，不知从什么地方下手，所以在实际工作中往往会顾此失彼。因此，作为秘书一定要掌握区分工作轻重缓急的方法，做到有条不紊。不管秘书的工作有多忙多杂，它们基本上都可以分为三类：第一类是N—Now，即现在必须马上处理的工作；第二类是T—Today，即应该在今天完成的工作；第三类是L—Later，即可以在后面完成的工作。这种日常工作分类法又称NTL分类法。哪些工作分在哪一类，秘书自己一般心中有数。在自我分类时，对于一些从上司那里分派下来的工作，需要多想想，有时如果把握不了，最好就在接受上司工作指示时，顺便问清楚上司希望在什么时候完成。如果采用这种NTL分类法，上面那位秘书这天早晨的几项工作就应该这么划分：给老板写报告是T类工作，通知副总他们开会是N类工作，把传真交给具体经办人是T类工作，给电视台发邮件是L类工作，而参加档案培训也是L类工作。因此，这天早晨秘书的工作顺序应该这么安排：首先到行政部办好四人开会要借用的会议室的手续，之后与其他三人联系；把传真给老板看一下之后，就马上把传真转给具体的经办人，并听取上司对这份传真的指示；把传真的事弄妥之后，赶紧撰写老板要的报告，争取在今天把报告写出来；至于报名参加档案培训和给电视台发邮件，先记在本子上，明天有空再去办也不迟。

4.沉着细心

不只是那些新秘书，就是一些秘书工龄不短的人，来到上司面前时，心里也免不了有几分紧张。这种紧张往往会造成自己说话不自然或者词不达意，从而出现不必要的失误，这种现象必须克服。秘书在听取上司的指示时，往往会遇到一些疑问，比如觉得上司说得模棱两可甚至有些含糊不清，在这种情况下，秘书一定要打消自己的各种顾虑，直截了当地再问上司一遍，否则出了问题责任由秘书承担。这样，不仅对秘书自己不利，对上司也没有好处。

二、秘书工作的一般适配个性特质

个性影响着个体对职业的适应性。一定的个体适合从事一定的职业，同时，不同的职业对个体有不同的个性要求。每个组织，无论是政府部门还是营利性的企业，无论组织规模大小，都需要设置秘书岗位。企业在选择秘书人员时，要考虑其对秘书职业的兴趣和适配个性，从而根据个体的个性特点选择合适的人员；与此同时，个体在决定要从事秘书工作时，也可以调整自己的个性特点来适应秘书工作的要求。

秘书工作对秘书人员的个性要求一般包括以下方面：

(一)正直、谦逊

正直，意味着坚持原则，在心中对善恶忠奸、是非曲直有明确的标准。正直还意味着忠于国家、人民，忠于自己所供职的企业。谦逊表现为彬彬有礼、虚怀若谷、平等待人。秘书人员在领导身边工作，常常受领导的委托向下级传达领导指示、检查工作、听取汇报,日常工作也常需同事及下属配合,故不能狐假虎威、盛气凌人。

(二)热情、坚毅

秘书需要处理好烦琐的事务及复杂的人际关系。秘书的基本角色是助手、配角,这就决定了这种角色常居幕后而又责任重大,秘书付出很多但不一定能获得认同并彰显荣耀。如果没有对秘书职业发自内心的热爱,没有百折不挠的勇气和毅力,便无法克服职业活动中的不利因素,更不会自觉地自我锻炼以完善自己,从而成为一名优秀的秘书。

(三)敏捷、稳健

秘书工作具有被动性,且繁重而琐碎,是一种脑力与体力相结合的高度紧张的劳动。如果做事不敏捷,便无法提高效率,甚至无法完成工作。因此,秘书人员一定要思维敏捷,善于观察和分析各种复杂的事物;一定要动作敏捷,做事干脆利落;一定要文思敏捷,运笔写作思路清晰、文思泉涌。稳健,就是要遇事细心、办事稳当、待人稳重。敏捷与稳健是有机的统一体。秘书思维、动作、笔头敏捷,并不是一味求快却忽视准确和稳健,而是要既求快又求稳。

(四)温和、自制

秘书处于一个单位工作网络的"结点"上,所以上下左右的工作和人际关系都要秘书去协调处理,从而达到平衡和统一。在协调各种关系时,秘书人员性格温和有利于化解矛盾、平衡利益关系。秘书人员待人处事必须讲究分寸感,善于控制自己的情感,约束自己的言论,节制自己的行为。性格温和、善于自制、处事有度的秘书,在与人打交道时总会游刃有余、如鱼得水。

(五)缜密、果断

"秘书工作无小事",有时工作中的一些细节处理不好可能会对事情的结果产生很大的影响。性格缜密就是办事细致入微、无懈可击,这是秘书的职业本能。秘书如能在复杂、紧急的情况下控制事态并立即采取坚决的措施,或善于等待时机、抓住时机并予以处置,就会达到从事秘书职业的最高境界。秘书训练专家廖金泽先生说:"秘书的职业性格集中了人类所有最美好的内容。"

三、秘书工作中常见的职业性格缺陷

(一)自傲与自卑

自傲与自卑的人一般不能正确评价自己的消极性格,这是由不能正确认识自我造成的。刚出校门的新秘书,往往因过高地估计自己而导致了"眼高手低"的毛病;自卑的人往往把自己看得过低,遇到一点打击便丧失信心,意志消沉,做事畏首畏尾或自暴自弃。

克服自傲情绪必须深入实际,了解社会对秘书职业从业者的要求,从中看到自己的缺陷和差距;克服自卑情绪必须努力学习并掌握丰富的知识及职业技能,在实践中找到成功感。

(二)急躁

急躁是由神经系统过度兴奋和冲动所导致的一种情绪状态,是秘书常见的职业性格障碍,多发生在青年秘书身上。他们工作无恒心、急于求成、缺乏计划,对问题不深思熟虑,往往因操之过急而导致失败。克服急躁情绪,就要培养自制力。林则徐认为,脾气急躁、遇事易发怒的人最容易把好事办坏。他为了克服自己急躁的坏脾气,写了"制怒"二字挂在自己的书房,后来无论走到哪里都带着这块横匾。林则徐这种时时提醒自己的方法值得我们借鉴。同时,克服急躁情绪还需从日常小事中的自我克制做起,只要持之以恒,急躁的毛病便会大大改善。

(三)守旧

秘书工作中的很多事都有规范的程序、步骤、操作方法要求,但秘书不能因此而形成墨守成规的性格。因为秘书工作具有参谋职能,如果秘书人员思想守旧、凡事按部就班、没有创新精神,便无法协助领导开创工作的新局面。

创新,首先需要培养创新意识并确立科学的思维方法。培养创新意识就是要敢于标新立异,敢于提出问题和大胆设想。为此秘书人员要注重培养自己的联想思维、发散思维、逆向思维、侧向思维等现代思维方式。

与秘书职业相关的性格缺陷很多,因人而异,以上只是谈了几个带有共性的方面。秘书人员要完善职业性格,关键是要结合自身实际有的放矢地去努力实践。

四、秘书人员良好个性品质的培养

(一)自我认知与提升

1.了解自己的气质

常见的气质类型有胆汁质、多血质、黏液质、抑郁质四种,每一种气质均有其典型的心理特征。现实生活中具有纯粹单一气质的人是极为少见的,一般人往往有两种或两种以上的气质特点,只是其中某一种气质较为突出而已。了解自己的气质特点,对于培养职业性格大有帮助,因为气质会影响性格的表现方式。例如,同样是勤劳的人,在工作中多血质气质的人往往表现为情绪饱满、精力充沛,而黏液质气质的人则常常表现为踏实肯干、办事精细。气质影响性格形成和发展的速度,性格也制约气质的表现。气质部分地决定或构成人的性格,所以有的心理特征既可以说是气质特征,也可以说是性格特征,如性情中的容易激动、平淡恬静等。要了解自己的气质类型,可以用心理学的测试标准进行对照,以此作为分析气质的依据。

2.了解自己的性格

作为秘书或者有志于从事秘书职业的人,必须从多方面、多角度了解自己的性格特征。比如:自己对人或事是否关心?对待工作是否细致?处理紧急情况是否果断?是否善于控制自己的情绪?对于这些问题,可以通过自我审视或换位思考来了解自己,也可以请他人指出自己的性格特征。此外,还可借助性格测量法进行测试,如国际上流行的自然实验法、问卷法、投射法等。其中,问卷法比较适用于秘书性格测试。问卷法主要有明尼苏达多相人格测验、YG加州心理测验、卡特尔16种人格测验等。

(二)找出差距,有计划、有针对性地进行训练

把自己的性格与成为优秀秘书必须具备的性格进行对照。根据对比的结果,制订出切实可行、有针对性和计划性的性格训练方法,并在日常工作和生活中持之以恒地进行自我训练。找出差距可用列表格的方法:把秘书职业应该具备的性格列为第一大项,把自己的原有性格列为第二大项,把两者差距列为第三大项(同时把差距依程度分为严重欠缺、一般欠缺、稍微欠缺三个档次),把训练方法及时间安排分别列为第四、五项。

(三)掌握训练方法,提高效率

1.反向行事

针对自己气质性格中的弱项,有意识地寻找与自己的性格气质相冲突的工作去完成,有目的地改造自己。例如,胆汁质气质类型的秘书多数较粗心,可以多做一些誊写文稿、立卷编目等细致的工作;黏液质性格的秘书一般反应较迟缓,可以多做些实地调查、对外联络等锻炼思维敏捷性的工作。

2.寻找榜样

在工作生活中多留意、多观察人与事,看性格适配的秘书或其他人员是如何工作、如何待人处事的。榜样的作用是巨大的,是具体的、感性的,能在潜移默化中影响人,有时能产生比理性认识更明显的效果。

3.了解"人性"

多学习社会学、心理学及人际关系学知识,多了解人与人打交道的基本理论与技巧,把从书籍中学到的知识与实践巧妙地结合起来。此处所说的"人性",作为一个"人"的特点,既包括自己也包括别人。

4.请人挑毛病、提建议

根据培养目标及自身性格方面的弱点,请上司、同事及亲朋好友监督自己的性格培养过程,并请他们随时提出改进的意见和建议。这种方法可能会让人感觉有些"残酷",但往往卓有成效。因此,在训练过程中自己应该学会调节情绪,以免失去信心。

能力训练

优秀秘书的素质

要求：

1.认真阅读案例；

2.分组讨论(分组数根据班级人数确定,3~5组均可)；

3.每组安排一个中心发言人,并收集和归纳小组成员的意见；

4.由每组的中心发言人在全班发言；

5.时间安排:阅读与讨论25分钟,班级发言15分钟,老师总结5分钟。

李琦是一家公司的高级行政秘书,负责管理公司高管的日常日程和工作事务处理。有一天,公司的CEO突然要前往参加一个重要的国际会议,而距离出发的时间只有不到24小时。CEO需要准备精彩的演讲以赢得潜在客户的信任,同时还要处理临行前紧迫的公司事务。

李琦迅速行动,重新安排CEO的日程,确保所有关键任务和会议在出行前得到妥善处理。这包括与各部门沟通,确认并调整会议时间,以及协调必要的出差安排(机票、酒店、交通等)。

由于时间紧迫,订票和酒店安排出现了问题。李琦快速找到替代方案,选择其他航班和酒店,并确保这些变动不会对CEO的行程造成影响。

在这种压力之下,保持冷静至关重要。优秀的秘书应该能够处理紧急情况,同时确保不被压力所压垮,保持清晰的思路。

在准备演讲稿的过程中,李琦仔细检查所有数据的准确性,确保演讲材料无误,并且符合会议要求的风格和内容。

李琦有效地与CEO、同事以及其他相关人员(如旅行社、会议组织者)进行沟通,确保所有人对变更和紧急情况了然于胸。

由于涉及敏感的公司信息和高层决策,李琦保证所有信息的保密性,避免任何可能的商业信息泄露。

在完成所有紧急安排后,李琦还主动为CEO准备了一套备选方案,以防出现其他不可预见的情况。

即便是在紧张忙碌的时候,李琦依然对所有的同事和外部联系人保持尊重,体现自己的专业性,确保整个团队的士气和协作精神。

思考：

1.从案例中分析和归纳李秘书具备怎样的个性和气质?

2.与李秘书相比,你应该从哪些方面来培养自己的个性品质?

【习题与思考】

1.秘书工作的适配个性有哪些?

2.如何培养秘书的良好个性品质?

3.试根据有关理论,分析自己的个性特质中有哪些适配秘书工作,哪些不适配秘书工作,如何纠正?

模块四
秘书的职业价值观

知识目标：
- 了解价值观的概念、类型，以及价值观对个体和社会组织的作用。
- 了解秘书价值观常见的错位现象及影响秘书价值观形成的因素。
- 理解秘书价值观的概念、作用。
- 掌握秘书应具备的正确的价值观。

能力目标：
- 根据秘书价值观的有关理论，分析价值观对个体发展和社会组织的作用。

素质目标：
- 树立正确的职业价值观，自觉地约束自己，履行好自己的职责。

专题1　价值观概述

案例导入

汪洋湖,吉林省水利厅原厅长,参加工作40多年,从基层到高级机关,从未收过礼,没有凭借职权谋过一点私利。他家中睡的仍然是硬板床,坐的是旧沙发,家里没有什么像样的电器,最抢眼的25英寸电视机还是女儿给买的。单位最后一次分房时,拿出4万元就能得到一套价值几十万元的房子,可是汪洋湖却硬是连家里的存折、国库券都算上,也凑不够这笔钱。汪洋湖对自己提出了三点要求:不能偷懒,不能糊弄,不能滑坡。他始终把共产党员的称号看作自己心中的最高荣誉,把"为党的理想奋斗到底"作为"支撑他全部人生的理想信念"。

价值观在人的一生中起着主导作用,不同的价值取向和定位使每个人在社会生活中的追求各异,体现了千差万别的人生轨迹。秘书要树立正确的价值观,自觉地约束自己,这样才能履行好自己的职责。

一、价值观的含义与特征

价值观是人们对客观事物的价值认识和价值评价所持的立场、观点、态度的总和,是现实社会生活中的人们对于区分客观世界中存在的善恶、美丑的根本看法,是人们关于某类事物是否具有价值以及具有何种价值的看法,它反映了价值主体(即现实社会或现实社会中人们)对客体的一种态度。

价值观是关于价值的根本看法,是人们对于客观事物对主体所具有的意义的一种认识、一种理解。这是价值观的一个重要特征。不同价值观念的内容体现为对不同事物或不同类事物的价值理解。例如,道德观念体现的是对人际关系中的伦理价值理解,民主观念体现的是对政治生活中的平等价值理解。当人们对事物的价值有了新的理解时,新的价值观念便产生了。我们所倡导的环保意识,就是对自然价值的重新理解。价值观的另一个重要特征是方向性。对于任何主体来说,"有价值"的东西就是自己认同、肯定且能满足自己需要的东西,是自己奋斗的目标、渴望实现的愿望。因而,人人都有价值观。

作为一种社会意识,价值观的多样性和变化性归根到底是由社会生活决定的,这体现了社会存在对社会意识的决定作用。人们的价值观是与其所处社会关系中的地位以及他们所从事的活动紧密相关的。例如,人生活在社会中,由于其社会地位不同、受教育程度不同、成长的文化背景不同等,他们的看法因而也就不同,价值判断也会有很大

秘书心理与行为

的不同。即使同一个人，也会因为所在地点、条件的变化而产生价值观的变化。

价值观对人们的行为选择具有导向作用。这种导向作用一般表现为以下几个方面：首先，价值观影响人们的价值判断。面对同样的客观事物，人们作出的事实判断可能会比较一致，但对于这种客体对人具有什么样的作用，持不同价值观念的人作出的价值判断可能有很大差异。例如，同时代的人对工作、金钱的态度和理解不同，不同时代的人对"幸福生活"的理解也不同等。即使对一些很具体的问题，持不同价值观的人也会有不同反应。例如，对于经济体制改革过程中产生的失业问题、分配不公问题，人们的看法便存在着很大的差异。其次，价值观对于人们认识世界和改造世界具有导向作用。最后，价值观对于个人的人生道路、人生方向抉择具有导向作用。正确的价值观能指导人们积极、健康地生活，错误的价值观只会使人们误入歧途。

二、价值观形成的影响因素

影响价值观形成的因素是多方面的，涉及个体全部的内外环境：既包括生理因素和心理因素等内部环境，也包括自然因素和社会因素等外部环境。价值观的形成受这些因素的综合影响。

青年生理、心理的发展是价值观形成的基础。到了青年期，人的身体迅速发育，无论是身体内部各系统的结构与机能，还是身体外部的形态，都有了充分的发展。特别是第一、二性征的出现，使青年身体内部和外部发生了一系列生理变化，标志着青年在生理上日趋成熟。这些变化促使青年以新的方式去感知自己的生理面貌，进而使其心理上也随之发生明显的变化。他们开始关心自己的身高、体重、体型，内心深处萌发一种强烈的对"自我"的意识和自我评价的需求，而这些又促使他们开始思考个人在社会中的地位。他们意识到两性的差别，产生对异性的好奇和特殊好感，渴望结交异性朋友并想象美好生活。这些都在青年生活中占有重要位置，是影响他们形成幸福与不幸福、追求与消沉、自尊与自卑的人生价值观的重要因素。

在青年期，思维能力也得到极为显著的发展，思维范围扩大，思维的独立性、批判性、深刻性和抽象概括性增强。这些特点都会使青年开始有倾向性地追求某些事物，独立地判断周围事件，希望凭自己的信念生活，并促进其自我意识迅速发展。这就推动青年产生对个人生活进行探讨的强烈愿望，并使其能从理性的角度去思考人生追求的价值目标，进而做出合理的选择。

另外，青年的情感也对其价值观产生很大的影响。在青年对价值问题还没有深刻认识之前，最初涉及人生价值的问题时，他们往往由情感来主导对问题的判断。一个在日常生活中经常体验到消极情绪的人，会觉得生活毫无意义，也就是说其产生的认识多属于消极方面。当外界事物经常引起一个人高兴、愉快等积极的情绪体验时，他就容易对其同类或相似的事物及社会生活产生积极的反应，并从中获得具有积极意义的认识，从而感到生活很有意义。可以说，情感是形成价值观的支柱，价值观的形成反映了不同个体形形色色的生活体验。

自然环境的特点和变化也是价值观形成中不可忽视的因素。人们在日常生活中所接触的自然因素，如山川、河流、植物、动物、阳光、空气、水等，对人的影响具有恒常性的特点。而一些自然环境中较大的变化，如地震、火山爆发、水灾、风灾等，则可能使人的价值观产生较大的变化。

社会因素在价值观的形成中起着决定作用，包括社会文化、家庭教育和学校教育三个方面。社会文化最为复杂，它涵盖了政治、经济、法律、宗教、团体、大众传媒、风俗、习惯、科学、文化艺术等方面。在这些方面的影响中，有的是物质层面的，有的是精神层面的；有的是催人向上的积极因素，有的是诱人堕落的消极因素；有的可以明显地引起价值观的重大变化，有的则潜移默化地熏陶着青年的思想观念。例如，社会政治事件对青年价值观的影响，常常具有决定性的意义。刚开始以独立的自我去考虑人生的青年特别关注和审视社会问题，这个时期发生的重大政治事件，常会强烈地震撼他们的心灵，给他们的价值观打上深深的烙印。又如，电影、广播、网络、报纸杂志、书籍等大众传播媒介对青年价值观的形成和发展有着不可估量的影响。我国当代青年一般都受过程度不等的文化教育，对大众媒介兴趣浓厚，加上青年精力充沛，求知欲强，闲暇时间相对较多，因而接触大众传媒范围广、时间长。他们中有的会从中获得为美好的人生目标奋斗的精神动力，获得对人生哲理的深刻理解；也有的会在一些不良传播媒介的腐蚀下，逐渐消沉、堕落，甚至走上犯罪的道路。再如，在家庭中，家庭风气、家庭教育、父母的品行、长辈的生活态度都会影响青年的价值观。一般来说，良好的家庭教育、和谐民主的家庭生活、父母积极的生活态度以及父母的身体力行，对青年的价值观都会产生积极影响；而家庭关系紧张、父母不和或离异、长辈品行不端，以及对子女粗暴或溺爱等情况，则可能造成青年价值观念的畸形发展。学校教育在学生价值观形成中扮演着至关重要的角色。首先，学校是学生社会化的重要场所，通过课堂教学、课外活动和同伴互动，学生接触到多元的思想和文化，进而影响其价值观的塑造。教师作为引导者，通过传授知识和实施道德教育，帮助学生建立正确的价值观念，如诚实、尊重和责任感。其次，学校环境和氛围也对学生的价值观形成有显著影响。积极的校园文化能够激励学生关注集体利益，培养合作精神和社会责任感。而负面的环境则可能导致自私和消极的价值观。最后，学校教育不仅应关注学术成绩，还应重视学生的情感和道德发展，促进其全面成长。

中国传统文化定向的价值观研究①

1.以"己"为中心的价值观

费孝通认为中国人是以"己"为中心的,就像把一粒石子投入水中水面出现的波纹一样,最中心的是自己。杨中芳认为中国人价值体系背后的主导思想不是集体主义,而是以个人为中心,并且与其周围环境融为一体,这种和谐状态是中国人追求的重要目标。

2.以社会、关系、情境为中心的价值观

西方人的"自己"与中国人的"自己"概念不同,西方人的"自己"指的就是个人,而中国人的"自己"是可以扩展的,不仅包括个体自身,还可以推及家庭、亲戚、朋友,甚至家族和宗族。由此可见,中国人具有社会取向、关系取向的价值观。

杨国枢认为,人类社会生活圈主要有两类运作方式:一为个体取向,以自主性为重,强调的是个体如何经由支配、控制、改变及利用自然环境与社会环境来满足自我的欲望、兴趣及情绪;二为社会取向,以融合为重,强调的是如何与环境建立及保持和谐关系。他认为中国人是比较典型的社会取向,具体表现为家族取向、关系取向、权威取向和他人取向四个层次。

何友晖等认为,传统的中国人强调在人与人的社会关系中来界定自己的身份。例如,"我是某某的儿子""我是某某教授的学生"等。

3.富贵与道德追求

文崇一提出了"富贵与道德"的二分模式。在中国人的心目中,理想状态是"升官发财",其中发财体现为"富",升官体现为"贵";同时中国人又特别重视道德。

4.人情与面子

"好面子"是中国文化中的一种突出的现象,办事顾及"脸面",常被人认为是中国人独有的社会心理特征。由于建立和维持良好的人际关系对个体的生存和发展非常重要,因此我们在交往中会重视他人的看法和感受,通过各种印象管理策略来给他人留下好的印象,维护自己的"面子"。杨国枢认为,中国人重视的他人是"重要他人",是和自己有密切联系和利益关系的人,比如家人、朋友、邻居和同事等;而西方人重视的他人是"概括化他人",也就是一般的人,会对他们的人格形成和行为方式产生影响。因此,中国人非常注意维护在重要他人前面的形象,而对与自己关系不大的人,则不太在乎他们的看法和感受。

黄光国认为中国人是把面子和尊严联系在一起的。面子是从他人那里获得的尊严,

---

① 金盛华,张杰.当代社会心理学导论[M].北京:北京师范大学出版社,1995:177-179.

它一方面代表了自己的社会形象,另一方面也反映了个体的社会地位,所以面子是越高越好,人们通过人情往来和各种社会交换手段来获取、维护和提高自己的面子,也通过权力来确认和巩固自己的面子。人情和面子是中国人核心的人际关系准则。有人认为中国人的官本位思想的深层机理与中国人爱面子有关,"衣锦还乡""光宗耀祖"等词语就是很好的例证。求人办事时,事情办了叫给面子,没有办成就叫不给面子,而能为他人办成大事则被认为是面子大。

三、价值观的类型

价值观是一个多元化的复杂系统。该系统包含很多成分,每个人都或多或少具有各种成分,只是相对而言强弱程度不同、主导价值观不同。为了方便研究,心理学家从不同的角度对价值观进行了分类。

(一)斯普朗格对价值观的分类

德国哲学家斯普朗格在《人的类型》一书中提出了六种类型的价值取向:经济的、理论的、审美的、社会的、政治的和宗教的。这一理论影响很大。心理学家奥尔波特等据此编制了"价值观研究量表",用于测量和研究价值观。

1.理论性价值观

它是以知识和真理为中心的价值观。具有理性价值观的人把追求真理看得高于一切。他们具有智慧,兴趣广泛,求知欲强,富于幻想,重视用批判和理性的方法去寻求真理,如哲学家、科学家等。

2.审美性价值观

它是以外形协调和匀称为中心的价值观。具有审美性价值观的人把美和协调看得比什么都重要。他们追求世界的形式美感与和谐,以美的原则(如对称、均衡、和谐等)评价事物,如艺术工作者。

3.政治性价值观

它是以权力地位为中心的价值观。具有政治性价值观的人觉得权力和地位最有价值,他们追求权力、影响力和声望,喜欢支配和控制他人,如政治家。

4.社会性价值观

它是以群体和他人为中心的价值观。具有社会性价值观的人认为为群体、他人服务最有价值。这一类型的人热心社会活动,尊重他人价值,具有利他精神并注重人文关怀,如社会活动家。

5.经济性价值观

它是以有效和实惠为中心的价值观。具有经济性价值观的人认为在世界上,一切实惠的事物就是最有价值的,他们务实、追求财富,对具有实用价值的东西感兴趣,如商人。

6.宗教性价值观

它是以信仰为中心的价值观。具有宗教性价值观的人认为最高的价值在于统一的整体。他们相信神话和命运，寻求如何把自己与宇宙联系起来，如牧师、神职人员等。

斯普朗格认为，人们的生活方式正朝着这六种价值观方向发展。六种价值观的划分并不表示有这六种典型人物存在，分类只是为了更好地理解。事实上，每个人都或多或少地具有这六种价值观，只是核心价值观因人而异。

(二)罗克奇对价值观的分类

罗克奇于1973年设计了罗克奇价值调查表。他的价值系统理论认为，各种价值观是按一定的逻辑意义连接在一起的，它们按照一定的结构层次或价值系统而存在。价值系统是沿着价值观的重要性程度的连续体而形成的层次序列。他根据工具—目标维度提出了两类价值系统：

1.终极性价值系统

它是指存在的理想化终极状态或结果，包含以下内容：舒适的生活、振奋的生活、成就感、和平的世界、美丽的世界、平等、家庭保障、自由、幸福、内心平静、成熟的爱、国家安全、享乐、灵魂得到拯救、自尊、社会承认、真正的友谊、智慧等。

2.工具性价值系统

它是达到理想化终极状态所采用的行为方式或手段，包含的内容有：有抱负、心胸宽广、有才能、快活、整洁、勇敢、助人、诚实、富于想象、独立、有理智、有逻辑性、钟情、顺从、有教养、负责任、自控、仁慈等。

罗克奇的价值调查表中所包含的这18项终极性价值和18项工具性价值，每项价值后都有一段简短的描述。施测时，他让被试按这些价值对自身的重要性程度，对两类价值分别进行排序，将最重要的排在第1位，次重要的排在第2位，以此类推，最不重要的就排在第18位。使用这个量表可以测得不同的价值在不同人心目中所处的相对位置，即相对重要性程度。罗克奇的量表的优点在于，它是在一定的理论框架指导下编制而成的，其中包括的价值项目较多且简单明了，便于被试理解和掌握，施测操作也较为简便。并且，这种研究方法将各种价值观置于整个系统中进行考量，因此更体现了价值观的系统性和整体性的作用。

四、价值观的作用

(一)对个人的作用

价值观具有引导个体行为、帮助个体做决定与解决冲突，以及激励个体达成自我实现等功能。

1.标定人生方向,引导人生道路

现实生活中,无论一个人具体的生活目标多么复杂多样,总有一个最基本的生活方向和总目标。这个基本生活方向是由其核心价值观决定的,各种具体生活目标都直接或间接地围绕这个总目标来确定。一旦确定了人生目标,人就会朝着这个方向去选择人生道路并努力实现它。每个人对人生意义的看法和态度不尽相同,"什么样的人生才是值得的?""人为什么活着?"……这些问题的回答影响着人们对社会贡献的大小和自我实现的程度。

2.左右人的知觉,决定人的态度

一个人做任何事情,首先都会思考该做什么,不该做什么;什么是重要的,什么是次要的。这些思考受人的价值观影响,对于符合自己价值观的事情,人就会产生肯定态度。在工作中,如果员工对组织认同,工作投入且感到满足,就更可能提高工作效率;反之,则会降低工作效率,使人产生对工作的厌烦、抵触情绪。

3.评判自我价值,支配人的言行

价值观一旦形成,就会在人的内心形成稳定的心理定势,促使人不断反思自己行为的价值意义,从而调整自己,使行为符合既定的价值要求。

4.影响世界观,塑造人的人格

价值观是世界观的重要组成部分,对人格的培养与塑造起着不可忽视的作用。以正确的价值观为导向,能形成符合时代发展的积极人格特征,从而充分展现自我,形成高尚的价值取向。

(二)对组织的作用

价值观不但影响个人行为,还影响群体行为和整个组织的行为,进而还能影响企业的经济效益。

1.价值观与组织忠诚度

个人价值观与组织价值观的一致性越高,个人的工作满意度越高,而离职意向则越弱,对组织也越忠诚,这样,组织因员工离职而造成的损失就越小。

2.价值观与员工奉献行为

组织文化与员工奉献行为具有十分密切的关系。组织成员与组织的价值观越一致,成员间越容易建立共识和休戚与共的感觉。这会使得组织成员除了做好分内的工作外,对工作或职位以外的要求也愿意执行,并且乐意协助其他同事,为组织尽心尽力。

3.价值观与激励动力

具有不同价值观的组织成员,看重的激励方式也不一样,有的人重视金钱报酬,有的人重视权力地位,有的人重视工作成就。如果组织能够根据员工的不同价值观施以相匹配的激励措施,就会以较小的经济代价激发起员工较高的工作热情。

知识链接

惠普文化的利爪①

惠普文化通常被称为"惠普之道"(HP Way),惠普之道有五个核心价值观。这五个核心价值观像五个连体的孪生兄弟,谁也离不开谁,成为惠普发展的重要基石。

①相信、尊重个人,尊重员工;

②追求最高的成就,追求最好;

③做事情一定要非常正直,不可以欺骗用户,也不可以欺骗员工,不能做不道德之事;

④公司的成功靠大家的力量完成;

⑤不断地创新,要有灵活性。

惠普从来不把"HP Way"挂在墙壁上,也很少大张旗鼓地进行宣扬,但"HP Way"却能指导惠普公司的管理工作;它影响到惠普总裁普莱特在全球访问时从来不坐专机;它让中国惠普总裁陈翼良说出"我不敢不尊重我的员工"。"HP Way"很厉害,厉害得让惠普的创始人骄傲不已。

陈翼良对惠普文化非常热爱,无论他的言谈举止还是行为方式,都已烙上了惠普的文化烙印,就像虔诚的宗教徒身上有着很明显的宗教情结一样。陈翼良说,他在做任何事情时,总要自觉不自觉地考虑自己的所作所为是否符合惠普的五个核心价值观。

惠普文化不仅深深影响了陈翼良,还影响了惠普12万员工中的绝大多数。与惠普打过交道的人,都会感到惠普的做法与别的公司不一样。惠普更加和蔼可亲,更加有大家风范。

陈翼良说:"公司不同,文化也不同。但不管你这家企业文化是软性的还是硬性的,这都不是最重要的,重要的在于你的员工相信不相信你企业文化的价值观,重要的是你的企业文化能否凝聚你的员工的向心力。如果企业所有的人都相信你的企业文化,你的企业文化的力量就会很大,对人的约束力也就会很大。你的企业文化使员工的凝聚力越强,你的公司将来的实力就越大。"

能力训练

心理素质训练:价值观大拍卖②

活动程序:

1.活动前教师先制作"价值观项目表"(表4.1),并将这些项目另外再书写于白板上。

---

①陈国海.组织行为学[M].2版.北京:清华大学出版社,2006:308.

②陈国海.组织行为学[M].2版.北京:清华大学出版社,2006:107-109.

2.教师发给每位学生一张"价值观项目表"及一张A4纸。

(1)教师请学生将A4纸做成总金额一万元的纸钞,面额设定为5000元、2000元、1000元及500元(也可为其他面值,只是单位越小,制作所花时间越多),张数不限,但总金额为10000元。

(2)请学生预想:若10000元代表一个人一生的所有时间和精力,他会花多少钱来买"价值项目表"的哪些项目? 教师可给5分钟时间,让学生在"价值观项目表"上进行估算。

3.教师的身份转变为拍卖人员,负责拍卖的工作(拍卖工作也可以让学生轮流承担)。

(1)教师说明拍卖规则(如是否可以向"银行"借款,或者是否可以将买到的"物品"转卖,等等)。

(2)进行拍卖。

讨论与分享:

1.拍卖完毕后,学生分组进行讨论,或在班级里分享自己在此活动中的心得。

2.教师说明价值观对个人的发展与人际关系有极大的影响。因此,认清自己的价值观,有助于增强自己对人、事的辨别与决策能力。而通过此活动亦可看到个人是属于敏锐果断、眼明手快型还是优柔寡断、犹豫不决型的个性。

3.你是否买到了自己认为最重要的价值观项目?

(1)如果是,买到时的心情如何?

(2)如果不是,是因何故没有买到? 没有买到的心情如何?

(3)你最想买的项目是什么? 其背后隐含的价值观为何? 为什么它对你而言那么重要?

4.有些人什么都没有买到,为什么?

5.参与拍卖活动时,你的心态如何?

(1)你所买的项目是否都是你所喜欢的? 是否有在赌气或不得已的情况下买的?

(2)在拍卖过程中,你的心情是紧张的、兴奋的,还是其他的呢?

表4.1 价值观项目表

项　　目	优先级	预估价格	成交价格
1.让世上的人都以自己期望的方式对待他人			
2.拥有100万并将其捐给世界上有需要的人			
3.有机会成为你所喜欢的学科/专业中最优秀的学生			
4.有1年时间可以尽量做自己喜欢做的事			
5.有1年时间成为全世界最聪明的人			
6.有1粒能让人人说实话的药丸			
7.有机会获得完全的自主权利			

续表

项　目	优先级	预估价格	成交价格
8.有一屋子的钱			
9.有机会当地方行政长官,如某市市长			
10.被班上每个人喜爱			
11.在世界上最美的地方有座房子			
12.有机会成为世界上最具吸引力的人			
13.有机会健康地活到100岁			
14.有颗可以解决你所担心问题的药丸			
15.有座藏有你喜爱书籍的图书馆			

【习题与思考】

1.请简述价值观的含义与特征。

2.价值观对个体和组织的发展有什么作用?

专题2　秘书工作价值观的合理定位

案例导入

　　小李是一家知名跨国公司的行政秘书。她深知,作为秘书,自己的工作并非简单的"打杂",而是需要具备高度的职业素养和明确的工作价值观。因此,她始终秉持着"专业、细致、高效、创新"的工作理念,努力提升自己的职业能力。

　　在小李的日常工作中,专业精神是她最为注重的一点。无论是处理文件、安排会议还是接待访客,她都力求做到准确无误、井井有条。有一次,公司举办一场重要的国际会议,小李负责会议的筹备工作。从会议议程的制订到嘉宾的邀请,从会场布置到资料准备,每一个环节她都亲力亲为,确保万无一失。最终,会议取得圆满成功,赢得了与会者的高度评价。这一成绩的取得,离不开小李的专业精神和对工作的极致追求。

　　作为秘书,细心是必备的品质之一。小李深知这一点,并将其贯穿于日常工作的每一个细节之中。她习惯提前规划好每天的工作任务,并将其逐一记录在工作日志中。对于领导交代的重要事项,她会特别标注并设置提醒,确保不会遗漏任何一项任务。此外,她还善于观察和倾听,能够及时发现并解决同事在工作中遇到的困难和问题。这种细致入微的服务意识,让她赢得了领导和同事们的信任与赞誉。

在快节奏的工作环境中,高效执行是衡量秘书工作能力的重要标准之一。小李深知这一点,并不断提升自己的执行力。她善于运用各种办公软件和工具来提高工作效率,如使用电子邮件、即时通信软件进行快速沟通;利用项目管理工具来跟踪任务进度等。

虽然秘书工作看似琐碎重复,但小李却能在其中找到创新的空间。她不断探索新的工作方法和技巧,以提高工作效率和质量。例如,她尝试将数字化技术引入文件管理,通过建立电子档案库来方便查找和使用文件;她还积极与其他部门合作开展跨部门项目,拓宽了自己的工作视野和经验领域。这些创新举措不仅提升了她的工作效率,还为她赢得了更多的发展机会。

从小李的例子可以看出秘书工作价值观的合理定位对于个人职业发展的重要性。只有具备高度的职业素养、明确的工作价值观以及不断创新的精神,才能在激烈的竞争中脱颖而出,成为优秀的秘书人才。同时,这也提醒我们,每一位从业者都应该时刻保持学习和进取的心态,并不断提升自己的综合素质和能力水平,以适应不断变化的职场环境和社会需求。

一、秘书价值观的含义

秘书价值观,是秘书人员关于自身社会价值的认识、理解与感知,是秘书人员对秘书这一社会角色的整体把握,是秘书人员赖以承担秘书角色、从事秘书工作、开展秘书实践活动的思想基础、道德基础和精神动力。[①]它全面、综合地反映着秘书人员的人生观、社会观、行为观和职业道德观。秘书的价值观,是秘书人员不可缺少的灵魂。秘书人员始终依赖着秘书价值观,而秘书价值观也时刻规范着秘书的社会实践。

秘书价值观包含两个因素:一是秘书人员对秘书职业特殊社会分工(秘书实践对象)这一客体的全面、整体的认识和把握,这是秘书价值观的认识基础,决定着秘书价值观是否正确;二是秘书人员对自身(主体)角色全面、整体的认识和把握,这是秘书价值观的物质实体和真实构成,是秘书人员的人生观、道德观的产物,形塑了秘书人员对职业的认识与感知,它决定并规范着秘书人员的社会实践的方向。

只有在正确的人生观、社会观、道德观的指导下建立正确的秘书价值观,秘书个体才能在秘书工作实践和秘书职业生涯中正确地认识和找到自我,正确地把握秘书角色,达到主客观的和谐统一,最大限度地发挥秘书角色的整体社会功能和秘书人员个体的社会作用,做一个清醒的、符合角色要求的、为自身所认同又为社会所接受的、有所作为的优秀秘书人员。

---

① 孙龙,姚成福.从秘书的定义解析秘书的角色意识与价值取向[J].甘肃科技纵横,2005,34(1):64-65.

二、常见的秘书价值观的错位

正确的秘书价值观的建立只能是一个循序渐进的过程,它无时无刻不受到各种脱离实际的主观愿望和引诱力极强的利益关系的干扰和纠缠,从而偏离正确的运行轨道,产生各种离位和错位现象。秘书价值观的错位和模糊,是由于秘书人员受人生观、社会观、道德观、生活经历和实践锻炼等主客观因素的限制和影响,对秘书社会角色认识不正确、模糊而产生认识偏离,是对秘书工作本质、秘书工作规律的不正确、不准确的理解和把握。在现实中,这种错位和模糊有这样几种主要表现和倾向:

(一)自我膨胀导致的错位

秘书与领导的密切关系及秘书所处的机要位置,很容易使秘书产生膨胀感,认为自己的地位在领导之下、群众之上,自身的价值不可估量。其具体表现如下。

1.狂妄自大,脱离组织

这类秘书对自我价值的定位超越实际,主观地认为,除了领导,自己就是最重要的人物,因此常常骄傲自满,居高临下地对待他人,要求他人以自己为中心,凡事均应像对待领导一样对待自己,一旦没有受到这样的礼遇,就会做一些打击报复类的事情。或者借领导之威,将自己视为特殊人员,凌驾于组织和他人之上,不参加集体活动,也不服从组织的领导。

2.恃位而骄,肆意妄为

一些长期在领导身边的秘书,尤其是党政机关领导和公司高层领导的秘书,由于与领导近距离接触的时间较长,对领导的脾气、秉性、领导风格等性格特点较为熟悉,因而在决策时往往能提出符合领导思路、体现领导意图的建议,从而受到领导的赞赏。如果此时秘书对自我角色没有清醒的认识,认为自己已然成为领导的化身,就会在某些问题上擅自作主,或对下情不及时通报,随意处理,做一些超越自身权力范围的事。

3.居功自傲,不思进取

秘书是领导最直接的参谋与助手,在许多问题上都能发挥重要作用,所以其作用具有不可替代性。久而久之,某些秘书人员就会产生劳苦功高的想法,认为自己对单位作出了巨大的贡献,俨然是有功之臣,从而放松对自己的要求,不再在提高业务水平与能力方面下功夫,满足于现状,出现工作松懈的现象。

(二)自我贬低导致的错位

"学而优则仕",中国几千年的传统文化使人们对所从事工作的地位十分看重。时至今日,仍有相当一部分人认为"做官"才是人生价值的体现,认为除此以外的工作皆为"下品",而秘书更是被视为"伺候人"的角色。尤其是对男性而言,这种认识更是根深蒂固,严重影响了其心态平衡。由于受到某些社会偏见与陈旧观念的影响,秘书人员往往会产生自卑心理,认为自己没有价值,不受人尊重。

心理学表明，自卑是因为自我认识发生偏差，个体过低地估计自己，轻视或看不起自己，对自我缺乏信心。这种状态下，人们往往在遇事时表现得心虚胆怯、逃避退缩或者采取过度补偿的行为，对自己的所作所为过分夸张，表现出缺乏独立主见、盲目从众的特点。在自卑心理的影响下，秘书在其工作和生活中常会出现下面的问题。

1.唯唯诺诺，犹豫退缩

因为对自己没有信心，所以在需要给领导提建议、拿主意的时候，秘书往往不敢表达，或者吞吞吐吐，让人无从判断其意图；而在决策执行过程中，一旦遇到困难就退缩，不敢做工作，生怕被别人嘲笑。

2.拘谨畏惧，自我封闭

秘书的工作性质决定了秘书不可避免地处在各种复杂的人际关系中，每天要与许多人交往，要协调沟通上下、左右、内外的各种人际关系，这就要求秘书具备与各种各样的人交往的能力。而具有自卑心理的秘书则害怕与人交往，在交往中缺乏勇气，畏首畏尾，这使得别人在与其打交道时常常感到压抑、沉闷，这是秘书工作的大忌。

3.缺乏热情，被动应付

怀有自卑感或认为自己所从事的工作低人一等的秘书，对本职工作必然没有热情，甚至自怨自艾，对工作采取敷衍了事的态度，缺乏主动参与的意识，其结果必然是工作被动、效果不佳。这样的秘书是不会得到欣赏与重用的，甚至有失去工作的危险。

4.心理失衡，情绪低落

心理学研究证明，在工作中无法寻找到乐趣的人，其生活也会受到影响，如容易变得情绪低沉、沮丧、懒散、懈怠等。长此以往，则会影响健康，对机体造成损害。

(三)个人私欲导致的错位

个别人因私欲而对秘书职业产生错误理解和定位，并利用职务之便达到个人目的，日益成为一个不可忽视的问题。人的欲望很多，希望达到的目的也各不相同。按照欲望的不同类型和实现手段，可以将这类秘书价值观错位分为下面几个类型：

1.追求权力型

在这一类型中，秘书工作的目的是以此为跳板，最终实现"封官加冕"的愿望。人有上进心本非坏事，但过分追求权力就会破坏心态平衡。一味拉帮结派，对领导阿谀奉承，对下属冷若冰霜、不闻不问，甚至采取压制、损害下级利益的办法来取悦领导，终会招致群众的怨恨。

2.贪图利益型

这主要是指有些处在领导秘书职位上的人，利用职务之便，打着领导的旗号，借机聚敛钱财、为亲朋好友谋利。这种做法，轻则毁坏个人声誉，重则触犯法律，尤其在党政机关，更可能给国家造成损失。

3.交换情感型

有些年轻貌美的女秘书，企图依靠富有的老板，过上富裕的生活。这种错误的价值

观,其出发点是以青春为代价来换取物质生活的提升。这样的秘书,往往只关注自己的外表而忽视内在的修养与素质,工作水平不上不下。在真正以工作能力为考核标准的领导眼中,这类"花瓶"是不称职的,不仅会损害企业的形象,最终还可能收到一纸解聘书。

人非草木,孰能无欲无求。但个人欲望应受到内心道德的约束和法律的限制,受到正确道德观念与价值观的引导。若任其无限膨胀,则必然会走上一条错误的道路。这对于秘书职业本身来说,既是一种歪曲,同时也造成了不良的社会影响,阻碍了职业发展。每一位立志成为优秀秘书的人员,都应以此为戒,在正确价值观的引导下培养出色的业务能力和塑造积极进取的精神风貌,在工作中绽放光彩。

三、秘书应树立的合理价值观

(一)秘书职业的社会功能定位

秘书的职业特点决定了其社会功能定位。从整体上来说,秘书职业的社会功能如下。

1.秘书机构是以办文办事为特点的辅助性机构

秘书工作是作为领导工作的辅助而存在的,处理大量的文件及事务是其固有的特性。

2.秘书机构和秘书工作的本质属性是服务

秘书工作总的利益指向与其他社会工作一样,都是为社会服务。所不同的是,秘书所承担的每一项具体工作都具有服务性质,主要是为领导服务,也包括间接为机关、下属部门和基层服务,这是秘书工作的基本职能。

3.秘书工作及其机构服务活动以坚定不移的贯彻执行为特征

秘书工作不能按照自身的意图去完成,坚定不移地贯彻领导决策,毫不走样地执行领导决定,才是唯一正确的原则。这也是从事秘书工作必须具备的基本工作态度。

4.秘书职业为秘书成为领导型人才提供了得天独厚的机遇

秘书作为领导的助手与心腹,经常随同领导参加各种政务活动并辅助领导决策,从而能够比常人更多地接触各种重要事务。这些经历使秘书掌握了处理问题的思路与方法,对秘书本身素质的积累与提高都十分有益,无形中锻炼了秘书在组织管理、协调沟通等方面的工作能力,为其日后逐步成为领导型人才打下了坚实的基础。许多党政机关的优秀干部都曾有过担任领导秘书的工作经历。

(二)秘书价值观的正确定位

秘书的概念和角色意识决定了秘书价值观的定位。秘书应以配角为荣耀,以服从为意志,这样才能做到不越位、不错位、不出位,且不把秘书为领导服务扭曲成对领导的人身依附和人身服务。具体来说,秘书应形成以下价值观。

1.以配角为光荣,淡泊明志

甘当配角、敬业爱岗是做好秘书工作的前提。配角虽不如主角显眼,但若没有绿叶的衬托,红花也会缺乏应有的光彩。好的配角在任何时候都是不可或缺的,一项工作的内在价值不在于在形式上出人头地,而在于其本质作用得到充分发挥。一名优秀的秘书不会因为处在领导的身后而被人淡忘,其才华和品德终有显露的时候。

2.以服务为宗旨,坚持原则

作为下级,秘书要执行上级的决定,做好服务工作。但这并非意味着对领导一味顺从。如果发现领导在工作、决策上有问题和错误,要通过正当的渠道、妥善的方法向领导机关和有关领导反映,并及时进行纠正和处理;对领导在生活方面的违纪问题,要坚持原则,进行必要的抵制。

3.以自制为美德,洁身端行

自制是一种非常难得的美德。良好的自制力以及对生活的控制能力,是高品质自我实现的保障,也是塑造自身人格魅力的关键。秘书在领导身边工作,处于一种特殊地位,有许多便利条件。此时,秘书人员需要学会自制,清醒地认识到自己的责任,约束自己的行为,勤政为公。同时,秘书人员要学会控制自己的情感,"不以物喜,不以己悲",保持一种良好的情绪状态。并且要学会规划自己的时间,不断充实自己,经常做到自重、自省、自警、自励。

还有人总结了秘书应具备的十种价值观,分别是:默默无闻,甘当人梯;埋头苦干,无私奉献;甘于寂寞,乐于清贫;刻苦学习,永不言止;敢为人先,开拓创新;忍耐自制,敢于负责;忘我工作,宠辱不惊;当好参谋,敢于直言;实事求是,敢讲真话;海纳百川,广听谏言。

(三)新经济形态下秘书价值观的新变化

新经济形态下社会价值评价和价值取向趋于多样化,引发了不同价值观念的相互激荡和碰撞。新经济形态的一系列新特点,对人们的价值观念产生了双重影响,导致现阶段人们的价值观呈现出了错综复杂的状态——既有积极的一面,又有消极的一面。

1.秘书人员的多元化价值取向

随着改革开放的深入,社会政策对个人利益予以承认和肯定,现代秘书人员也开始追求进取务实、个人利益与集体利益协调并重的价值选择。一方面,他们通过积极思考,确立人生坐标,最大限度地实现人生价值,为社会作贡献;另一方面,他们的选择也不再完全排除个人利益。对理想、事业的追求往往受到不同条件的影响,但这也造成了一些秘书人员的价值观念紊乱,出现社会责任感和时代使命感不强,崇尚自我,以个人为主体,只注重自我价值实现,集体和协作观念、服务和奉献精神、艰苦奋斗的作风不足等问题。

2.秘书人员的多层次价值目标

传统秘书人员的人生信条是燃烧自己、照亮别人,消耗自身、催化社会。而如今,在市场经济条件下,在物质利益的刺激下,虽然绝大部分秘书人员仍坚持崇尚真、善、美的精神境界和高尚人格,具有较强的社会责任感和使命感,但部分秘书人员开始轻社会理

想重个人理想、轻远大志向重现实利益,讲求实惠和实际,注重物质利益和个人生活目标的追求。

3.秘书人员的多重标准价值评判

市场经济的建立,一方面激发了现代秘书人员的积极进取精神,促进了现代秘书人员自我意识发展和自我价值实现的强烈要求;另一方面又会使秘书人员在一定程度上忽视精神方面的追求,容易产生个人与社会的错位反应,从而导致价值评判出现多重标准。例如,有的人以对社会的奉献多少和创造力大小为标准,有的以"含金量"多少、工作是否有"油水"可捞为标准,有的以职权的大小和社会地位的高低为标准,有的以自我完善与自我实现为标准。这反映出现代秘书人员对客观事物或自身行为有无价值及价值大小所进行的判断,存在着"价值评判偏差"。

四、秘书价值观建设的途径和方法①

(一)加强理论学习

理论修养是秘书人员所应具备的全部素质的核心,是秘书人员价值观形成的决定性因素。当前,秘书人员要树立正确的价值观,从根本上说就是要认真学习马克思列宁主义、毛泽东思想、邓小平理论、"三个代表"重要思想、科学发展观和习近平新时代中国特色社会主义思想,学会运用辩证唯物主义和历史唯物主义的观点和方法观察、分析问题,在工作实践中努力改造自己的主观世界。只有这样,才能提高现代秘书人员在市场经济条件下认识和改造客观世界的能力,树立起符合时代发展要求的价值观。

(二)健全自我意识

若一个人不能正确认识和评价自己,对自己在社会关系中的地位、作用、能力、贡献的认识一塌糊涂,是不可能有明确的价值取向的。因而,秘书人员只有在提高自知能力的基础上,才能形成健全的自我意识。

(三)辨别正确的舆论导向

错误的舆论导向是导致人们价值观念混乱,甚至陷入价值取向"误区"的又一个重要原因。这从反面证明了,秘书人员要建立起社会主义核心价值观,就必须辨别正确的舆论导向,自觉远离有害于社会主义精神文明的"文化垃圾",保持健康向上的积极心态。

(四)自觉约束自己

社会充满各种各样的诱惑,处于敏感岗位的秘书人员,只有把握好自己,才能实现自身的全面发展,从而推动社会进步;如果把握不好自己,就会导致个人意识泛滥,从而危

① 刘占卿,吴浩.论市场经济条件下秘书人员的价值观建设[J].衡水学院学报,2005,7(2):34-36.

害社会的稳定与发展。因此,秘书人员必须提高思想认识,加强自我约束,塑造正确的价值观。

能力训练

心理测试:职业价值观测验

不同的价值观决定了不同的择业求职行为与职业成功方式。下面是职业价值观自我诊断量表,题后附有得分表和诊断分析。请根据自己的实际情况选择,并对照得分表,看看自己的职业价值观属于何种类型。

指导语:下述1—36题有A、B两种观点与态度。比较同一题中的A与B,将与自己观点相接近的选项画"O",若两者都不符合自己的观点,则画"Δ"。

1.(A)即使有所损失,以后再挣回来。

　(B)没有确实可靠的盈利就不着手做。

2.(A)国家的繁荣是经济力量在发挥作用。

　(B)国家的繁荣是军事力量在发挥作用。

3.(A)想当政治家。

　(B)想当法官。

4.(A)凭衣着打扮或居住条件了解他人。

　(B)不想凭外表揣测他人。

5.(A)养精蓄锐,以便大刀阔斧地工作。

　(B)必要时愿意随时献血。

6.(A)想领养一个孤儿。

　(B)不愿让孩子留在家中。

7.(A)买汽车要买能把家人装下的大型汽车。

　(B)买汽车要买外形美观、颜色适宜的最新型的汽车。

8.(A)留意自己和他人的服装。

　(B)无论是自己的事还是他人的事,全不放在心上。

9.(A)结婚前首先确保自己有房间。

　(B)不考虑以后的事。

10.(A)被认为是个照顾周到的人。

　　(B)被认为是个有判断力的人。

11.(A)生活方式同他人不一样也行。

　　(B)其他人家里有的东西我也想凑齐。

12.(A)为能被授予勋章而奋斗。

(B)暗地帮助不幸的人。

13.(A)自己的想法比别人的正确。

　　(B)必须尊重他人的价值观。

14.(A)婚礼最好能上电视,而且有人赞助。

　　(B)把婚礼搞得比别人的更气派。

15.(A)被认为是手腕高、能预测将来的人。

　　(B)被认为是处事果断的人。

16.(A)店面虽小,也想自己经营。

　　(B)不干被人轻视的工作。

17.(A)对法定的佣金、利息很关心。

　　(B)关心自己的能力和适应性。

18.(A)在人生道路上不获胜就感到无意义。

　　(B)认为人应该互相帮助。

19.(A)社会地位比收入更有吸引力。

　　(B)与社会地位相比,安定最实惠。

20.(A)不重视社会的惯例。

　　(B)经常被邀请主持婚礼。

21.(A)同独身生活的老人交谈。

　　(B)为别人做事嫌麻烦。

22.(A)度过充实的每一天。

　　(B)在还有生活费时不想干活。

23.(A)有空闲时间就想学习文化知识。

　　(B)考虑被他人喜欢的方法。

24.(A)想一鸣惊人。

　　(B)生活平平淡淡,同别人一样就行了。

25.(A)用金钱能买到别人的好意。

　　(B)人生中必需的是爱而不是金钱。

26.(A)一考虑到将来就紧张不安。

　　(B)将未来能否成功置之度外。

27.(A)伺机重新大干一番。

　　(B)关心发展中国家人民的生活。

28.(A)应该尽量利用亲戚。

　　(B)同亲戚友好地互相帮助。

29.(A)如来世是动物的话,愿变为狮子。

　　(B)如来世是动物的话,愿变为熊猫。

30.(A)严格遵守作息表,生活有规律。

　　(B)不想忙忙碌碌,愿轻松地生活。

31.(A)有空的话就读成功者的传记。

　　(B)有空的话就看电视和睡觉。

32.(A)干不赚钱的事是没意思的。

　　(B)时常请客送礼给他人。

33.(A)擅长干决得出胜负的事情。

　　(B)擅长改变家室布局和修理东西。

34.(A)对自己的行动有信心。

　　(B)注意与对方合作。

35.(A)有时借别人的东西,但不借东西给别人。

　　(B)忘记借进、借出的东西。

36.(A)不认为人生由命运决定。

　　(B)被命运摆布也很有趣。

表4.2　职业价值观测试得分表

I	II	III	IV	V	VI	VII	VIII	IX		I	II	III	IV	V	VI	VII	VIII	IX	
A	B								19				A			B			1
	A	B							20				A				B		2
		A	B						21						A		B		3
			A	B					22				A				B		4
				A	B				23					A		B			5
					A	B			24				A		B				6
						A	B		25			A			B				7
							A	B	26		A			B					8
						A		B	27		A				B				9
					A		B		28			A				B			10
				A		B			29				A			B			11
			A		B				30			A						B	12
		A		B					31			A						B	13
	A		B						32			A					B		14
A		B							33	A							B		15
A		B							34	A							B		16
	A		B						35			A						B	17
	A		B						36	A								B	18
									合计										合计

【记分与解释】

1.画"O"者得2分,画"Δ"者得1分。把Ⅰ—Ⅸ的得分,分别按纵向累积,记入"职业价值观测试得分表"(表4.2)。最高分为72分。

2.判断:价值态度不明确的话,分数就会分散,得分超过12分的,就不妨把它看作你的"职业价值观"。各种价值观解释如下:

Ⅰ独立经营型

独立经营型也称非工资生活者型。这种类型的人不愿受别人指使,凭自己的能力拥有自己的小"城堡",他们不愿受人干涉,想充分施展本领。

Ⅱ经济型

经济型也称经理型。这种类型的人确信世界上所有的幸福都可以用金钱买到;他们认为人与人之间的关系本质上是金钱关系,就连父母与子女的爱也带有金钱的烙印。

Ⅲ支配型

支配型也称独断专行型。这种类型的人想当组织的一把手,他们飞扬跋扈,无视他人的想法,为所欲为,且视此为无比快乐的事。

Ⅳ自尊型

这种类型的人希望受尊敬的欲望很强,他们追求虚荣,优越感也很强,渴望能有社会地位和名誉,希望常常受到众人尊敬。当欲望得不到满足时,他们反而会产生自卑感。

Ⅴ自我实现型

这种类型的人对诸如平常的幸福、一般的惯例等毫不关心,一心一意想发挥个性,追求真理。他们不考虑收入、地位及他人对自己的看法,尽力挖掘自己的潜力,施展自己的本领,并视此为有意义的生活。

Ⅵ志愿型

这种类型的人富有同情心,他们把他人的痛苦视为自己的痛苦,不愿干表面上哗众取宠的事,把默默地帮助不幸的人视作无比快乐的事。

Ⅶ家庭中心型

这种类型的人过着十分平凡、安定的生活,珍视同家人的团聚,为人踏实,生活态度保守,不敢轻易冒险。

Ⅷ才能型

这种类型的人性格单纯,喜欢听别人的赞扬,把深受周围人的欢迎视为乐趣。他们以不凡的谈吐、新颖的服装博得众人好感,以滑稽的表情活跃周围气氛。

Ⅸ自由型

这种类型的人一开始做事往往没有目的和计划,但能适时地使自己的行为适应当时的气氛。他们常被周围人认为无责任感,但能承担有限的责任。他们不麻烦他人,无拘无束,生活随意。

【习题与思考】

1.常见秘书价值观的错位有哪些表现？

2.秘书应树立的合理价值观有哪些？

3.秘书人员价值观的建立途径有哪些？

模块五
现代秘书的知识能力

知识目标：

• 了解秘书的知识素养、能力素质的概念和内容。

• 理解知识和能力的关系，以及对秘书工作的重要性。

• 掌握秘书工作所需的知识和能力的基本要求和内容。

能力目标：

• 运用能力测验的方法，了解自己的能力水平。

• 掌握秘书人员优化知识结构和提高能力水平的方法。

素质目标：

• 树立与时俱进、持续学习的意识。

专题1　现代秘书的知识素养

小李大学毕业后来到一家企业,凭着在大学所学的知识,她对从事秘书这一职业信心满满。最近公司业务比较忙,小李的工作也变得繁忙起来。清早刚上班,小李就接到一个越洋电话,对方用纯正、流利的英语与他交谈,小李虽然大学英语成绩不错,但是一些专业词汇还是让她不知所措,只能勉强应对。刚接完电话,上司就告诉她明天要接待几位合作伙伴,要求小李写一个报告和接待方案,做好接待准备,并且希望上午就能出报告,为上级领导审批和接待准备预留足够的时间。小李在构思报告的过程中,另一个上级领导提醒她昨天做的有关领导工作的汇报材料最好采用直观的图表形式,会议下午就要进行,需要小李马上修改。时间紧迫,任务艰巨,加上图表操作生疏,小李急得头上直冒汗。小李正为报告、汇报材料的事着急,一边还不断有来自公司其他部门或来访者的电话,同时她还得处理文件的收发、数据的核对、部门事项的协调等工作。小李面对工作不知所措,想找另一个秘书小王帮忙,但是,又想到前天因为工作上的一件小事自己和小王闹了点矛盾,不知道是否方便找她。小李想,原来,秘书工作并不像自己想象的那么容易应对啊。

秘书是杂家,也是专家,这要求秘书具有广博的知识背景和立体的能力素养,才能应对不断变化的秘书职场情境,做一名优秀的现代秘书。特别是信息化加速发展的新时代,对秘书人员提出了更高的知识素养要求。

一、现代秘书知识结构的要求

随着经济和社会的发展,传统意义上的秘书的知识结构显然已不能适应新时代工作发展的需要。现代秘书活动的复杂性决定了秘书必须对已有的知识结构进行调整、优化、重新整合,建立起"复式"的知识结构。

(一)秘书知识结构的适用性

此生有涯,而知无涯。人在有限的一生中可以畅快享受遨游知识海洋的乐趣,建立起博闻强识的知识体系,但是,当人们面临需要解决的专项问题时,人们又需要成为这个方面的专才。对秘书而言,其工作涉及面较广,有很强的综合性和实践性,这就要求秘书既是通才,也是专才。所以,秘书知识结构的建立不应该是盲目的,而是要以秘书活动为核心,围绕秘书的职业特点和职业需要,建立适用于秘书工作的知识结构。

(二)秘书知识结构的立体性

秘书的工作特性决定了单一的、平面的知识结构并不能满足工作的需要,秘书要有"专、精"的专业知识,也需要"广、博"的知识面,这样才能帮助他们应对不断变化的工作环境和出现的新问题。秘书知识结构是"专、精"和"广、博"两方面纵横交错,并且以秘书工作为核心,在"广、博"的知识面上逐步加强"专、精"的金字塔式的立体知识结构。"专、精"是指秘书在专业知识领域的专业化和精熟程度,要求秘书人员具备扎实的秘书专业知识。"广、博"则是指秘书在其他多学科知识面的广博程度,要求秘书具备文、史、哲、法等宽广的文化知识素养。总之,秘书不仅要熟练掌握自己的专业知识,还要掌握相关专业或领域的各类知识,将"专、精"和"广、博"有机结合起来,广而专业,博大精深,才能实现个人知识结构的立体化构建,在秘书工作实践中灵活应对各种情境。

(三)秘书知识结构的建构性

事物都是不断运动、变化和发展的。在新技术时代,知识的更新更是令人惊叹。如果我们总是在已有知识层面上停滞不前,迟早会被时代淘汰。为顺应时代发展的要求,现代秘书必须在已有知识的基础上,根据工作情境的不同,及时补充和更新知识,建构和充实个人知识结构,使其与个人发展和秘书工作需要相一致。

二、现代秘书知识结构的内容

知识结构,是指一个人所掌握的各类知识之间相互影响而形成的知识框架,以及各类知识在该框架中的比重,它是衡量人才质量的重要指标。对秘书而言,具有扎实的专业知识是从事该行业的必要条件,但是,仅仅具备这个必要条件的人走上秘书岗位后,会发现单一的专业知识远远不能解决所面对的实际问题。一些大型跨国公司也普遍反映,难以招到优秀的秘书人才,从校园走出的学子们,绝大部分是专才,而优秀的管理人才必须是通才,要有善于驾驭复杂局势的能力。秘书人员作为特殊的管理人才,既要是专才,也要是通才。因此,现代秘书要在基础知识、相关知识和专业知识三个层面上建立起科学、合理、开放、立体的知识结构。

(一)基础知识

基础知识是现代秘书从事秘书职业所必须具备的最基本的素质,广博的基础知识是秘书知识结构中的根基,丰富的基础知识有利于发掘秘书的潜力。秘书的基础知识主要包括政治哲学类知识、文化基础类知识、法律政策类知识。

1.政治哲学类

主要包括马克思主义哲学、政治经济学、中国特色社会主义理论等基础理论。这些基础理论知识能够帮助现代秘书提高政治素养、思想素养和理论素养,树立起正确的世界观和方法论,能运用马克思主义的立场、观点和方法去分析问题、解决问题;有利于帮助秘书人员树立正确的政治思想方向和提高解决问题的能力;也有利于培养和提高现代秘书的职业素养,为现代秘书搭建起坚实的人文基础。

2.文化基础类

文化基础类知识主要包括语文、外语、历史等人文社会科学知识,数学、物理、化学、生物、地理等自然科学知识以及人工智能等计算机科学知识。文化基础类知识是现代秘书应具备的最基本的知识类型,它也是秘书人员学习和掌握其他知识的前提条件。历史使人明智,诗歌使人灵秀,数学使人周密,哲学使人深刻,伦理使人庄重,逻辑学使人善辩。随着国内外的交流日益密切,熟练掌握英语语言,将英语作为对话、写作和翻译等的工具,是现代秘书的必备技能,只有这样才能适应工作环境需要。计算机、传真机、复印机、各种办公软件、APP、AI工具等现代技术,有效地改变了传统秘书人员手抄、手写的办公方式,极大地提高了秘书的办公效率和管理水平。

3.法律政策类

法律政策类知识主要包括国家的法律法规、现行的规章政策和部门相关规章制度等。依法治国是中国共产党领导人民治理国家的基本方略,是国家长治久安的重要保障。它要求国家的政治活动、经济运作、社会活动都依法进行,不受个人意志的干预、阻碍或破坏。秘书人员如果不具备较为丰富的法律政策方面的知识,就难以把握工作的方向,甚至会因触犯法律而造成严重的后果,给自身、工作单位和社会带来不必要的利益损失。例如,我国甲公司与外国乙公司签订的某货物买卖合同,规定我方如果延期交货超过30天,每天扣减6000美元,如超过60天,外商即可解除合同,并应加息偿还所预付的价款。但合同中对外商延期付款却没有规定违约罚款条款,若给我方造成损失,我方仅保留索赔权,但没有规定外方的赔偿责任。因此,学习和掌握法律政策类知识对秘书人员尤为重要。法律知识是依法进行工作的保障。面对庞大的法律政策体系,秘书人员应当在掌握一般的法律和法规政策的基础上,从工作需要出发,有针对性地学习与秘书工作有关的法律法规和规章制度,既要了解我国的法律,也要掌握国际上各国的有关法律规定,做一个知法、懂法的人,能够用法律维护好个人利益以及所服务的机构的利益,造福社会。

(二)相关知识

相关知识是指与现代秘书工作有着直接或间接联系的知识领域。秘书的工作是一项综合性很强的工作,业务范围涉及多个相关领域,所以广博而丰富的知识是做好秘书工作的重要条件。在现代秘书知识结构体系中,相关知识不像基础知识那样具有"根基"作用,但是,它是现代秘书开展工作不可或缺的辅助性知识,处于基础知识和专业知识层次之间。它是现代秘书提高职业素养、强化业务能力、开阔业务视野的必要知识,也是现代秘书提升工作素质和工作效率的辅助工具。现代秘书的相关知识主要包括管理类知识、公关类知识、心理类知识、经济类知识等。

1.管理类知识

从职业性质的角度来讲,秘书是为管理层的工作服务的,是上司的助手。但从广义上讲,现代秘书工作本身也具有管理性质,秘书工作也是机构管理工作的一部分。在工作中,秘书需要对自身的工作实施目标管理、信息管理、时间管理、档案管理,还要懂得会务管理等方面的知识。学习和掌握管理类知识,有助于现代秘书自觉运用管理学原理,在工作中找到适合自己的管理方法,总结出管理规律,协助上司实施管理,有效地完成好自己的本职工作。此外,秘书还应该根据自己所在单位的性质,有选择性地学习行政管理学、企业管理学、信息管理学、组织行为学、决策学、运筹学等相关的管理学分支学科。广泛涉猎管理类知识有利于提高现代秘书工作效率和管理水平。

2.公关类知识

秘书部门通常是机构的联络部门和形象部门,代表上级接洽来访的客人、参与谈判事务、向本机构员工或对外界发布机构消息等,起着对内协调、对外公关的"内联外通"的作用。因此,处理公共关系是秘书应承担的重要职能之一,秘书有责任在自己所服务的机构或在与其他组织机构交往时运用公共关系这种手段,积极塑造和维护机构形象。因此,秘书必须学习公共关系学,具备相当的公共关系素养,发挥好自己对内协调、对外公关的作用。

对于秘书而言,熟悉和了解对外交往中的文化与礼仪知识也是必不可少的。经济全球化使得许多机构同外国机构开展业务往来。在同外国宾客打交道的时候,秘书如果缺乏对外国的政治、经济、文化知识的认识,不了解国外一些特定的习俗、礼仪习惯,就会造成彼此交往、沟通的障碍。例如,加拿大人在生活习俗上受宗教的影响比较大,他们通常都很忌讳"13"这个数字,而普遍喜欢双数;东南亚国家主客会面时,不宜跷起"二郎腿",如果鞋底还朝向对方,则是不礼貌的表示;英国人具有绅士风度,交往中重视外表,会面时的着装、事后致函或赠送小礼品表示谢意等都是加分项。因此,秘书必须了解和熟悉各国文化及相应的礼仪,这既是对外国客人的尊敬,也能使对方感到你对他们的友好和真诚,有利于增进交流和发展双方友谊。

此外,传播学、社会学、伦理学等相关的公关类知识也可以使秘书扩大自己的知识面,在工作中更加得心应手。

3.心理类知识

凡是有人的地方就有心理活动存在。人与人的交往不仅是行为上的活动,也是心理活动的体现。秘书活动总是通过秘书与领导者、秘书与公众之间的交往实现的。秘书处在复杂的人—人的动态系统中,在这个系统里活动的主体和客体都是人。在交往过程中,秘书、领导、公众都会表现出一定的心理现象和心理特征。

秘书在与上司、上级机构的领导者、本机构内部的管理者和员工、来访接待的对象以及其他各类机构人员沟通、协调、互动的过程中,都会涉及自身与交往对象的心理活动及其调适的问题。因此,现代秘书必须善于观察和了解领导者以及其他交往对象的心理过程和特征,掌握对方的心理活动规律,并用这些规律来指导与对方的交往活动,才能实现顺畅沟通,提高交往效率。知己知彼,才能百战不殆。另一方面,秘书认识和了解自己的基本心理素质,保持健康的心态和良好的心理品质同样重要。作为现代秘书,面对工作节奏不断加快、工作环境不断变化的情况,认识自我心理素质,分析自己的心理过程及其特征,掌握自身心理调适的方法,科学地克服自己的心理障碍是十分必要的。

因此,学习和掌握心理学知识(包括普通心理学、秘书心理学、社会心理学、管理心理学、领导心理学等相关的心理学类知识)对于秘书适应工作环境、顺利开展工作有着重要意义,有利于增强秘书人员的心理健康,提高处理人际关系的能力,加强团队的分工协作能力,也有利于改进秘书人员的工作方法,提升工作积极性,提高工作效率。

4.经济类知识

任何行业都与经济建设密切相关,懂经济、了解经济规律和市场运作,才能让企业发展壮大。企业领导者必须要懂经济,有经济头脑,而作为领导者的参谋与助手的秘书也应该懂得一定的经济类知识,包括金融知识、贸易知识、财务知识、统计知识、营销知识等。现代秘书要重视学习和钻研经济理论,从自身从事的行业类型出发,尽可能多地掌握与工作紧密联系的经济类知识,使自己成为了解市场运作、熟悉经营管理、通晓经济规律的专家,更好地为领导出谋献策。

(三)专业知识

随着经济的发展,社会分工越来越精细,社会中一些职业开始向专业化迈进,专业化是职业化的高级阶段,也是现代社会进步的标志。秘书职业,在社会分工和发展的进程中已走向专业化阶段。在此阶段,秘书是否具备与专业化相对应的知识,直接关系到秘书能否进入工作环境,以及工作的成败问题。因此,现代秘书人员必须具备和不断完善自身的专业知识。

秘书专业知识是秘书职业与其他职业相区别的标志性知识要素,是从事秘书职业首先必须具备的知识要素。专业知识在现代秘书知识结构体系中处于核心地位,没有秘书专业知识,秘书职业便失去了其特性。秘书专业知识主要包括业务知识和行业知识两大类。

1.业务知识

秘书学科所教授的业务知识是秘书知识结构体系中的核心部分,也是区别于其他专业人才知识结构的标志,是从事秘书职业所必须具备的专业学科知识。这部分知识主要包括秘书学知识、秘书实务知识、文书写作知识、档案管理知识以及现代办公技术和人工智能方面的知识等。

秘书学主要是研究秘书工作的特性、一般规律和基本原则的一门学科。对于秘书来说,秘书学是从事秘书职业的入门学科,是专业体系中的根本,是基础之基础。古今中外,优秀秘书一般都具有较强的书面表达能力,因此,写作方面的知识对秘书人员来说非

常重要。现代秘书要掌握写作的基本理论,也要懂得不同文种的写作方法和写作技巧,以适应秘书的工作需要。现代秘书只有精通并熟练运用秘书专业知识,才能胜任职业岗位,才能成为现代合格的秘书人才。

2. 行业知识

行业知识是指秘书人员服务的机构所从事的有关行业的具体专业知识。秘书人员所服务的单位都有其特定的业务活动范围,有的从事金融、贸易行业,有的从事房产、建筑行业,有的从事信息、咨询行业……每个不同的行业都有其特定的性质和要求,也有行业特定的知识。如果在金融行业当秘书,但是对金融一窍不通,工作中就会出现无数障碍,从而无法胜任该岗位。现代秘书只有了解、掌握这些与服务行业相关的专业知识,才能在秘书活动中做到不说外行话、不当门外汉,才能胜任本职工作,才能更好地为上司服务,真正发挥出秘书作为领导的参谋和助手的作用。

建构合理的知识结构是秘书人员做好本职工作的基础。因此,优化秘书人员的知识结构,提高秘书人员的知识素养就十分必要。首先,秘书人员要认识到时代发展对职业的要求,同时要认识到自己的知识结构情况,便于有目的、有意识地提高知识素养;其次,秘书人员要树立终身学习的思想,主动学习,学会学习,勤于学习,善于学习,及时补充新的知识,更新已有的知识结构;最后,秘书人员要善于将理论与实践结合起来,在发现问题、解决问题的实践中不断总结经验,将其升华为理论,同时,在实践中检验理论知识,在理论与实践的合力推进下建立合理的知识结构。

能力训练

中国筷子文化十五忌

疑筷:忌举筷不定,不知夹什么好;

脏筷:忌用筷子在盘里扒拉夹菜;

指筷:忌拿筷子指人;

抢筷:忌两个人同时夹菜导致筷子撞在一起;

刺筷:忌夹不起菜时将筷子当叉子扎着夹取;

横筷:忌客人和晚辈先横放筷子,横放筷子表示用餐完毕;

吸筷:忌嘬筷子,即使菜上有汤汁;

泪筷:忌夹菜时不干净,菜上挂汤淋了一桌;

别筷:忌拿筷子当刀使用,撕扯肉类菜;

供筷:忌将筷子插在饭菜上;

拉筷:忌在嚼着东西时用筷子往外撕,或者把筷子当牙签使用;

粘筷:忌筷子上还粘着东西时夹别的菜;

连筷：忌同一道菜连夹三次以上；

斜筷：忌吃菜时伸筷过远，斜着去够菜，应吃自己面前的菜；

分筷：忌将筷子分放在餐具左右两侧，只有在吃绝交饭时才这样摆放。

思考：想一想自己在与客人一起吃饭时，是否存在上述问题？

【习题与思考】

1. 对现代秘书的知识结构有哪些要求？

2. 秘书合理的知识结构包括哪些内容？

专题2　现代秘书的能力与新媒体技术素质

案例导入

某科技公司的秘书小张，负责公司的行政管理工作，包括会议组织、文件处理等传统职责。随着公司业务的扩展和市场竞争的加剧，公司领导意识到需要加强与目标客户的互动，提升品牌形象。因此，除了传统的秘书工作外，小张被赋予了管理和运营公司社交媒体账号的任务。

1. 内容创作与编辑：小张利用自己的文案能力，结合公司的业务特点和市场趋势，创作了一系列富有吸引力的推文。她注重内容的原创性和实用性，旨在提供价值，而非单纯的广告宣传。

2. 视觉设计：为了提高内容的吸引力，小张学习了基础的图像编辑和视频制作技能。她使用这些技能来设计图文并茂的帖子，以及简短有力的视频内容，从而在视觉上吸引用户的注意力。

3. 数据分析：小张定期检查社交媒体账号的数据分析报告，了解哪些类型的内容更受欢迎、用户的活跃时间等信息。基于这些数据，她调整了发布内容的策略和时间，以最大化用户的参与度和互动率。

4. 危机管理：当公司面临负面舆论时，小张迅速响应，通过发布官方声明和积极的互动来减轻负面影响。她还监控社交媒体上的相关讨论，及时采取措施防止问题扩大。

5. 多平台运营：小张不是仅在一个平台上活跃，而是根据不同平台的特点和用户群体，制订差异化的内容策略。例如，在抖音上发布更多的视觉内容，在微信上则侧重于深度文章和行业洞察。

经过几个月的努力，小张管理的社交媒体账号粉丝数量显著增长，用户互动率大幅

提升。更重要的是,通过有效的新媒体运营,公司的品牌知名度得到了提高,美誉度得到了增强,间接促进了产品的销售和市场的拓展。

小张的案例展示了现代秘书掌握新媒体运营技能的重要性。她不仅完成了传统的秘书工作,还通过运用新媒体技能为公司创造了额外的价值。这表明,随着技术的发展和市场的变化,秘书的职责正在发生转变,他们需要不断学习和适应新的技能要求。同时,这也提醒企业管理者重视秘书在新媒体运营中的潜在作用,为他们提供必要的培训和支持,以便更好地服务于企业的长远发展。

现代秘书学习并掌握广博、专深的知识,最终是要在实践中通过不断解决问题、探索和积累经验,将知识转化为能力,从而更好地服务于本职工作。能力结构和知识结构一样重要,现代秘书合理的能力结构是由基本业务能力和特殊能力组成的立体的能力结构。

一、现代秘书应具备的基本业务能力

秘书的基本业务能力,包含秘书人员的智力因素,是人们从事各种活动所需的能力。它包括高度的注意力、敏锐的观察力、良好的记忆力、敏捷的思维力和丰富的想象力等。

(一)注意力

俄罗斯教育家乌申斯基曾精辟地指出:"'注意'是我们心灵的唯一门户,意识中的一切必然都要经过它才能进来。"注意力,是人的心理活动对外界一定事物的指向和集中,它贯穿整个心理过程,是观察力、记忆力、思维力和想象力的准备状态,是人的智力五个基本因素之一。

我们常说做某件事情要保持注意力的高度集中,也就是说,要保持注意的持久性。注意的持久性是因人而异的,有的人能够较长时间地将精力集中到某一对象上而不转移注意力,有的人却很难较长时间地将精力集中到某一对象上,难以保持注意的持久性。秘书人员在处理繁杂的办公事务时,只有能够长时间把注意力集中在特定工作上,不会东一榔头、西一棒槌地忙乱,才能在最短的时间内专心把工作一件一件地做完。但是,秘书每天要面对的不会是一件事情,这就要求秘书在完成一件事情后,及时将注意力转换到另一件事情上来,或者在同一时间里处理好几件事情。因此,除了注意的持久性,秘书还要能够及时转换注意点,并能在同一时间段内有效地分配自己的注意力,这才能体现出秘书处理日常事务时的灵活度。就像日常生活中我们一边开车一边听歌,或是开会时一边听发言一边做记录,良好的注意力转换与分配,也可以让我们做到"一心二用"。

除此之外,秘书人员还应广泛地注意与事件相关的信息。事物在瞬间出现后立即消失,事后有的人能够大致说出一两个有关事物的特征,而有的人能够很准确而又详尽地描述出事物的形象。也就是说,我们对于事物注意的范围有所不同,有的人能注意到较多的信息量,有的人只能注意到较少的信息量。特别是在处理信息的时候,秘书人员注意的范围要广,做到"一目十行",才能获取到更多的信息,提高信息处理的能力。

提升秘书的注意力,首先要培养兴趣,因为兴趣是人最好的老师,有兴趣的事情能够引起我们更多的注意。同时,也要运用意志力,克服由无意识带来的注意分散,达到在"闹"中也能取"静"的效果。

知识链接

心理学家难倒心算家①

卡米洛先生是一位著名的心算家,不管你给他出多么复杂的难题,他都能立即得出正确的答案。在他的心算史上,还从来没有被人难倒过。一天,一位年轻的心理学家从远方慕名而来,要亲自考一考这位著名的心算家。在年轻的心理学家微笑着和心算家打过招呼后,心算家很客气地请他随便出题。

"一辆载着283名旅客的火车驶进车站,这时下去35人,上来85人。"心理学家不紧不慢地开始出题了。心算家听了轻轻一笑。"在下一站下去25人,上来76人,"主考人出题越来越快,"再在下一站下去61人,上来69人;再下一站下去27人,上来35人;再下一站下去43人,只上8人;再在下一站又下去54人,上来99人。"这时,主考人简直说得喘不过气来。

"还有吗?"心算家有点同情地问主考人。"还有,"主考人吸了口气,又变换着出题速度继续出题,"火车继续前进,到了一站又下去141人,上来110人;再下一站下去6人,上来5人。"这时,他突然叫道:"完了,卡米洛先生。"

心算家轻蔑地笑着说:"您马上就想知道结果吗?""那当然。"心理学家点点头,同样微笑着说:"不过我现在并不想知道车上还有多少旅客,我想知道的是这趟列车究竟停靠了多少站?"这时,著名的心算家一时呆住了。

(二)观察力

观察力是人们认识事物的前提,是人们有意识地对事物进行知觉感受的能力,是一种有目的、有选择的知觉活动。人通过感官对事物及其特征进行全面、细致、深入的认识的过程就是观察的过程。观察力体现在观察的敏锐性、观察的全面性和观察的客观性上。

观察的敏锐性是指观察者在生活中能够及时、迅速地捕捉到客观存在但又不容易为人所察觉的事物的能力。秘书每天都要在人与人的交往中开展工作,敏锐的观察力有助于秘书根据不同交往对象,扮演好自身角色,通过察言观色,及时把握对方从言谈举止、行为方式等方面表现出来的动态信息,从而及时调整自我状态和行为,恰到好处地与对方沟通、互动,进行适宜的信息反馈。比如,秘书在与领导处理复杂事务时,领导不方便

---

① 朱华贤.心理学家为什么能难倒心算家[J].科学24小时,2002(6):9.

与秘书进行言语沟通,但具有敏锐的观察力的秘书能立即从领导的谈话或者表情等方面捕捉到信息暗示,较好地配合领导完成工作。敏锐的观察力让秘书的工作更具有主动性和自觉性。

"横看成岭侧成峰,远近高低各不同。"对于同一个事物,不同的人从不同的角度去看,得到的结果也是不一样的。这是因为我们在观察事物的时候,容易从当即看到的事物的某一点出发,对事物做出判断,犹如盲人摸象一般,用扇子般的耳朵、绳子样的尾巴、墙一般的身躯、柱子一般的象腿等去定性大象,犯下以偏概全的错误。因此,在观察事物时,要注意到事物与事物之间的内在相关性,力求全面地、多方位地观察事物,注重观察的立体性。

秘书在工作中,不论是发现问题,还是解决问题,都会接收到有关对象的大量的信息。对于这些信息的处理,秘书必须坚持客观的立场,多方位观察事物,从而避免对事物的主观臆断。同时,以客观且多方位的观察为基础,秘书对问题的感性认识得以进一步上升到理性认识,有助于培养秘书主动发现工作中存在的问题并及时加以解决的能力,也有助于秘书成为出类拔萃的人才。

作为一个秘书首先要学会观察,具有敏锐的观察力,才能及时把握事物的关键点和要害处。同时,秘书还需要具有多方位的观察力,才能较为客观地把握事物的整体状态。现代秘书应该本着对工作的高度责任感,做到时时、事事、处处做个有心人,才能逐步把自己培养成为善于观察、善于发现、善于分析的业务能手。

能力训练

观察图 5.1:试着把书倒过来看,比较该图与正着看有什么不同。并谈谈你有什么启发。

图 5.1　河畔渔舟上的小人

(三)记忆力

记忆,就是过去的经验在人脑中的反映,包括识记、保持、再现和回忆四个基本过程。

而记忆力是人对过去经验的识记、存储和再现的能力，是人的一种基本认识能力，它包括短时记忆力、中期记忆力和长期记忆力。良好的记忆力，能够帮助人们从纷乱的事物中有效地提取各类与之相关的信息，及时地、有创造性地解决问题。因此，记忆要精确，记忆也要具有持久性。

在秘书工作中，对记忆的精确度要求较高。秘书面临时效性强的工作时，对于上级领导临时交代的事件，特别是一些具体的数据、材料要点等，必须进行精确的短时记忆，记错或是漏记信息，都会造成工作失误。秘书对日常工作中积累的常用的和重要的数据，要进一步强化长期记忆，能根据工作需要，准确地提取记忆信息，而不是似是而非、张冠李戴，导致信息错误。秘书对工作涉及的常用数据进行长期记忆，可以有效提高工作效率，节省反复翻查原始资料的时间和精力。对常用数据应该记住却没有记牢，会影响上级领导对秘书工作能力的评价，甚至会导致在某些外在场合出现令人尴尬的局面。

提高秘书的记忆力，首先要了解遗忘的特点，掌握记忆规律。艾宾浩斯遗忘曲线告诉我们，遗忘的过程是呈曲线状态的，呈现出先快后慢的态势，记忆的最初阶段遗忘最快，后来逐渐减慢，达到一定时间遗忘就不再发生了。遗忘曲线也启示我们，秘书要增强记忆就必须在学习和接触到新事物的最初阶段不断巩固、强化，避免过多的遗忘。其次，针对不同的记忆对象，秘书应避免机械记忆，多采用有意义的记忆方法，通过抓取事物典型特征进行形象记忆，也可以通过从同类事物中找到的共性进行规律记忆，还可以将要点化繁为简，建立知识树，进行结构记忆。最后，秘书也要善于科学地记忆，利用生物钟，找到自身每天记忆的高峰期进行记忆。同时，秘书还应当锻炼意志，变被动记忆为主动的有意识记忆，不断有意识地强化记忆目标，让记忆成为工作与生活的一部分。

(四)思维力

思维是人脑对客观现实的反映，是更复杂、更高级的认识，它属于认识的理性阶段。人们只能感知事物的表象，但是对于看不见也摸不着的事物的本质，只有通过思维活动才能得以把握。通常来说，人们每当在生活中遇到什么问题总要去"想一想"，这种"想"就是我们所说的思维。概念、判断和推理是思维的基本形式。

思维力则是人们在对客观事物进行分析、综合、概括、抽象、比较等一系列过程中展现出的一种认识能力，它是人类学习能力的核心。秘书的思维力要求具备敏捷性、深刻性、逻辑性和创造性的特点。随着社会条件的变化，秘书的工作对象错综复杂，秘书在起草文件、协调关系、出谋划策等方面都需要周密的思考，对变动的环境和问题有着敏捷的反应，不沿用旧方法和旧思维，能在关键时刻做到出奇制胜。

思维力的锻炼是有目的、有计划的教育活动。尽管人的先天素质对思维力有一定影响，但是在某种程度上后天的教育与训练对思维力的发展起到了更大的作用。现代秘书

要提高思维力,必须不断丰富自身的知识和经验,通过学习和掌握锻炼思维力的方法和规律,科学地提高自己的思维力。同时,秘书人员也要养成主动思考的习惯,常动脑,常用脑。

(五)想象力

爱因斯坦曾说:想象力比知识更重要,因为知识是有限的,而想象力能概括世界上的一切。想象是人脑将已有表象加工改造成新形象的心理过程。表象是人们对事物的感知在头脑中形成的形象,它是想象的基础。而想象则是对表象的再创造,它可能是完全超越现实存在的。想象力是人的一种认识能力,特别是人们进行创造性想象的能力,即在头脑中创造一个念头或思想画面的能力。想象力是人类比其他物种优秀的根本原因。一颗普普通通的苹果成熟落地,牛顿却由此发现了万有引力,这正是想象力的功劳。飞机在天上遨游、人类登陆月球等事件也正是古代人们想象人也可以在天空自由飞翔、能够住在另一个星球的印证——正是想象力推动了人类的发展与进步。

想象力也是秘书应当具备的一种基本能力。秘书并不仅是记录员和接线员,他们所面对的工作是富有挑战性的。在日常工作中,面对繁杂的信息加工处理工作,秘书需要发挥想象力,在已有工作方法上想到其他更有效的工作方式,并进行大胆尝试;面对复杂的人际交往活动,秘书需要在察言观色的基础上,运用想象力来估测和判断对方的态度,调整自己的交往方式;为上级领导起参谋作用,秘书需要敢于另辟蹊径,提出合理而有创意的建议等,这些工作都需要发挥秘书的想象力。因此,秘书要培养出创造性思维和开拓进取的精神。

想象力通常和人的知识水平和思维能力成正比,秘书人员要提高想象力,必须不断学习,不断扩充知识面,提高知识水平。此外,秘书人员还要积极锻炼思维能力,善于对各种现象进行分析、比较、综合、抽象和概括。

二、现代秘书应具备的特殊职业能力

每种职业都有其特殊的职业特征和职业要求。从事秘书职业的人员除了要具备一般能力之外,还应当具备与其职业特征相适应的职业能力,包括表达能力、问题解决能力、信息处理能力、操作技能等。

(一)表达能力

在日常生活中,人们常用语言、文字、图画等不同方式来表达自己的意思。但是,有的人表达清晰明确且生动具体,有的人表达冗长还令人不知所云,这正体现了不同的人表达能力的差异。表达能力主要是指人与人之间运用口头语言、书面语言进行信息交流的能力。

说话是最平常的事情,先天因素会造成音色、音量等方面的差异。除此之外,后天锻炼和学习的不同也会使个体在口头表达能力上产生差异。秘书在工作中处于人与人之间、部门与部门之间的协调点上,不论是下达上司指示,还是上传部门情况,都需要秘书具有良好的口头表达能力,成为一个具有良好口才的人,能够准确、简练、流畅、生动地运用语言进行人际交往。

除了口头表达,秘书的书面表达能力也尤为重要。现代秘书每天都要与文字打交道,处理文书、撰写公文等都是秘书每天的"手边活"。因此,一名书面语言表达能力强的秘书要能够运用符合文体规范的书面语言形式,言简意赅、富有逻辑地表达观点、立场。这也要求现代秘书必须具有扎实的文字功底和不同文体写作的知识,要能够自如地用文字表达想法。

可以说,表达能力是一个称职的现代秘书的标志性能力,不论是口头语言表达,还是书面语言表达,都要求准确、严谨、简明。

(二)问题解决能力

案 例

团长是位女同志①

B县有风景秀丽的风景区,邻县某单位组织14人前来旅游观光,请B县对口单位代为办理订购门票、安排住宿等事宜。因是旅游旺季,B县费了很大的劲才找到某宾馆,见正好有7个房间、14个床位,就立即预订下来。没想到邻县旅游团队傍晚到达时,B县负责接待的同志傻眼了!因为带队的团长是一位女同志,其他同志是男同志,根本无法按两个人一个房间的设想安排住宿。再要求增加房间,宾馆已经住满了。

遇到这样的情况,秘书该怎么办?秘书的工作性质决定了秘书必须具备问题解决能力。尽管问题亟待解决,但是秘书仍需要冷静下来,寻找补救措施。例如,秘书可以向观光团说明问题,协调安排团长住另一个邻近的宾馆或与其他旅客同住一间房等。不管采用何种办法解决问题,都要考虑到当事方的意愿和情绪。因此,这并不是一个简单处理的过程,它体现了秘书的人际交往能力、协调能力、管理能力和应变能力。

人际交往是我们生活的一部分,而社交对于秘书来说会从职业的角度提出更高的要求。秘书应具备较强的社交能力:善于待人接物,善于与不同身份、文化背景、年龄层次,以及个性的人交往,成为协调和联系各方关系的关键。可见,做好协调性的工作也是秘书一项经常性的工作。无论机构大小,各项工作都是在各个部门的各类人员的协作下共同完成的,任何一个环节出现问题,都会影响整个机构的运作。秘书不论是协调与上级领导之间的关系,还是协调与平级同事或是与下级服务对象之间的关系,都要保持自信

---

① 王小明,莫雨,宇仙,等.发生在秘书身边的细节故事[J].秘书工作,2005(5):21-22.

和谦虚谨慎的态度,把握好自己的权限范围,不越权代办,与领导保持一致,这样才能搞好服务工作,起到协助机构运行的润滑剂作用,为维护机构正常有序运行贡献力量。此外,秘书在发挥管理职能时,要思维缜密,组织安排得当。公司的决策一般都由上层领导做出,秘书并不完全具备领导权力。但是,事实上秘书工作也体现出了管理的职能,一般表现在项目实施的组织安排与协调、对上司各项工作的安排与协调等方面。秘书要提高自己的管理能力,就必须明确自己的工作职责,拟定工作目标,精通有关业务知识,严格规范办事程序,这样才能使各项工作的开展变得井井有条。

(三)信息处理能力

一般来说,信息也就是音讯或消息。随着科技和网络技术的迅猛发展,现代传播每天都带给我们海量的信息,迅速从纷繁复杂的事物中找到你最需要的信息并加以利用,这意味着较高的信息处理能力对日常生活越来越重要。秘书的工作和信息收集更是密不可分。作为领导的"耳""目",秘书需要从各方得到确切的信息,并对其进行整理,上报给上级,使领导的决策更为科学。同时,秘书也要及时了解所从事的行业的整体信息,以及社会对企业的评价等。信息处理能力不仅是秘书个人能力的体现,还能够从侧面反映出公司的工作效率。

(四)操作技能

秘书角色的定位是领导的助手,工作较为务实。除了要具备表达能力、问题解决能力和信息处理能力,秘书还需要具备较强的动手能力。随着现代办公条件和工作环境的变化,秘书要能够使用和维护日常必用的电脑、复印机、打印机、传真机等办公设备,也要掌握摄影技术、多媒体技术等。

三、现代秘书应具备的新媒体技术素质

新时代新媒体已成为企业沟通、品牌塑造与市场推广的重要战场。作为连接内外、协调各方的桥梁,现代秘书的角色已不再局限于传统的文书处理与会议安排,更需具备驾驭新媒体技术的综合素质,以适应日新月异的传播环境,助力企业高效运作与创新发展。

(一)内容创作与编辑能力

新媒体时代,内容为王。现代秘书需具备出色的文字功底,能够撰写符合企业文化和品牌形象的文章、报告及宣传材料。这要求其不仅要有扎实的语言基础,还需紧跟时事热点,洞察受众需求,创作出既专业又具吸引力的内容。熟练掌握图文编辑软件,如Photoshop、Illustrator等,以及视频剪辑工具,如Premiere、Final Cut Pro等,也是现代秘书不可或缺的技能,以便制作高质量的多媒体素材,提升传播效果。

(二)社交媒体管理与运营

微博、微信、抖音等社交媒体平台已成为企业与公众互动的重要渠道。现代秘书要熟悉各平台规则，能够制订并执行有效的社交媒体策略，包括内容规划、发布时机选择、用户互动管理等。利用数据分析工具监控社交媒体表现，根据反馈调整策略，也是其职责所在。通过精准的内容推送和积极的社群管理，提升品牌影响力，建立良好的企业形象。

(三)数字营销与SEO知识

如今，数字营销对于企业发展日益重要。现代秘书应了解基本的搜索引擎优化(SEO)原理，如关键词研究、元标签优化、高质量外链建设等，以提高企业网站和内容的在线可见性；掌握电子邮件营销、网络广告投放等数字营销手段，从而有效提升品牌曝光度，吸引潜在客户。这些技能有助于秘书在辅助企业市场营销活动时，更加得心应手，促进业务增长。

(四)危机应对与舆情监控

新媒体环境下，信息传播速度快，一旦出现负面舆情，则可能迅速扩散，损害企业形象。因此，现代秘书需具备敏锐的舆情感知力，利用专业的舆情监测工具实时跟踪网络动态，及时发现潜在风险。在危机发生时，能迅速响应，协助制订应对方案，通过官方渠道发布准确信息，有效控制事态发展，维护企业声誉。

(五)信息安全意识

随着数字化转型的深入，数据安全成为企业不可忽视的问题。现代秘书在处理大量敏感信息时，必须具备高度的信息安全意识，遵守相关法律法规，采用加密技术保护数据不被泄露。定期参加信息安全培训，提升防范网络攻击和诈骗的能力，为企业信息安全筑起坚固防线。

(六)持续学习与创新能力

新媒体技术日新月异，现代秘书要保持好奇心和求知欲，不断学习新工具、新平台的使用技巧，关注行业动态，勇于尝试创新方法，将新技术应用于工作中，提高工作效率和质量。这种持续学习和创新的精神，是适应快速变化环境的关键。总之，现代秘书在新媒体技术方面的素质要求是多维度的，既包括内容创作、社交媒体运营等硬实力，也涉及危机管理、信息安全等软实力。唯有不断充实自我，紧跟时代步伐，才能在新媒体浪潮中游刃有余，为企业创造更大价值。

能力训练

心理素质训练：观察力训练

1.观察：图5.2中有哪两个人完全相同？

图5.2　相同的小人

2.观察：图5.3中树上有几个人？

图5.3　树上的人脸

心理测试：记忆力测试

指导语：下面的测试可以帮助你了解你的记忆能力，请根据实际情况选择，在10分钟之内完成测试。

1.从以下四个选项中选择一个与你相符的：

A.你能很轻易地把以前看到的东西清晰地回忆起来。

B.你需要一些提示，但是还能比较清晰地辨别出以前看过的东西。

C.你有一些零碎的记忆片段，但大部分东西都忘记了。

D.你经常把以前的记忆与其他记忆混淆，把东西记错。

2.你平常用什么方式记东西？

A.用整体来记忆，也就是把要记的东西综合归纳。

B.用部分来记忆，也就是把对象分开，然后逐一记忆。

3.在记忆一件东西后，你是否会很快重温一遍，以便记得更牢？　　　　（是　否）

4.你能在记忆时仔细观察对象，并考察与其相关联的事物，以便使记忆更加清楚吗？

（是　否）

5.你能不能在面对大量信息时，把最重要的部分找出来并单独记忆？　（是　否）

6.你会借助一些其他的方式，如听、说、写或亲身的经历，来加深你对记忆对象的认可，使你记得更牢吗？　　　　　　　　　　　　　　　　　　　　　　（是　否）

7.当你所碰到的只是日常琐事或无关紧要的事时，你是否很快会忘记？　（是　否）

8.当你面对一些比较枯燥的东西，比如字母和数字，你是否能用理解或关联的方法记下来？　　　　　　　　　　　　　　　　　　　　　　　　　　　　（是　否）

9.你平时习惯用阅读，尤其是精读的方式来搜寻信息并储存信息到大脑中吗？

（是　否）

10.当碰到难题时，你是否能够不求助他人，单独解决？　　　　　　（是　否）

11.你在面对一件比较重要的事时，是否能集中自己的注意力，告诉自己一定要记住？　　　　　　　　　　　　　　　　　　　　　　　　　　　　　　（是　否）

12.你对所要记住的东西有兴趣，很想一探究竟吗？　　　　　　　　（是　否）

13.你是否在面对众多信息时，也能很快找到对自己有用的东西？　　（是　否）

14.当你面对一个较为复杂的事物时，你能够找出其中的联系以及各个部分的相同点和不同点吗？　　　　　　　　　　　　　　　　　　　　　　　　　　（是　否）

15.在比较疲劳的时候，你会不会把要记忆的东西拆换成另一种东西？

（是　否）

16.你是不是习惯将有关联或有相似点的事物归纳到一起记忆？　　　（是　否）

17.你能否利用其他辅助的方法，如表格、图样或总结等，来帮助你记忆？　（是　否）

18.你平时是否会随身携带笔记本以便随时记录信息，你是否有写日记或感想的习惯？　　　　　　　　　　　　　　　　　　　　　　　　　　　　　　（是　否）

19.你是不是一定要先理解了才能记住某件东西?　　　　　　　（是　否）

20.在记忆的过程中,你是否会用将对象与其他事物相关联的方法,来更好地记忆?

（是　否）

测试结果显示:

在第1题中:

选A的人记忆力较强;

选B的人记忆力一般;

选C的人记忆力不够好;

选D的人记忆力比较混乱、模糊。

在第2题中

选择整体记忆方式的人拥有较强的记忆力。

第3~20题中

答"是"表示你懂得记忆的正确方法,记忆力较强。

答"否"的人记忆方法欠妥,记忆力需要提高。

记忆能力很重要,在很大程度上决定了一个人是否能够胜任自己的本职工作,如果你的记忆能力欠佳,甚至有严重的健忘症,就需要在平时的生活、工作中注意调节自己的情绪、缓解压力、放松心情,同时还要调节自己的生物钟,在饮食、睡眠等方面下功夫,学习一些基础的记忆方法,进行适当的记忆训练。

【习题与思考】

1.现代秘书应具备的特殊职业能力有哪些?

2.现代秘书应具备的新媒体技术素质有哪些?

模块六
秘书的人际交往心理

知识目标:

• 了解人际交往的概念及意义。

• 理解人际交往的心理效应。

• 掌握人际吸引和人际交往的规则。

• 掌握秘书人际交往的艺术和技巧。

能力目标:

• 运用人际交往的原则,指导自己的人际交往活动。

• 运用人际交往的技巧,处理各种人际关系。

• 运用一定的技巧进行谈判。

素质目标:

• 在人际交往中,培养诚信品质。

专题 1　人际交往的概念及意义

李强是一家大型企业的高级秘书,他的工作不仅包括安排会议、撰写报告,更重要的是他要充当公司高层与员工之间的沟通者。有一次,公司即将推出一项新的管理政策,这项政策涉及员工的福利调整,可能会引起一些员工的不满。在这种情况下,李强的任务是确保政策的顺利传达,并且尽可能地减少员工的抵触情绪。

李强首先通过精心准备的内部邮件和公告,将新政策的主要内容和意图清晰地传达给所有员工。他的语言既正式又友好,旨在减少员工的疑虑。同时,他还组织了一系列的小组讨论会,邀请员工直接向管理层提出问题和建议。在这些讨论会上,李强扮演了重要的角色,他不仅是会议的组织者,更是沟通的促进者。他耐心地倾听员工的担忧,及时向管理层反馈,并协助解答员工的疑问。

在这个过程中,李强展现了出色的人际交往能力。他能够理解员工的情绪和立场,用恰当的方式表达管理层的观点,同时也能够妥善处理不同意见之间的冲突。他的努力使得在新政策的推行过程中,员工的不满情绪得到了有效的缓解,公司内部的沟通也变得更加顺畅。

这个例子说明了秘书在人际交往中的作用不仅仅是传递信息,更重要的是要能够理解和平衡不同方的利益和需求。一个具有高度人际交往能力的秘书,能够为公司创造一个和谐的工作环境,提高团队的凝聚力和工作效率。因此,秘书的人际交往艺术对于任何组织来说都是不可或缺的。

一、人际交往的概念

人际交往,是指人与人之间相互传递信息、沟通思想和交流感情的互动过程,是人类活动的一种最基本的形式。人际交往是人的社会属性的外在体现,也是人在长期社会化进程中自然形成的一种表现,更是人满足高层次社会心理需要的重要方式。

在社会生活中,人与人之间每天都发生着直接的或间接的交往关系。当我们与他人进行交谈时,我们用言语的方式进行交往;当我们与友人异地互相赠送礼物时,我们以某种物品为中介进行交往;当我们采用眼神或者手势向对方传达思想时,我们以肢体语言等方式相互传递信息。由此可见,人际交往通常表现为人与人之间的信息沟通和物品交换。而其实质在于,通过人与人之间动态的相互作用形成情感联系,它是人与人之间相对稳定的情感纽带。我们把通过人际交往形成的人与人之间的吸引或排斥等心理关系称作人际关系。

二、人际交往的特点

(一)人际交往的个体性

人际交往是人与人之间的交往行为。它不同于其他社会关系,主要体现为人际交往所形成的人际关系,着重反映在个体互动过程中所形成的心理关系层面,具有鲜明的个体性特征。

(二)人际交往的情感性

人际交往是人与人之间的物质和信息等交流活动,在交往中人际关系得以形成或加强。也就是说,人际交往的基础就是人们彼此之间的感情流动。不管是亲情、友情、爱情,还是师生之情、感恩之情等,人与人之间的情感趋向性不同,使得人际交往的目的性和方式也不一致。比如喜欢某人,便会表现出亲近和帮助对方的行为;而厌恶某人,则会表现出回避或攻击的行为。随着人际交往的深入,人际关系也逐步得以加强。

(三)人际交往的对应性

人与人之间的交流总是双向的。一方发出交流的信息,另一方对这个信息做出某种回应,才能称得上是产生了交流;如果一方发出信息,而对方毫无反应,这次交流就受到了阻隔。古人言:爱人者,人恒爱之;敬人者,人恒敬之。在日常生活中的人际交往中,我们总是希望自己的付出能得到相应的回报。我们会喜欢对我们释放友好信号的人,比如看见他们的微笑,我们也回以微笑;而当我们迎面遇到一个莫名对自己表示敌意的人,我们也会对他心生敌意。也就是说,人际交往具有对应性。

三、人际交往的意义

人际交往体现了人的社会属性,也是人的心理需要,我们可以通过人际交往找到安全感和归属感,找到被人关爱的感觉,体会到被对方重视和尊重的感觉;还可以通过人际交往构建良好的人际关系网,得到自我实现的成就感。很多心理学研究都说明,人是群居动物,良好的人际交往和人际关系对我们每个人都具有十分重要的意义。

(一)良好的人际交往有助于人的身心健康

现代心理学研究表明,人类身心的病态大多由人际关系失调导致。许多常见的身心疾病(如各类癌症、内分泌失调、胃病、甲状腺功能亢进、偏头痛等),都与人们长期不良的情绪和心理状态有关。人类的心理适应,最主要的就是对人际关系的适应。

人都有喜、怒、哀、乐、怨等情绪。欢乐的时候我们需要和他人分享,让对方也感受到你的快乐,并一同获得快乐;忧伤时,我们需要向朋友倾诉,舒缓不良心理情绪……如果我们长期以来只能独自享受快乐、独自抚慰忧伤,便会产生紧张、孤独的心理,严重的会

造成心理障碍,影响个体心理健康。

心理学家研究发现,如果一个人长期缺乏与别人的积极交往,缺乏稳定而良好的人际关系,这个人往往就有明显的性格缺陷。比如,一些在单亲家庭、孤儿院或是贫富差距较大的社会区域里成长的小孩,他们缺乏关爱,生活中难以在与亲人或同伴交往的过程中建立亲密的人际关系,这样的小孩就容易患上忧郁症,甚至出现偏执心理,滋生对社会的冷漠情绪并产生报复心理。长期心理自闭,缺乏外界信息的刺激,也很容易造成智力发育迟缓。

而人际交往和人际关系都比较好的人,他们一般对社会的认同度比较高,能够获得较多的安全感和社会成就感;为人友好,能够深切体会他人的处境。也就是说,与他人的人际交往以及人际关系发展较好的人,其心理健康水平通常比缺乏正常人际关系的人要高。

因此,良好的人际交往不仅有助于人的身体健康,也有助于人的心理健康,它们是相辅相成的。

(二)良好的人际交往有助于增强人的幸福感

对于什么是幸福,不同的人有不同的回答。有人说,人的幸福是积累越来越多的金钱和名誉;有人说,幸福是获得了更大的成功;还有人说,幸福是取得了更高的地位。而生活实践表明,当人拥有了金钱、名誉、成功、地位后,人们的幸福感并没有因此而直线上升。心理学家林格于1977年做了一个开放性的调查:当人们被问到"什么使你们的生活富有意义"时,几乎所有的人都回答,亲密的人际关系是首要的。国内两项关于快乐工作特征的调查中,人们都把拥有"和谐的人际关系"排在首位。[1][2]从这些被调查者的回答中可以看出,人际关系的重要性远远超过了金钱、名誉、成功和地位。

所以说,加强人际交往,建立良好的人际关系,有助于增强人的幸福感——这是人的幸福感的重要来源。

(三)良好的人际交往有助于实现自我价值

人的社会存在也是一种关系的存在。当我们从事社会活动时,不管我们是否愿意,我们都会与他人发生一定的联系和交往,并且逐步形成各种各样的人际关系网络。

协调、友好、亲密的人际关系,有助于人们保持愉快的心情和饱满的工作与生活热情,提高工作效率,为自身创造一个健康的精神空间;相反,人际交往中不协调、紧张乃至敌对的人际关系,必然导致人与人之间的不信任和敌对感,使得工作效率低下,为工作的顺利开展埋下障碍。

---

① 侯典牧,朱颖敏,刘翔平.关于快乐工作特征的调查研究[J].中华女子学院学报,2007,19(2):49-53.
② 侯典牧,刘翔平.基于需求层次的快乐工作特征调查研究[J].中华女子学院学报,2008,20(3):83-87.

因此,人际交往和人际关系的好坏,将直接影响着每个人的工作成败和生活质量的高低,影响人们自我价值的实现。

能力训练

心理测试:交际能力测评

人际交往能力指的是与人打交道的能力。人际交往能力强的人一般比较善于交际,与朋友、同学和周围的人接触很多,对与人打交道的事情比较感兴趣,具有很强的人际沟通能力。

指导语:本测试共有30道题,请你仔细阅读下面的题目。如果题中陈述与你的情况相符,就在题后括号内填上A,不符合就填B。

(1)不管别人有没有要求,你都主动提出建议,告诉别人应当如何去做。 （　　）

(2)你经常兴致勃勃地与朋友谈起一些他们不认识的人。 （　　）

(3)你对自己种种不如意的事情,总喜欢找别人倾诉。 （　　）

(4)你常常在别人没有提出要求的情况下,主动表达你的观点。 （　　）

(5)和朋友一起出外娱乐、吃饭时,你希望各付各的钱。 （　　）

(6)你经常许诺但不兑现。 （　　）

(7)你为自己的直言不讳而自豪。 （　　）

(8)当别人谈到你不喜欢的话题时,你就不说话了。 （　　）

(9)当他人在融洽地交谈时,你会贸然出现。 （　　）

(10)与别人交谈时,你会打断他们的谈话内容。 （　　）

(11)独自一人吃饭是一种享受。 （　　）

(12)不到每个人都疲倦时,你不会告辞。 （　　）

(13)购物、乘车时,如果售货员、售票员态度不好,你会非常生气。 （　　）

(14)你不能准确地表达自己的想法,容易被人误解。 （　　）

(15)当别人说你什么的时候,你首先觉得讨厌。 （　　）

(16)你不想知道别人在想什么。 （　　）

(17)你不想与不能帮助自己的人来往。 （　　）

(18)与不懂道理的人谈话等于对牛弹琴。 （　　）

(19)人的言行有两面性,不能只看表面。 （　　）

(20)听别人自我夸耀时,你觉得无聊。 （　　）

(21)有时听别人说话,你很快就能抓住自己所需要的内容要点。 （　　）

(22)你总是先向别人问好。 （　　）

(23)别人说话时,你总想插嘴。 （　　）

(24)反正说了也没用,所以干脆谁也不理。　　　　　　　　　　　（　　）

(25)你和人交往时,总是处于被动状态。　　　　　　　　　　　　（　　）

(26)你常与别人搞不好关系。　　　　　　　　　　　　　　　　　（　　）

(27)你生气时就爱挑对方的毛病。　　　　　　　　　　　　　　　（　　）

(28)在赶路时,别人向你打招呼:"你好啊!"你会停下脚步,与他们交谈。（　　）

(29)你对人常怀有恶意。　　　　　　　　　　　　　　　　　　　（　　）

(30)讲述一件事情时,你会把每个细节都讲出来。　　　　　　　　（　　）

答案:

凡在(1)、(2)、(3)、(4)、(5)、(6)、(7)、(8)、(9)、(10)、(11)、(12)、(13)、(14)、(15)、(16)、(17)、(18)、(20)、(23)、(24)、(25)、(26)、(27)、(28)、(29)、(30)题后括号填B的各记1分;

凡在(19)、(21)、(22)题后括号内填A的各记1分。

解释说明:

分数越高,说明你的交往能力越强。

得分为24~30分,人际交往能力非常强;

18~23分,人际交往能力较强;

12~17分,人际交往能力不强;

11分及以下,人际交往能力需要进行提高。

【习题与思考】

1.人际交往有哪些特点?

2.结合实际谈谈人际交往的重要意义。

专题2　人际交往中的心理效应与人际吸引规则

案例导入

　　小李是一家大型企业的秘书,她深知诚信在职场中的重要性。在日常工作中,她始终秉持着真诚待人的原则,无论是面对领导还是同事,她都以诚相待,从不虚伪做作。

　　有一次,公司举办了一场重要的商务活动,小李负责活动的筹备工作。在活动筹备过程中,她遇到了一位供应商,这位供应商提出了一些额外的要求,希望小李能够满足。然而,这些要求并不符合公司的规定和预算。面对这种情况,小李并没有选择敷衍了事或者隐瞒事实,而是坦诚地与供应商沟通,解释了公司的相关规定和预算限制。她表示,虽然无法满足对方的全部要求,但会尽力在规定范围内提供最好的服务。最终,供应商被小李的真诚打动,不仅没有提出更多的要求,还对小李的专业素养和诚信态度表示赞赏。

除了与外部人士的交往,小李在与同事的相处中也始终坚持以诚相待。她认为,只有真诚地对待同事,才能赢得他们的信任和支持。在工作中,小李总是乐于助人,当同事遇到困难时,她会主动伸出援手,给予帮助。同时,她也善于倾听同事的意见和建议,尊重他们的想法和感受。这种真诚的态度让小李在同事中树立了良好的形象,也赢得了他们的友谊和支持。

当然,以诚相待并不意味着毫无保留地暴露自己的一切。在人际交往中,小李也懂得保护自己的隐私和利益。她会在适当的场合和时机表达自己的想法和感受,但也会注意分寸和尺度,避免过度暴露自己的弱点和不足。

从小李的例子可以看出,以诚相待是秘书人际交往中的重要吸引法则。一个真诚待人的秘书能够赢得他人的信任和支持,建立起良好的人际关系。这种关系不仅有助于提高工作效率和团队凝聚力,还能为个人的职业发展创造更多的机会和可能。

一、人际交往的心理效应

(一)首因效应

首因效应,又称优先效应或"第一印象"效应,是指人们在生活认知过程中,最先输入的信息对其以后的认知活动产生影响的心理现象,它在人们的交往活动中有着先入为主的特点。

知识链接

看照片首因实验

有一位心理学家曾做过一个实验:把被试者分为两组,看同一张照片。

心理学家对甲组说,这是一位屡教不改的罪犯,对乙组说,这是一位著名的科学家,并让被试者看完后根据这个人的外貌来分析其性格特征。

结果,甲组说:"深陷的眼睛藏着险恶,高耸的额头表明了他死不悔改的决心。"乙组说:"深沉的目光表明他思维深邃,高耸的额头显示出科学家探索的意志。"

该实验表明,首因效应形成的心理定势,会影响人们对人或事物的判断。

实验心理研究表明,外界信息输入大脑时的顺序会较大程度地决定认知效果。一般来说,最先输入的信息对人们的认知影响最大。人们总是习惯于按照最先获得的信息来

解释后面的信息,即使后面的信息与前面的信息不一致,也会屈从于前面的信息,以形成整体一致的印象。大脑处理信息的这种特点是形成首因效应的内在原因。

形成首因心理效应的一般是性别、年龄、衣着、姿势、面部表情等容易显露的"外部特征"。一般情况下,人们在初次交往中,通常会根据体态、姿势、谈吐、衣着打扮等个人外部特征来判断对方的个性和素养。美国总统林肯也曾因为相貌偏见拒绝了朋友推荐的一位才识过人的阁员。当朋友愤怒地责怪林肯以貌取人,说任何人都无法为自己的天生脸孔负责时,林肯说:"一个人过了四十岁,就应该为自己的面孔负责。"在《三国演义》中,庞统当初准备效力东吴,于是去面见孙权。孙权见到庞统相貌丑陋,心中先有几分不喜,又见他傲慢不羁,更觉不快。最后,这位广招人才的孙仲谋竟把与诸葛亮比肩齐名的奇才庞统拒于门外,尽管鲁肃苦言相劝,也无济于事。

虽然林肯、孙权以貌取人确有偏颇之处,但也说明第一印象在人际交往中的重要作用。首因效应在人与人交往的初期形成,一旦形成就容易产生固定的印象,成为交往双方相互认识的基础信息。因此,交往初期,我们如果要想给对方留下一个良好的形象,就要注意整饰自己的仪表,如着装、配饰等以符合特定的场合;言谈举止得体,以引发对方的关注和交谈的兴趣。另外,也要注意一些不经意间流露出的情绪、情感和生活细节等,这都会成为第一印象的评分指标。

首因效应的产生与个体的社会经历、社交经验的丰富程度有关。如果个体的社会经历丰富、社会阅历深厚、社会知识充实,则会将首因效应的作用控制在最低限度;另外,个体通过学习心理学,在理智的层面上认识首因效应,也可以在一定程度上控制首因效应的影响。

总之,良好的"第一印象"是我们顺利开展人际交往的第一步,它要求人们通过不断努力提高自身修养,来为良好人际关系和事业的成功奠定基础。

知识链接

形成良好第一印象的SOLER模式[①]

社会心理学家艾根研究发现,从同陌生人相遇开始,按照SOLER模式来表现自己,可以明显提高别人对我们的接纳程度,建立起我们在别人心目中良好的第一印象。

★S表示"坐(或站)要面对别人";

★O表示"姿势要自然开放";

★L表示"身体微微前倾";

★E表示"目光接触";

---

① 金盛华,张杰.当代社会心理学导论[M].北京:北京师范大学出版社,1995:54—55.

★ R表示"放松"。

这样会给人"我很尊重你,对你很有兴趣,我的内心是接纳你的,请放松"的轻松良好印象。

(二)晕轮效应

晕轮效应又称光环效应,是指在人际交往中,交往对象的某一方面的特征表现十分突出,这种特点掩盖了对方身上的其他特征或品质,从而造成人际认知的偏差。也就是说,晕轮效应在认知中有以点概面、以偏概全的特点,具体表现在以下几个方面。

1.遮掩性

有时我们抓住的事物的个别特征并不反映事物的本质,可我们却仍习惯由个别推及一般、由部分推及整体,这势必会牵强附会地误推出其他特征。随意抓住某个或好或坏的特征就断言这个人完美无比或一无是处,都犯了片面性的错误。

2.表面性

晕轮效应往往产生于自己对某个人的了解还不深入的阶段,容易受感觉的表面性、局部性和知觉选择性的影响,从而对人或事物的认识仅仅集中在个别外在特征上。我们经常以貌取人,断言有着善良面容的人必定有慈悲的心肠,而有鹰钩鼻的人必定狡猾。其实,相貌和个性品质之间并无必然的内在联系,可我们还是不自觉地将二者联系在一起来判断对方的整体品质,这样得出的整体印象必然是表面的、不完全真实的。

3.弥散性

对人或事物的整体态度,还会连带影响到跟这个人的具体特征有关的事物。成语中的"爱屋及乌"就是晕轮效应弥散性的体现。

从心理学的角度看,晕轮效应的形成原因与我们知觉的整体性有关。知觉的对象有不同的属性,由不同的部分组成,但我们并不把它感知为个别孤立的部分,而总是把它知觉为一个有组织的整体。甚至当某些部分被遮盖或抹去时,我们也能够将零散的部分组织成完整的对象,这就是所谓的"窥一斑而见全豹"。

在日常生活中,"晕轮效应"影响着我们对他人的认知和评价。我们一般认为,热情的人往往对人比较亲切友好,富于幽默感,肯帮助别人,容易相处;而冷漠的人则较为孤独、古板,比较难相处。可见,我们忽视了具有"热情"或"冷漠"特征的人隐藏的其他个性品质,往往在深度交往后才发现,有些看上去不容易相处的人其实重情义,也挺好相处。在家庭教育中,有的父母忽视孩子的优秀品质,过分注重孩子的个别缺点,比如孩子的学习成绩平平、行为不好等等,常常把这些作为苛责孩子的依据,认定他们一定没出息,这反而导致家庭教育的失败。

因而,在人际交往中,我们应该注意克服晕轮效应所带来的负面影响。

爱情晕轮效应

文学家普希金认为,一个漂亮的女人也必然有非凡的智慧和高贵的品格,然而事实并非如此。他狂热地爱上了被称为"莫斯科第一美人"的娜坦丽,并且和她结了婚。娜坦丽容貌惊人,但与普希金志不同道不合。当普希金每次把写好的诗读给她听时,她总是捂着耳朵说:"不要听!不要听!"她总是要普希金陪她游乐,出席一些豪华的晚会、舞会。普希金为此丢下创作,弄得债台高筑,最后还为她决斗而死,一颗文学巨星过早地陨落了。可以说是爱情晕轮效应毁掉了普希金。

(三)归因偏差效应

归因偏差属于认知偏差的一种,它是指认知者系统地歪曲了某些本来是正确的信息,从而影响人们判断某件事情或某个行为结果产生的原因。归因的结果会对人后续的行为产生很大的影响。

归因偏差效应常常表现为,成功时人们往往归因于自己有能力,失败时则力图把责任推诿给外界和他人。旧时有一位私塾先生,自诩文章高明。他与自己的弟子们一道连续几届参加科举考试,但每次都是弟子们中举,自己却名落孙山。一次,主考大人宴请社会绅士名流,会上谈及此事。主考大人问他这是什么道理,他愤愤然吟诗道:"文章不如我,造化不如他。"说罢,扬长而去。这位参加科举的私塾先生将未中举的原因归结到"造化"上,这样归因对于人的心理调节和自我防卫是有利的,因而无可厚非。

请看下面一段配图的精彩归因对话(图6.1):

图6.1 记者采访某位成功人士

但是,在实际生活中,人们的错误归因常常带来不良的后果。比如,某次数学考试后,老师发现有一位平时数学成绩并不好的学生竟然达到优秀,老师很轻描淡写地当众说是他抄了同学的试卷。结果,这位同学对数学课越来越排斥,他认为即使他表现出一些好的行为,也难以得到教师的准确评价。可见,消极的归因会削弱人们的行为动机,导致异常行为的产生。

因此,我们在人际交往中,应该学会通过积极归因,来引导后续良好行为的产生。

(四)"留面子"效应

"留面子"效应与"登门槛"效应相对应,如果先对某人提出一个很大的、会被拒绝的要求,接着向他提出一个小一点的要求,那么他接受这个小要求的可能性比直接向他提出这个小要求而被接受的可能性大得多,这种现象被称作"留面子"效应。由于人们都有给对方保留面子的心理倾向,考虑到前面拒绝了对方较大的要求,人们往往为留些面子给对方,会尽力接受最后相对较小的要求。

知识链接

"留面子"效应实验

心理学家西阿第尼等人曾做过这样的实验,他们要求大学生花两年时间担任一个少年管教所的义务辅导员。这是一件费神的工作,几乎所有的大学生都谢绝了。接着,实验者又提出要求,让大学生带领少年们去动物园玩一次,结果50%的人接受了此要求。而当实验者一开始就直接向大学生提出这第二个要求时,只有16.7%的人同意。那些拒绝了第一个要求的学生认为,再拒绝第二个相对低的要求会损害自己富有同情心、乐于助人的形象,因此,他们一般都会欣然接受第二个小要求。事实上,带领少年们去动物园也是一件很费神的工作,如果之前没有设置一个更为困难的要求,会有50%的人接受条件吗?

"留面子"效应在人们的日常交往中十分常见。售货员的标价和砍价就是这种技术的应用。商场中的售货员会把价格定得远远超过货品实际应有的价格,然后在讨价还价中让顾客在拒绝高价时接受一个比高价低得多而实际又高于应有价格的价目。他们把一件衣服标价为1000元,等顾客相中并犹豫时马上过来解释:"价格可以商量嘛。"你心里合计,砍半价自己应该不会亏,还价500元。售货员装出亏本的样子,"你再添点,500元卖给你我就亏了。"你再坚持一会儿并做出走的样子,他马上说:"成交,这亏本卖给你了。"实际上这件衣服可能根本就不到400元。如果售货员一开始就告诉你卖500元,结果你把价格压得更低,商家的利润就下降了。

在人际交往中,利用"留面子"效应能够帮助他人接受你提出的一些难以立即接受的

条件,使某些看似不可能的任务也能顺利完成。

(五)刻板印象效应

刻板印象指的是人们对某一类人或事物产生的比较概括而固定的看法,是我们在认识他人时经常出现的一种相当普遍的现象。当我们说到湖北人,就会想到"天上九头鸟,地上湖北佬",认为湖北人狡猾、难以信任;说到上海人就会想到上海人的精明、务实;而说到湖南人,就会想起其敢为人先的性格特征。虽然居住在同一个地区的人或多或少会带有一些共同的特征,但是事实证明,并不是某个特定地域的每个人都具有这样显著的性格特征。我们头脑里对不同地域的人已有的刻板印象往往不是以事实为基础的,而是对社会人群的简单化分类,这样会使我们在认知过程中产生认知的偏差。

人们也存在性别上的刻板印象。例如,我们一般认为女性是柔弱、温柔、含蓄的,而男性是顽强、勇敢、好斗的。所以,幼儿园老师一般是女性,家长会认为女性对待幼儿会更细腻、有耐心。市场调查公司在招聘入户调查的访谈员时,一般也都选择女性,因为在人们心目中,女性一般来说比较善良、攻击性较低、力量比较单薄,因而入户访问对主人的威胁较小,女性与男性相比会减少人们的防卫心理。

刻板印象是人们在长期的生活实践中对事物某些显著特征的总结,是一种文化的沉积,具有普遍性和稳定性。刻板印象一经形成,就很难改变。但是,我们在日常人际交往过程中,一定要注意刻板印象的负面影响,力求全面、客观地认识、评价对方。同时,也要通过得体的言行举止,使自己在他人眼中树立一个良好的印象,美化自身形象。

知识链接

想象权贵

从前有对乡下夫妻在门口纳凉,老婆问:"当家的,皇上天天上山打柴用的一定是把金斧子吧?"老公冷笑道:"蠢婆娘!当了皇上还用打柴吗,他老人家一准儿天天在院子里摇着扇子乘凉的,喝小米粥还有人伺候着呢!"估计摇着扇子喝小米粥,就是这位农夫最大的理想。

二、人际吸引的规则

在日常生活中,我们更倾向于与自己有着共同爱好的人交往,这样才能产生更多的共同话题,在相谈甚欢的情境下相互吸引;我们有时喜欢与自己在个性等方面互补的人交往,互补的个性能产生取长补短的效应,使双方在互帮互助的基础上建立友好关系;我们也喜欢与我们崇拜的人进行交往,他们身上某个特质会让他们在众多人中首先牵住"我"的目光等。除了这些与个体相关的因素,当我们为了达成某种互惠互利的目的时,如果对方正好符合我们的心理预期,相互的吸引与交往也比较容易形成。所以,在人际交往中,总有一些因素影响着交往的进程和状态,我们把这些影响人际吸引的规律性因素称为人际吸引的规则。

(一)接近与熟悉吸引

俗话说,远亲不如近邻。人与人之间在相近的活动空间内彼此建立较亲密的人际关系,这是一种最自然的社会现象。同一个办公室的同事、同一个宿舍的室友、隔壁的邻居等,由于空间上距离较近,使得他们有更多的机会相互接近,互相了解,形成友好关系。

知识链接

临近吸引实验

心理学家费斯丁格等人曾以麻州理工学院已婚学生眷属宿舍的居民为对象,研究他们之间的邻居友谊与空间远近的关系。该宿舍共17栋2层楼房,每栋上下2层,每层5户,共计170户。在学年开始搬入眷舍时,彼此各不相识。过一段时间之后,研究者调查每户居民,让他们举出在眷村中新交的3位朋友。结果发现,他们所交的新朋友,几乎都具备4个接近性的特征:一是他们的近邻,二是他们同层楼的人,三是他们信箱靠近的人,四是走同一段楼梯的人。由此看来,地域上的邻近、经常见面是友好关系形成的一个重要因素。

人与人在空间上彼此接近,必然会增加他们对彼此的熟悉度,有利于建立友好的人际关系。但是,现实生活中我们也发现,熟悉度的增加也有可能导致亲密关系的破裂。比如,与和我们空间距离较小的隔壁邻居交往时,随着双方熟悉度的增加,双方可能会发现彼此在价值观和生活方式上有太多的不一样,从而逐步淡化原有关系。这样的事例在家庭生活和办公室生活中常常可以见到。所以,接近性只为人际吸引提供前提条件,如果要建立起长久的良好人际关系,还需要双方互相发掘彼此的共同之处,同时,接纳彼此的不同之处,互相理解,互相宽容。

(二)相似吸引

俗话说:"物以类聚,人以群分。"与一般人相比,人们更喜欢与自己相似的人交往。1961年,美国心理学家纽科姆曾做过一个实验。这个实验的对象是公开征求招来的志愿住宿者,共17人,都是大学生。在他们进入宿舍以前,实验得对他们在经济、政治、审美、社会福利等方面的态度和价值观以及他们的人格特征进行了测定,然后将态度、价值观和人格特征相似和不相似的大学生混合安排在几个寝室,一起生活4个月。在这4个月中,定期测定他们对上述问题的看法和态度,并让他们互相评价室内成员,如喜欢谁,不

喜欢谁。结果表明,在相处的初期,空间距离决定了人们之间的吸引力;到了后期,相互吸引发生了变化,态度和价值观越是相似的人,相互之间的吸引力越大。

除了信念、态度、价值观和个性特征的相似性会影响人际吸引,交往双方年龄的相似也能加深人际吸引。人们常说,子女与父辈有"代沟"。由于生活的时代不同,父辈的价值观和对生活体验的态度与当代的青年略有不一致,因而在生活中,面对日新月异的科技、文化更新,父辈在接受能力上明显低于青年一代。不一样的阅读物、阅读方式,不一样的话题和观念等,使得年轻人更喜欢和年轻人交往。

另外,社会地位的不同也是影响人际交往的一个因素。处于同一社会地位的人,对生活的体验基本一致,相似的生活环境和生活态度通常会让他们更容易产生人际吸引。比如,地上掉了五毛钱,一个人马上弯腰捡起来,高兴地想可以买个馒头充饥了;而另一个人看了这五毛钱一眼就快步走了,他觉得利用弯腰去捡的时间,他又可以去赚100万了。一般来说,处于不同社会地位且观念差异较大的两个人之间,很难产生"高山流水遇知音"的感情。

但是,我们也应当注意到,人际吸引的相似性并不是实际的相似性,而是人所感知到的相似性——我认为他和我个性比较相似,或是他与我价值观相似等。这种相似性只是给交往双方(特别是不曾相识的两人)提供交往的可能性,随着交往的深入才能确定双方是否能够进一步发展亲密关系。

(三)互补吸引

世间万物都是不完美的。人类学就认为,人没有熊一样的皮毛可以抵御严寒;没有豹一样的速度可以健步如飞;没有锐利的爪子可以抵御攻击。因此,人类在文明进程中,不断寻找弥补自身缺陷的方法,让万物都能为我所用。在人际交往中也是如此,人与人之间因为彼此相似而互相吸引,同样,多数人都会有希望对方能弥补自己的不足之处的心理倾向,从而得到心理上的补偿。

我们每天都会遭遇不同的生活情境,需要面对和解决多样的事情,这些事情可能已经超出了个体的能力范围。每个人都是独特的个体,在个性、能力、知识水平和专长上都不相同。当我们遇到自身所缺而对方所擅长并能够伸出援助之手的情况时,就会不由自主地对之表示好感。个性急躁的人,会希望和心态平和的人做朋友,在潜移默化中变得不再焦急;习惯安静倾听的人,会希望和爱说的人做朋友……这正说明了"互补吸引"的规则。

人际吸引的相似性和互补性似乎是矛盾和对立的,但实际上二者也是一致的,表面的互补,其实质是深层次的相似。人们常说"和而不同",我们会被有相似性特征的人所吸引,也会在具有一定的相似性的前提下,保持各自的特性和双方的互补性。比如,婚姻幸福的家庭,夫妻双方首先必定有共同的价值观和家庭观念,又会在生活中从个性、能力等方面体现出互补性。

(四)个人特征吸引

1.外貌

美好的外貌会带给我们美好的体验。实验证明,男女双方首次见面时,男性首先注意到女性的身材,而女性首先注意到的是男性的着装。拥有婀娜身材的女性和着装有品味的男性会较快获得对方的好感。也就是说,美丽的容貌、美好的体态、漂亮的服饰、得体的妆容和举止风度,都会影响人际吸引。

在晕轮效应的作用下,人们甚至会首先认为外在美的人一定也具备优良的品质。1972年,柏斯切德和沃尔斯特做了一项研究。他们从大学年鉴上选出一些学生照片让被试看,其中有些照片很有魅力,有些一般,有些无魅力,要被试评价照片上的学生。结果是,学生外貌越有魅力,就越被认为具有好的个性品质。但是当实际与本人面对面接触时,或者是当双方有了更多的交往时,这种光环作用就会减小。因此,外在的特质作为一种自然倾向,很容易造成"以貌取人"的现象。但是随着交往的深入,这种表面的吸引会大打折扣。

2.能力

人的能力大小有所不同,一般来说,能力越强的人成就越大,也越能吸引他人。但是,心理学家用实验证明,最为人所欣赏者,却并非完美全能的人。实验者将不同的四卷访问录影带,分别播放给四组受试者观赏,让他们凭主观的感觉评分,以表示他们对被访者喜欢的程度。录影带的内容,都是访问员与受访者面谈,受访者的身份是大学生。四卷录影带中的人物都是一样的,只是访问员事先介绍以及访问过程各不相同。第一卷录影带的内容是,访问员在介绍受访者的时候,将他描述成一名能力杰出的大学生,他是荣誉学生、校刊编辑和运动健将。尤其是在访问过程中,受访者表现杰出,对访问员提出的所有问题,毫不费力地答对其中的92%。如此,受访者给人的印象是完美无缺的人。第二卷影带的内容与第一卷大同小异,访问员的介绍相同,受访者回答的方式及表现也相同,唯一的不同是在访问过程中加了一段小插曲:受访者表现有点紧张,不小心将面前的咖啡打翻,弄脏了一身新衣服,形成相当尴尬的局面。第三卷录影带的内容是,访问员将受访者说成是一名普通大学生。在访问过程中,受访者也只有普通的表现。第四卷录影带的内容,与第三卷大同小异,不同之处与第二卷中的插曲相同。实验者将四卷人物相同而能力表现各异的录影带,分别播放给不同的被试者,并要他们凭主观感受对受访者评定以表示他们喜欢的程度。对评定结果进行分析后发现:按四卷录影带内四位受访者(实际上是同一人)的顺序,大家最喜欢的是第二卷中的受访者,其次是第一卷,再次是第三卷,最不喜欢的是第四卷中的受访者。

现实生活中也会出现类似的例子:工作能力很强的人在公司事事努力表现完美,会让同事觉得难以企及和接近,所以不能得到同事的认可;而有些工作勤奋,但是偶会出点小纰漏的人,往往会给人真实感,从而更愿意与之交往。

3.个性品质

人内在的个性品质对人际吸引的影响很大,而且与外在特质相比,内在品质对人际吸引来说更重要、更稳定、更持久。

美国学者安德森研究了影响人际关系的人格品质。从表6.1中可以看出,排在序列最前面、喜爱程度最高的6个人格品质是:真诚、诚实、理解、忠诚、真实、可信,它们或多或少、直接或间接同真诚有关;排在序列最后面、喜爱程度最低的几个品质是:说谎、假装、不老实等,它们也都与真诚有关。因此,安德森认为,真诚受人欢迎,不真诚令人厌恶。

表6.1 影响人际吸引的主要人格品质

最积极品质	中间品质	最消极品质
真诚	固执	古怪
诚实	刻板	不友好
理解	大胆	敌意
忠诚	谨慎	饶舌
真实	易激动	自私
可信	文静	粗鲁
智慧	冲动	自负
可信赖	好斗	贪婪
有思想	腼腆	不真诚
体贴	易动情	不善良
热情	羞怯	不可信
善良	天真	恶毒
友好	不明朗	虚假
快乐	好动	令人讨厌
不自私	空想	不老实
幽默	追求物欲	冷酷
负责	反叛	邪恶
开朗	孤独	装假
信任	依赖别人	说谎

注:沿着箭头方向,人格品质受欢迎的程度逐渐递减。

(五)互惠吸引

一般来说,能给我们带来益处的事物总是会对我们产生较大的吸引力。如果交往双方都预计对方能给自己带来某种益处,那么,他们之间就会因为互惠互利而形成人际吸引。预计得到报偿的概率越大,吸引力就越大;收益与付出的比值越大,吸引力就越大;越接近预期的报偿,吸引力就越大。互惠吸引力表现在多方面,包括生理的、心理的、物质的、精神的等。

1.互惠吸引力表现在人格的平等上

马斯洛的需要层次理论指出,人有尊重的需要,他把尊重分为尊重自我和尊重他人。

中国的"士为知己者死"最能说明尊重的魅力所在。我们在生活中,都希望能够得到他人的尊重和认可。尊重他人,体现在你的语言、行为等方面。面对别人的失误报以一个善意的微笑,面对真诚的"对不起"报以一句"没关系",这些微小的细节都能使对方感受到来自你的最朴实的情感和人格被尊重。反之,自视高人一等,待人傲慢,不尊重别人,必定会伤害对方的自尊心,使其无法与你正常交往。因此,人格的平等是相互的,只有尊重他人,才能得到他人的尊重。

2.互惠吸引力包括情感的吸引

人生总有不可预知的艰难坎坷,当你面临自己难以解决的棘手问题或是正遭遇失败时,会希望有个人能带你远离这个困境。此时,如果平日交好的朋友都对你的境遇漠不关心,你会对对方大失所望,原有的亲密情感可能会淡下去。当我们不小心伤害了密友,正后悔莫及,担心对方不能再原谅自己的时候,对方却以宽容的心态告诉我们以后不要这样了,那么我们的关系就会更加亲密。我们在逆境中见真情,在宽容中赢得尊重,相互间传递的真实情感有助于加深双方的人际吸引。

3.互惠吸引力也包括物质的吸引

中国人崇尚"礼尚往来",从一个侧面反映出人与人之间物质交往的对等性。要增强自己的人际吸引力,必须在同他人交往时"礼尚往来",有来无往非礼也,尽可能使自己的付出不小于收益,让自己给他人带来更多的愉悦感。因此,欲取先予、知恩必报等都是互惠吸引力的体现。

三、提升人际吸引力的技巧

每一种人际关系都包含了喜欢(或不喜欢)的态度,事实上这一态度也影响着我们社会生活的每一个方面。就我们每个人来说,我们都希望自己在与他人的交往和互动中,不断地加强或保持自己的吸引力,问题是,要做到这一点,是否有普遍适合人类社会的共同法则呢?美国成功心理学家卡耐基在《人性的优点》一书中,介绍的在人际交往中可以增加或保持好感和吸引力的心理品质或人格特征如下:

(1)真诚地对别人感兴趣;

(2)尽力记住别人的名字;

(3)做一个好听众而不是演说家;

(4)谈别人感兴趣的话题;

(5)经常让别人感觉到他很重要;

(6)避免当面伤害别人的感情;

(7)有错要主动承认,争辩要有分寸;

(8)不要总显得自己比别人高明;

(9)多从别人的角度考虑问题。

能力训练

有一天,一个老师上课,发现两个学生在睡觉,他们都把书铺在自己的面前,结果老师把其中的一个差生叫起来批评说:"你看看人家(指着另一个睡觉的学生,平时学习成绩很优秀),人家睡觉还看书呢,你倒好,一看书就睡觉。"

思考:这位老师的处理方式所体现出的心理效应是什么?

【习题与思考】

1.人际交往的心理效应有哪些? 说明每个效应的特点。
2.试述人际吸引的规则。

专题3 秘书人际交往实务与谈判技巧

案例导入

在繁忙的都市企业中,李梅作为一家跨国公司的高级秘书,以其卓越的人际交往能力,成为了连接管理层与员工、公司与客户之间的重要桥梁。她的故事生动地诠释了秘书人际交往的独特魅力。

李梅深知,作为一名优秀的秘书,首要任务是成为高效的信息传递者。在一次部门会议上,面对团队成员间的分歧与争执,她没有急于表达自己的观点,而是耐心倾听各方意见,用笔记本详细记录下每个人的发言要点。会后,她凭借敏锐的洞察力和高度的概括能力,将各方意见进行整合,提出了一个既符合公司战略又兼顾各方利益的折中方案。这一举动不仅有效缓解了团队内部的矛盾,还赢得了大家的广泛赞誉,进一步巩固了她作为沟通桥梁的地位。

秘书工作繁琐而细致,李梅总能在细节之处体现出对他人的关怀。记得有一次,公司要接待一位重要的外国客户,李梅提前了解了客户的饮食偏好和文化习俗,亲自安排了一场融合双方特色的欢迎晚宴。她还特意准备了客户母语的欢迎词,让客户在异国他乡感受到了家的温暖。这份用心与细致,不仅让客户对合作充满了信心,也进一步提升了公司的国际形象。

在秘书的职业生涯中,难免会遇到一些突发状况。一次,公司年会前夕,原定的主持人因故无法到场,现场一片混乱。李梅临危不乱,迅速调整心态,凭借自己丰富的会议组织经验和流利的口才,临时担任了主持。她的从容不迫和机智应对,不仅成功挽救了年会,还赢得了满堂喝彩。这次经历再次证明了,优秀的秘书需要具备出色的沟通能力,也要有应对各种突发情况的灵活应变能力。

在李梅看来,秘书工作虽然看似琐碎,但实则蕴含着深厚的学问。她始终保持着对新知识、新技能的学习热情,不断提升自己的专业素养和综合能力。无论是参加高级秘书培训课程,还是自学管理学、心理学等相关知识,她都乐此不疲。这种持续学习的精神,让她在处理复杂人际关系时更加游刃有余,也为她在职场上赢得了更多的尊重和认可。

李梅的故事向我们展示了秘书人际交往的四大特点:善于倾听与理解、注重细节与关怀、具备灵活应变的能力和持续学习的精神。这些特点共同构成了秘书职业的独特魅力,也让我们看到了一个优秀秘书如何在人际交往中发挥不可替代的作用。

一、秘书人际交往的原则

秘书人员应该有适应自己职业特点的人际关系的准则,主要如下。

(一)真诚

中国自古崇尚以诚待人。曾国藩曾经给"诚"下过定义:一念不生是谓诚,故"诚于中",必能"形于外"。真诚在内心就是纯净无染,表现于外就是真实不虚、率真自然,如此则自然内心坦荡、正直无私。

真诚,是人际交往的基本原则和处事成败的关键;真诚,能化解人与人之间的对立与冲突,消融怨恨与不满,消除猜忌与误会。朋友之间的真诚是在患难中能相互扶持照顾,在学业、事业、生活等方面相互规谏劝勉,这种患难之交、道义之友才能显示出朋友之间真诚的可贵。

秘书在人际交往中,待人真诚而不虚假,必能得到同事或客户的信任和真诚的回报。处世过于世故,尔虞我诈,就难以得到对方的真诚相待。秘书经常要主动去解决实际问题,面对一些难以说服的对象,真诚待人,通常可以融化双方沟通的坚冰,拉近双方的心理距离,有利于开展人际交往。在工作中,在同事需要帮忙的情况下,尽己所能,认真履行自己的诺言;对没有办法达成的事情,不要轻易许诺。

真诚能够使我们广结善缘,懂得真诚待人的秘书才能在工作中游刃有余。

(二)谦虚

谦虚,也就是虚心,不刻意夸大自己的能力或价值。宋朝苏辙在《龙川别志》卷上指出:"上以谦虚为贤,下以傲诞为高。"谦虚,与骄傲相对应,自古就是一种美德。孔子是我国古代著名的大思想家、教育家,学识渊博,但从不自满。他周游列国时,在去晋国的路上,遇见一个七岁的孩子拦路,要他回答两个问题才让路。其一是:鹅的叫声为什么大?孔子答道:鹅的脖子长,所以叫声大。孩子说:青蛙的脖子很短,为什么叫声也很大呢?孔子无言以对。他惭愧地对学生说:"我不如他,他可以做我的老师啊!"孔子没有因为自

己是大家公认的博学者而自傲。毛泽东也说过：虚心使人进步,骄傲使人落后。

谦虚,就是要虚心听取不同意见,当然在充分尊重对方人格的前提下,也可以提出自己的见解以供对方参考。谦虚,就是不能自满自傲。否则,总以为自己的想法或做法就是最好的,听不见他人的忠告,遇事好为人师,会留给他人不稳重的印象,影响人际交往。谦虚,也是不自卑,不意味着事事都服从他人的意志,而失去了自己的判断力和行动力。

秘书的角色要求其必须具有谦虚的美德。在遇到问题时,秘书能够谦虚地向领导、同事,甚至是普通群众请教;在领导或同事提出自己工作或性格等方面的不足时,秘书不能因为自己工作取得了一定成绩就难以接受忠言;在工作取得成绩或奖励时,秘书要向帮助过自己的领导、同事表示感谢,因为一个人的工作总是和他人的工作分不开的。谦虚,更能体现个人魅力。

(三)尊重

尊重,既是自尊自爱,也是对他人的尊敬和敬重;尊重,就是既能正确地评价自己,又能正确地看待别人。秘书所处的人际交往环境较为复杂,他们不仅是领导的助手,也是办公室人员的同事,还要与来访的人员沟通交谈。因此,秘书必须首先正确认识自己的角色,面对领导时做到不卑不亢,保有自己的尊严;面对同事时,能有平和的心态,平等友好地建立良好的同事合作关系;特别是在下行交往时,不能有身份、地位高低贵贱之分,要尊重对方的人格,让对方感受到你的真诚。

尊重也体现在礼貌和礼仪上。秘书在公司或其他场合会见领导、上司、同事和客人时,服装整洁、装饰得体、表情自然;待人接物时,面带真诚的微笑,举止文雅;与人交谈时,用语得体、口齿清晰、语言温和;在不同的交际场合能自觉注重和遵守各种礼仪礼节;等等,这都是对对方尊重的体现。

尊重是相互的,秘书在人际交往中,能做到自尊自爱、尊重他人,就能增进交往双方的友情,获得对方的信任,激发彼此的责任感和工作的积极性。

知识链接

尊重的力量

在国外,一个颇有名望的富商在散步时,遇到一个瘦弱的摆地摊卖旧书的年轻人,他缩着身子在寒风中啃着发霉的面包。富商怜悯地将8美元塞到年轻人手中,头也不回地走了。没走多远,富商忽又返回,从地摊上捡了两本旧书,并说:"对不起,我忘了取书。其实,您和我一样也是商人!"两年后,富商应邀参加一个慈善募捐会时,一位年轻书商紧握着他的手,感激地说:"我一直以为我这一生只有摆摊乞讨的命运,直到你亲口对我说,

‘您和我一样都是商人’,这才使我树立了自尊和自信,从而创造了今天的业绩……"不难想象,没有那一句尊重鼓励的话,这位富商当初即使给年轻人再多钱,年轻人的人生也很难出现巨变,这就是尊重的力量!

(四)宽容

宽容是人和人之间交往的润滑剂。它和真诚、谦虚、尊重等品质一样,是衡量一个人气质涵养、道德水准的重要尺度。宽容是对对方的一种尊重、一种接受、一种爱心,有时候,宽容更是一种力量。

宽容本身也是一种沟通、一种美德。"水至清则无鱼,人至察则无徒",每个人都各有各的优点和缺点。秘书不应从个人好恶出发,苛求于人,不能容忍他人一点失误或缺点。秘书人员在人际交往中要对别人身上这样或那样的弱点或缺点予以宽容,设身处地地为对方着想,多给人一点同情和谅解。

(五)平等

平等是人和人之间的一种关系、人对人的一种态度。人和人之间的平等,不是指物质上的"相等"或"平均",而是在精神上互相理解、互相尊重,把对方当成和自己一样的人来看待。现代社会的进步,就是人和人之间从不平等走向平等的过程,是平等逐渐实现的过程。

秘书在与上级交往的过程中,要做到不卑不亢,不能因为上级在职位上高于自己而产生自卑心理,事事附和上级;秘书在与下级群众交往时,不能因职务高低对对方盛气凌人,一副高高在上的派头。媚上欺下,见风使舵,会让交往的对方感觉不到人格被尊重,在情感上产生不平等感,从而使对方认为你不值得交往。同样,秘书与普通同事之间也需要平等交往,互助合作,这不仅有利于秘书的身心健康,也有利于工作的开展。

秘书在公务交往中,常常要组织接待工作。虽然我们要注重人与人的人格平等,但是,在公务中也要从工作的实际出发,按照地位对等的原则进行接待,也就是按接待方的身份和地位,安排同样职务地位的人接待。公务交往与私人交往不同,交往双方都是代表企业集体进行交往,接待中,双方职务不对等也是对对方企业的不重视。因此,公务交往中对待交往的个人要遵守平等的原则,在体现集体形象时要实事求是,遵守职务对等的原则。

平等待人是人与人和谐相处的原则,对秘书人员来说,只有遵守平等交往的原则才能建立良好的人际关系。

二、秘书人际交往的类型

秘书的人际交往有着比较广泛的领域,从交往的性质来分,可分为公务交往和私人交往;从交往的对象来分,可分为上行交往、平行交往与下行交往。

(一)公务交往和私人交往

社会生活中,每个人都是多角色的集合体。秘书在人际关系中,也存在公务活动角色和私人活动角色。

公务活动角色是秘书在特定工作中扮演的角色,以公务交往方式开展的公务交往活动就属于公务交往,交往双方都以职业角色进行人际交往。在这种交往中,组织纪律、权力地位、角色分工体现得十分明确,要求秘书遵守职业活动规则,公事公办,一般较少带有私人的感情色彩。比如,秘书因日常办公室接待工作、文书的起草、文件档案的整理、各种会议活动的组织以及信访问题的处理等产生的交往属于公务交往。

秘书的私人交往是一种非公务的交往,交往活动带有明显的感情色彩。在交往活动中,双方不受组织纪律等的约束,情感交流占有很大的比例。一般情况下,凡是公务交往较频繁的人其私人交往也较多,公务交往较少的人则私人交往也相对少。秘书的私人交往也可以在公务活动中形成和发展起来,是在公务交往活动中双方默契合作的一种反映。和谐融洽的私人交往对于促进公务交往的顺利进行、提高公务交往活动的效率有较大的帮助。

因此,在各种人际交往活动中,交往双方投入相当的感情可以促进人们相互间的信任和沟通,有利于交往活动的顺利进行。但是,这并不是说,正常的公务交往只是秘书用来进行私人交易、拉私人关系的一种手段。秘书人员应该把握好公务交往与私人交往的尺度,让公务交往和私人交往健康发展。

(二)上行交往、平行交往与下行交往

秘书处于人际关系的中枢,从交往的对象来分,可分为上行交往、平行交往与下行交往。

上行交往是指秘书与本单位及上级有关部门的领导的交往活动。秘书的工作一般是对上司负责,就必须了解自己的上司在企业中的位置、负责的具体工作和工作理念,从而确定如何开展自己的秘书工作,这样才能真正辅助好上司,在工作中建立起深厚的默契。秘书与上司之间的关系,本质上是一种工作关系,而不是人身依附关系。因此,秘书在任何时候都必须牢记权力属于自己的上司,遇事要常请示领导,而不能自作主张。

平行交往,是指秘书之间的交往以及秘书与同级各部门同事之间的交往。秘书之间或秘书与同级部门同事之间的关系既是工作关系,更是友谊关系。秘书的工作存在着很大的协调性,需要其他同事协助完成,同事之间互相尊重、互相帮助、互相关心,建立良好的人际关系是非常重要的。同时,同事之间多少也存在着竞争和矛盾,加强沟通和了解,建立友谊关系也有利于矛盾的化解。

下行交往,是指秘书与一般群众及下级各部门人员的交往。下行交往时,秘书是以领导和领导部门的代言人出现的。秘书的形象就是公司的形象,因而秘书更应该转化自己的角色,做到热情待人、平等待人。

秘书工作角色性质决定了不同的交往方向、不同的交往对象、不同的交往内容以及不同的交往方式。秘书应该注意这种角色地位的变化及其对交往的影响,恰当地处理好各方面的关系,真正起到上情下达、下情上达的作用。

三、秘书人际交往中说和听的技巧

(一)秘书"说"的艺术

在日常生活中,在不同的情境下,该说什么、该怎么说都有不同的要求。那么,对于秘书来说,"说"得好与坏的标准又是什么呢?

1."说"的语言通俗易懂

秘书在人际交往中会使用书面语言、肢体语言,最常用的还是口头语言。秘书要与各方面的人交往,面对不同的对象说话时在语言上要有所区别。但是,相同的是要求"说"的语言通俗易懂。如果秘书咬文嚼字,或者采用一些意义含糊的简称等,都有可能让对方觉得摸不着头脑,为沟通设置了障碍。

2.掌握"说"的节奏

秘书的工作节奏比较快,手头可能同时要处理好几件工作。为了节省时间,提高工作效率,秘书在向上司反映情况或汇报工作时,总是希望快点把话说完,但是语速过快,通常不能让上司听懂其意思,也没有给对方在"听"的过程中对说话内容进行思考的时间。语速过快,不能掌握好说话的节奏,会让人产生你非常忙乱、缺乏条理性的认识。好好说,有节奏地说,才能更好地表达思想、交流意见。同时,这种节奏感,也会消除心情的急躁和激动,有助于缓解秘书紧张的工作情绪。

3.说话委婉

生活中我们常说,一句话可以伤人,一句话也可以暖人。作为秘书,无论是与公司内部员工沟通,还是与公司的外部客户沟通,都一定要注意说话的方式。特别是在工作中,领导的某个决议正在征求意见,如果你认为该决议有不妥之处,你就单刀直入地当众提出反对意见,但这很容易让领导觉得丢面子。尽管你的提议是对的,也会被驳回,甚至疏远与领导的关系。

每个人都有自尊心,如果你不注意说话的方式,就很容易伤对方的自尊心。秘书在遇到此类事情时,应该说话委婉,只提建议而不立马否决领导的决议,留给领导权衡利弊的时间,同时又保留领导的职务威信。但是,说话委婉并不是随意附和与撒谎,体现出的是秘书说话的艺术性。

4.会寒暄

每个人都处在不同的环境,也有着各自特殊的个性品质。作为秘书,要从实际情况出发,有察言观色、看人说话的素质。特别是对于并不太熟悉的同事或其他单位的来访人员,彼此缺乏了解,你如果一开口就谈工作,直截了当地告诉他你找他的目的是什么,那么,在对方缺乏心理准备或对你不是很了解的情况下,他不仅很难接受你的意见,而且

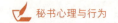

很有可能产生强烈的抗拒心理。因此,秘书在沟通时,必须说好第一句话,学会寒暄。

寒暄本身并不正面表达特定的意义,但它在沟通中是必不可少的,而且也是进入交际大门的通行证。寒暄不一定具有实质性内容,而且可长可短,需要因人、因时、因地而异,同时具有简洁、友好与尊重的特征。寒暄是为了找到对方感兴趣的共同话题。比如,夸对方工作的业绩,并请教成功的方法,或者赞美对方时尚的饰品和得体的装扮等,对方就有可能在不知不觉中被你吸引过来。通过寒暄的话题营造出融洽的气氛,有助于将话题转到正题上来,增进沟通。

寒暄也要注意语言的分寸,说什么和说到怎样的程度,都要实事求是,视交往对象和交际目的而定。误将对方忌讳的事情当作寒暄的话题,会使人怀疑你的动机,提高对你的警惕性,严重的还会引发误会,造成难以收拾的后果。

5. 看对方的眼睛"说"

说话时看着对方的眼睛,这是人际交流的基本礼节。说话的时候目光游移、东张西望,是一种缺少涵养的表现,也会导致对方怀疑你心虚、没有交往的诚意、听得不耐心或者在撒谎。但是,说话时,死盯着对方同样也是不礼貌的行为,会使对方感到压力、敌意和抗拒,对说话者避而远之。

(二)秘书"听"的学问

与会"说"相比,会"听"也是秘书必须具备的能力。会"听"有时比会"说"更难,因为不仅要熟悉对方"说"的习惯,而且还要能听出对方说话的言外之意。所以说,要想"听"好还要注意三到:耳到、眼到、心到。

1. "听"对方说完

语言是思维的物质形式。说话时,外在的声音干扰会影响说话人的思维过程。因此,"听"对方说话,不要在中途轻易打断对方,应该"听"他把话说完。

在接受上司指示或是与一般的客人谈话的时候,秘书一定要让对方把话全部说完,中途插话不但会引起对方的反感情绪,而且还可能会因理解错误造成难以弥补的误会。如果你对别人说话有疑问,也不要急于提问,可以先把疑问记在纸上,待对方说完之后,再把自己的问题一条一条地提出来,而且提问不能提得太急,要给对方反应的时间。

知识链接

你真的听懂了他说的意思了吗?

一天,美国知名主持人林克莱特访问一名小朋友,问他说:"你长大后想要当什么呀?"小朋友天真地回答:"嗯……我要当飞机的驾驶员!"林克莱特接着问:"如果有一天,你的飞机飞到太平洋上空所有引擎都熄火了,你会怎么办?"小朋友想了想,说:"我会先告诉坐在飞机上的人要绑好安全带,然后挂上我的降落伞跳出去。"当在现场的观众笑得东倒西歪时,林克莱特继续注视着这孩子,想看他是不是自作聪明的家伙。没想到,接着孩子的两行热泪夺眶而出,这才使林克莱特发觉这孩子的悲悯之情远非笔墨所能形容。于是林克莱特问他说:"为什么要这么做?"小孩的答案透露出一个孩子真挚的想法:"我要去拿燃料,我还要回来!"

2.集中精神"听"

秘书工作节奏比较快,当他人到你办公室来谈工作时,你因为赶时间,一边整理文件,一边贴日程表,一边接电话,会让对方感觉你很忙,没时间好好听他说话,而在敷衍他。所以,对方在与你说话时,你一定要集中精神与对方交流,并做出简单的回应。如果工作实在很紧迫,也要立即向对方说明原因,另约合适的时间来商谈。同时,在听对方讲话时,秘书身子稍稍前倾,更能够体现你对对方说话的兴趣和关注。

3.复述"听"的要点

在听完上司的指示或是来访客人介绍的情况后,秘书最好用自己的话把听的内容和大意复述一遍,让对方确认理解得是否正确。对于听到的一些时间、地点、数据等信息,一定要复述确认,以免出现差错。

有时候,秘书在认真听的情况下,还是没有听明白,此时需要再听一遍。如果秘书害怕上司的责备,不敢要求听第二遍,对话语领会得不准确,就会影响工作的开展,对一些关键话语不清楚,还会造成工作上的失误。所以,秘书要认真听,也要通过复述确认"听"的要点。

能力训练

请思考:秘书在听的过程中犯了什么错误?应该怎样做?

领导对秘书说:"赶紧给我提桶水来!"秘书也没问,马上遵照执行。秘书边跑边想:水龙头在哪?水桶在哪?他终于想到不远处的食堂有水桶,他盘算着:先拿桶,然后到最近的水龙头打水,这样最省力。回头一看,不得了!房子起火了。这时这位秘书才领悟到,原来,当时领导发觉了火警,马上让他提水来灭火。秘书非常后悔,早知如此何不拿着脸盆到隔壁卫生间去取水呢!

4.有辅助语言的"听"

一方在说话时,特别是在阐述自己的观点时,需要考虑对方的反应。面部保持自然的微笑,恰如其分地点头,都在提醒说话的一方:我在认真听,我很赞同你的观点,或者你的话很有吸引力等。这会让对方更有表达欲,认为你值得交流。如果对方说话时,你毫无表情,一声不吭,对方就会怀疑你是否愿意听他说话,或是自己说的内容是否有问题等。所以,当对方说话时,有辅助语言的"听",会让双方有继续交流、深入交流的意愿,增进人际交往。

5.看着对方的眼睛"听"

目光交流也是人与人之间交流的一种方式。我们在说话的时候要看着对方的眼睛"说",那么,在听别人说话的时候,我们也应该看着对方的眼睛"听"。在对方说话时,目光呆滞或者东张西望,都是心不在焉的表现。如果你不断地看着他的眼睛,对方就会自然而然地产生一种亲近感。

"说"和"听"是一门艺术,秘书人员做到会"说"和会"听",工作起来也就更加地得心应手。

四、秘书人际交往的艺术

(一)优化形象

"人不可貌相,海水不可斗量",一个人的外貌并不能代表他的全部个人品质。但是,外在形象却是人与人交往时最容易形成的初步印象,也就是第一印象。日常生活中,我们遇到节日或是对自己特别的日子,都会精心装扮一番,让自己更漂亮、更自信、更有吸引力。秘书也是一样。秘书很多时候是与职位较高的领导者打交道,或是作为领导的代言人出席某些正式场合,良好的衣着打扮和形象气质也是企业的一张名片,会给对方留下作风干练、态度严谨的印象。

秘书经常要接待客人,而客人对你的"印象"基本就取决于他第一次与你打交道时的感觉。虽然在以后的接触过程中,这种印象可能会有所改变,但第一印象是最深的。如果你给他的第一印象不好,以后要再弥补往往很困难,因为不管你怎么努力,客人多少会对你带有一种"先入为主"的成见。

(二)与人为善

金无足赤,人无完人。公司里每个人身上都有这样或那样的缺点和毛病,在与同事或上司的人际交往中,出现一些误会和矛盾是难免的。遇到一点误会或发生一点矛盾,会马上对同事失去信心,甚至怀疑对方的人品,揣测对方有不良企图或用心,于是在交往中处处小心提防,甚至是在误解的情况下决定以牙还牙,那么,双方的关系就会变得很微妙——两个人互相防备、绷紧了神经的人怎么能友好和睦地相处呢?因此,作为秘书一定要与人为善,站在公正客观的立场,不去曲解他人,不去过多揣测他人,与同事出现了误会或者产生了矛盾时,能够主动迈出一步,想办法化解误会或者矛盾。与人为善,才会获得更多的信赖和亲密的人际关系;与人为善,才能营造愉快的工作氛围。

(三)主动交往

人与人的交往,需要有一方率先打破交往的壁垒。比如,隔壁新搬来的邻居,双方在上下班时偶尔会在楼梯口遇到,大家彼此都眼熟,但是谁也没有理会谁。日复一日,年复一年,谁也不愿意多说一句,最多只能做个熟悉的陌生人了。但是,如果有一天,一方先开口问了声"你好",双方的距离就拉近了,你来我往,隔壁的邻居就变成了互帮互助的好朋友。

秘书要善于主动交往,这样不仅可以多交朋友,而且在交友过程中可以增长见识,学到很多人生经验。同时,秘书主动交往,也有助于建立起自己的人脉,有意识地发展与对方的亲密关系,逐渐培养友谊,从而有助于自己工作的开展。

(四)距离适当

一位心理学家做过这样一个实验:在一个刚刚开门的大阅览室里,当里面只有一位读者时,心理学家就进去拿椅子坐在他或她的旁边。实验进行了80次。结果证明,在一个只有两位读者的空旷的阅览室里,没有一个被试者能够忍受一个陌生人紧挨自己坐下。在心理学家坐在他们身边后,被试者不知道这是在做实验,更多的人很快就默默地远离,到别处坐下,有人则干脆明确表示:"你想干什么?"美国人类学家爱德华·霍尔博士划分了四种区域或距离,各种距离都与对方的关系相对应。

1.亲密距离

这是人际交往中的最小间隔或无间隔,即我们常说的"亲密无间",其近范围在6英寸(约15厘米)之内,彼此间可能肌肤相触,以至于相互能感受到对方的体温、气味和气息。

2.个人距离

这是在人际交往间隔上稍有分寸感的距离,直接的身体接触较少。其近范围为1.5~2.5英尺(约46~76厘米),正好能相互亲切握手,友好交谈。

3.社交距离

这已超出了亲密或熟人的人际关系间隔,而是体现出一种社交性或礼节上的较正式关系。其近范围为4~7英尺(约1.2~2.1米),一般在工作环境和社交聚会中,人们都保持这种程度的距离。

4.公众距离

这是公开演说时演说者与听众所保持的距离。其近范围为12~25英尺(约3.7~7.6米),远范围在25英尺之外。这是一个几乎能容纳一切人的"门户开放"的空间,由于相互之间未必发生一定联系,人们完全可以对处于空间的其他人"视而不见"。

人际交往的空间距离不是固定不变的,它具有一定的伸缩性,这取决于具体情境以及交谈双方的关系、社会地位、文化背景、性格特征、心境等。秘书需要了解交往中人们所需的自我空间及适当的交往距离,才能有意识地选择与人交往的最佳距离。而且,通过空间距离的信息,还可以很好地了解一个人的实际社会地位、性格以及人们之间的相互关系,更好地进行人际交往。

(五)换位思考

作为秘书,一定要养成换位思考的习惯。所谓换位思考,就是站在对方的立场上来

考虑问题,了解对方的感受和要求。换位思考的最大好处就是你能理解对方所处的实际情况,让对方觉得自己的自尊心得到了尊重。很多人都是这样,一旦觉得自己的自尊心受到了伤害,他就不会跟你讲道理,甚至变得胡搅蛮缠。相反,如果他觉得自己得到了应有的尊重,那他就讲理,并且常常在不知不觉中改变了立场。所以,换位思考在建立和谐的人际关系过程中有"不战而屈人之兵"的功效。

五、秘书工作中冲突解决的有效方式

在现代职场中,秘书作为连接管理层与员工、客户之间的重要纽带,常常处于各种矛盾和冲突的前沿。如何高效地解决这些冲突,不仅关系到团队氛围的和谐,也直接影响到工作效率和企业的整体形象。秘书在解决工作中的冲突时,需要综合运用多种策略和方法。

(一)理解冲突的本质

首先,要认识到冲突并非全然是负面的。它可能源于不同的意见、价值观、工作习惯或目标上的差异。秘书需要具备一定的洞察力,能够从表面现象中识别出冲突的根源。通过深入理解冲突的本质,可以为寻找解决方案奠定基础。

(二)保持中立与客观

作为冲突双方的中介者,秘书应保持中立和客观的态度。避免偏袒任何一方,以免加剧冲突。通过倾听各方的观点和需求,秘书可以更全面地了解问题,并在此基础上提出公正合理的建议。

(三)沟通技巧的运用

有效的沟通是解决冲突的关键。秘书应掌握一些基本的沟通技巧,如积极倾听、非言语沟通的理解、同理心的表达等。建立良好的沟通渠道,可以帮助冲突双方更好地理解彼此的立场和感受,从而寻找共同点。

(四)寻求共赢的解决方案

在处理冲突时,秘书应努力寻找能够满足各方利益的解决方案。这意味着需要创造性地思考,有时甚至需要引导冲突双方做出一定的妥协。共赢的解决方案有助于增强团队合作精神,促进长期的工作关系。

(六)强化团队建设

长期的冲突往往源于团队内部的问题。秘书可以通过组织团队建设活动来增强成员间的相互理解和信任。一个团结协作的团队更能有效预防和解决冲突。

(七)适时求助于上级或专业人士

当冲突超出个人能力范围时,秘书应及时向上级汇报情况,或者寻求人力资源部门

及专业顾问的帮助。专业的第三方介入往往能提供新的视角和解决方案,有助于快速平息冲突。

六、秘书谈判技巧

在现代商务活动中,秘书作为企业内外沟通的桥梁,常常需要参与谈判过程。他们虽非决策者,但出色的谈判技巧却能为企业争取到更有利的条件和结果。秘书在谈判中需要具备出色的沟通、协调和应变能力,以及高度的职业素养和敬业精神。通过精心筹备、开场布局、倾听表达、灵活应变、达成协议和总结反思等环节的不断锤炼与实践,相信每位秘书都能成为谈判场上的佼佼者,为企业的发展贡献自己的力量。

(一)精心筹备,奠定胜局基础

谈判前的准备是决定成败的关键。秘书需深入调研,了解对手的背景、需求及底线,同时明确我方目标与底线。收集相关信息,如市场趋势、行业标准等,为谈判提供有力支持。制订详尽的谈判计划,包括议程安排、策略选择及应急预案设计,确保谈判有序进行。此外,还需做好物资与人员准备,确保谈判现场一切就绪。

(二)开场布局,营造有利氛围

良好的开始是成功的一半。秘书应以热情而专业的态度迎接对方,通过寒暄拉近彼此距离,营造友好氛围。简明扼要地介绍我方团队及目的,使对方快速了解我方意图。在开场陈述中,清晰阐述我方立场与观点,为后续讨论奠定基调。同时,注意观察对方反应,灵活调整策略。

(三)倾听表达,洞察对方意图

倾听是获取信息的重要途径。秘书需全神贯注地听取对方发言,理解其观点与需求,并及时记录关键信息。通过提问澄清疑义,展示我方关注与重视。在表达时,秘书应逻辑清晰、条理分明地阐述我方立场与建议,避免使用含糊其辞的语言。同时,注重情感交流,以情动人,增强说服力。

(四)灵活应变,掌控谈判节奏

谈判过程中充满变数,秘书需具备高度的应变能力。面对突发情况,应保持冷静,迅速分析形势,调整策略。利用谈判技巧如让步、妥协等来平衡双方利益,推动谈判进程。同时,善于运用沉默与暂停等策略来给对方施加压力或缓解紧张气氛。通过掌控谈判节奏,引导对方朝着有利于我方的方向发展。

(五)达成协议,实现共赢目标

谈判的最终目的是达成协议。在达成协议前,秘书需仔细核对谈判内容,确保无遗漏或错误。明确双方的权利与义务及违约责任等条款。在协议达成后,及时整理会议纪要并发送给双方确认无误后签字盖章。同时树立长期合作关系意识,为未来的合作奠定坚实基础。

(六)总结反思,提升未来表现

谈判结束后的总结反思同样重要。秘书应对本次谈判过程进行全面回顾与总结,并分析成功与失败的原因,总结经验教训。通过反思不断提升自己的谈判技巧与能力水平。同时将所学知识与经验分享给团队成员,共同进步,为企业创造更多价值。

能力训练

心理素质训练:"说"和"听"的训练

秘书小灵的上司是财务部总经理周明。这天上午十点左右,周经理对小灵说:"我现在要去趟银行办点私事,估计个把小时回来。"他刚走,公司负责投资的副总裁刘总打来电话找周经理,说有几个财务数据要请他确认一下。小灵告诉刘总,周经理去银行办点私事去了,并问刘总周经理回来后是否可以马上与他联系。

请同学们以四人小组的形式,分析这个案例,你认为小灵的说法对吗? 如果你是小灵的话,你会怎么说呢?

小组讨论时,一人发言,其他三人记录观点。四人轮流发言后,分别综述观点。经过交流,分享"说"和"听"的经验。

心理素质训练:换位思考的训练

公司效益不好,同事A被裁员。办公室主任不想做这个恶人,让W去通知A被裁这件事。W对A说:"别难过,下岗没什么了不起,天不会塌下来,更何况这次下岗又不止你一个人。"但是,话一出来,A反应非常强烈,可以说是悲愤交加,指责W站着说话不腰痛,落井下石。W的一番好意却没能安慰A。

请同学们分组讨论分析这个案例:A为什么对W的话反应非常强烈? 如果你是W的话,你会怎么说呢?

【习题与思考】

1.举例说明秘书人际交往的原则。

2.举例说明秘书在人际交往中"说"和"听"的技巧。

3.举例说明秘书的谈判技巧。

模块七
秘书与领导的关系

知识目标：

• 掌握秘书与领导关系的社会属性。

• 掌握秘书与领导关系的实质。

• 掌握秘书与领导的相互影响。

能力目标：

• 掌握秘书与领导相处的基本原则。

• 理解、掌握有效处理秘书与领导关系的要点。

• 掌握请示、汇报工作的有效方式。

素质目标：

• 深刻理解秘书与领导关系的处理技巧，进而在实际工作中发挥积极作用。

专题 1　秘书与领导关系的正确认知

案例导入

某公司的高级秘书张帅，面对的是公司CEO王总，一位业界闻名的战略高手。王总工作效率高，决策迅速，但同时他也是一个对细节要求极为严格的人。张帅知道，要与王总形成良好的工作配合，首先需要做到的就是精准地掌握王总的工作习惯和偏好。

在工作中，张帅总是提前为王总布置好会议室，准备好会议资料，并确保所有设备运转正常。他知道，这些看似微不足道的细节，实则关系到王总对会议流畅度的要求。张帅的这种细心和周到，让王总能够在不受外界干扰的情况下，全身心投入到工作中。

然而，秘书与领导的关系并非一成不变。一次，公司面临重大决策，王总希望听取更多不同的声音。张帅意识到这是一个展现自己专业能力的时机。他不仅仔细整理了各部门的意见，还主动联系了外部专家，组织了一个小型的研讨会。他的这一举动，不仅为王总提供了全面的信息，也展示了自己作为秘书的主动性和创新性。

秘书与领导之间的信任是相互的。有一次，王总因私事需要紧急出差，而手头的工作又不能耽搁。在这关键时刻，张帅挺身而出，主动承担起王总的工作职责。他不仅及时处理了日常事务，还代表王总出席了几场重要会议。当王总回到公司时，一切井然有序，这极大地增强了王总对张帅的信任。

最终，张帅凭借自己的专业能力和人际交往技巧，不仅成为了王总不可或缺的左膀右臂，也在公司中树立起了秘书的典范形象。他的故事告诉我们，秘书与领导之间良好关系的维护，不仅需要专业知识和技能的支持，更需要智慧的运用和耐心的积累。

通过这个案例，我们可以看到，秘书与领导之间的关系处理是一门艺术。它需要秘书具备高度的职业素养、敏锐的洞察力以及卓越的执行力。在这样的关系中，秘书不仅是领导的助手，更是领导的伙伴，共同推动着企业的发展和进步。

一、秘书与领导的关系

在组织运行中，秘书与领导的关系不仅仅是简单的上下级关系，更是一种协同工作的关系。秘书是领导的得力助手，他们的工作直接影响到领导的决策和工作效率。因此，秘书与领导的关系需要建立在相互尊重、理解和信任的基础上。

（一）秘书与领导关系的社会属性

秘书与领导之间的关系是二者在社会生活和工作中所形成的一种相互依存、相互制约、相互发展的关系，是建立在共同的事业、目标基础之上的一种立体的、多层面的关系。

他们的基本关系有鲜明的社会属性。

1.社会角色上的从属关系

从历史渊源的角度看,秘书产生于领导之后,秘书与领导在社会角色上具有从属关系。自出现共同生活和劳动的群体社会组织以来,人类中就产生了领导者。当时,由于管理活动简单,还没有产生辅助管理的秘书人员。传说中的黄帝、尧、舜、禹、汤是部落联盟的首领。他们管理的中央事务已超出狭小的氏族乃至部落的范围,需要从社会中分离出一些专门的管理人员从事或协助进行管理活动。据《尚书·尧典》载:虞舜曾任命一个叫"龙"的人"作纳言",要他"夙夜出纳朕命"。这说明虞舜身边的"龙"作"纳言",起上传下达的作用,是上古时期产生的最初的秘书人员。

到了夏朝,中国建立第一个奴隶制国家,凌驾于社会之上的从中央到地方的国家管理机构开始逐步建立。那时秘书工作机构还没有明确建制,但国家秘书工作的鼻祖——史官已正式出现。夏朝设内史、左史、右史、太史、秩宗等,都是承担着类似秘书的工作,如代夏王草拟诏令、记载国事、管理典籍、执掌祭祀等。承担秘书工作的史官的总管是太史令,辅佐夏王处理政务要事、传授旨意、策命诸侯卿大夫等。到了商朝末期,我国最早的中央秘书工作机构产生,称太史寮,承担着拟制、处理公文,组织祭祖典礼等政务。在以后各朝代,秘书工作机构的名称变化频繁,其职能随着时代的发展有所演变和调整。1911年辛亥革命后进入民国时期,国家机关才正式设置了名实相符的秘书处,即以"秘书"冠名的秘书工作机构。

上述历史事实说明,一开始秘书的社会角色就是为领导工作服务的。秘书应领导的需要而诞生,从属于领导工作。

2.管理工作上的主辅关系

从社会管理工作的角度看,领导是权力主体,起决策和控制作用,秘书是助手和参谋,起辅助作用,他们存在着主辅关系。列宁指出,国家一直是从社会中分化出来的一种机构,一直由一批专门从事管理或主要从事管理的人组成。人被划分为被管理者和专门的管理者,后者居于社会之上,被称为统治者,也被称为国家代表。我国是社会主义国家,实行的是人民代表大会制度。全国人民代表大会是我国的最高国家权力机关,由它选举或决定中央军事和行政等方面的国家机关领导人员。从历史上看,无论是剥削阶级掌权的国家还是社会主义国家,都设置了秘书工作机构。这些秘书工作机构都是国家机关内设的办事机构,作为各类国家机关的辅助机构而存在。

从组织的角度讲,辅助关系具有如下几层意思:一是秘书工作机构本质上具有"补助"特性,即辅助性;二是在行政体系中,领导者是行政权力主体,拥有"决定权",秘书只对决策的制定和执行起辅助作用;三是秘书人员只有在依据法律规定或者获得领导授权的前提下,才能够代行部分领导权力,不能超出所被赋予的权限范围而出现越权、越位的情况。由此可见,在任何社会组织的管理活动中,普遍存在着领导与秘书的主辅关系。

知识链接

秘书权力的"膨胀—回位—再膨胀—再回位"现象

在不同社会制度下,都发生过秘书和秘书机构擅权以致"专政"的现象,尤其是在我国封建社会时期,这种现象反复出现,形成了秘书权力"膨胀—回位—再膨胀—再回位"这样循环往复的带规律性的现象。最早揭示这一规律性现象的是秘书学研究的先行者李欣,他指出,在封建专制条件下,由于皇帝要依赖秘书官吏才能发号施令、体现皇权,又由于秘书官员要倚仗皇帝的信任才能满足权欲,加上他们处在统治层的圈内,这样就产生了一个效应,一种历史现象:皇朝的秘书和近侍官员的职权膨胀循环。其基本规律是:由一般秘书性职权逐渐扩权膨胀,每次膨胀到极峰就回位,每一次回位总是以变革机构来完成。秘书官员和近侍官员的职权膨胀,就意味着皇权的分散,而秘书和近侍官员的擅权,总是仗势而行。例如,秦朝一统天下,建立了我国第一个封建集权国家,设立丞相府作为辅助秦始皇处理日常事务的秘书机构。汉承秦制,开始也以丞相府作为中央秘书机构。但其机构逐渐扩大,权力膨胀,拥有决策权。汉武帝时,为加强皇权,便分散、削弱丞相府的权力,使之转化为中央行政事务机构;同时另行建立小规模的尚书署,协助其办理文书、传达诏令等秘书事务。到东汉,尚书署扩大为尚书台,成为拥有"出纳王命,为王喉舌""主赞奏事,总领纪纲"等职能的权力机构。为此,东汉末年曹操又将尚书台转化为中央政务机构,以自己身边的幕僚为秘书令,下隶秘书左、右丞,负责拟制和处理文书。曹丕称帝建魏后,改秘书令为中书令,组建中书省为中央秘书机构。魏晋南北朝时期,中书省职权横行膨胀,皇帝为分散其权力,增设了门下省、尚书省,使之互相牵制。到唐朝,"三省"扩展为政务机构,皇帝另行起用翰林学士为机要秘书,后发展为翰林学士院。明朝,翰林学士组成内阁,作为皇帝的秘书机构。清初,内阁又蜕变为"赞理机务、表率百寮"的庞大政务机构。于是清王朝又先后另行组建新的南书房、军机处等新的秘书机构。这种延续两千多年的秘书权力"膨胀回位"的周期性现象表明:秘书机构不能喧宾夺主,侵犯和代替皇权,成为权力机关、决策机关,否则封建皇上就要采取削弱、解体、转化或重组等办法,使秘书机构回归到辅助机构的本位上来。由此可见,领导与秘书之间的权力主体与辅助的关系是客观存在的,人们企图改变它,只能成功于一时,最终要回位,还其本来面目。

3.组织上的服从关系

从组织系统的角度看,秘书与领导、秘书机构与领导机构处于同一组织系统之中,领导是上级、秘书是下级,存在着指挥与服从的关系。当然,虽然这种关系普遍存在于任何社会组织系统之中,但是秘书处于领导近身,直接听其指挥为其服务,实现某种领导目标,因而这种组织上的下对上的服从关系具有特殊性。

秘书与领导关系的社会属性是指社会角色上的从属关系、管理工作上的主辅关系、组织上的服从关系。这三重关系是互相联系、互相制约的。最能体现秘书与领导关系本质特征的是管理工作上的主辅关系。在组织关系中,秘书作为领导的下级,在合理合法的前提下,通常需要服从上级的工作安排和指令。从社会属性看,秘书与领导之间的三重关系紧密相连,共同构成了二者关系的本质内涵,反映了一定的规律性,人们只能认识和适应这种关系,但不能改变它。

(二)正确认识秘书与领导关系的意义

正确认识秘书与领导的关系是秘书开展各项工作的前提,它直接影响秘书工作效能的发挥。秘书人员只有对二者关系有一个科学的、正确的认识,才能增强独立意识、提高参与意识、树立创新意识,从而提高秘书工作的积极性。

1.增强秘书工作的独立意识

独立意识是指作为社会成员的个体存在的意识。秘书人员的独立意识也就是要求社会确认其在社会分工中的实际价值,即所处的地位和所起的作用。正确认识秘书与领导的关系可以帮助秘书人员摒弃迂腐的价值依附论,时刻感到自身所肩负的责任、所拥有的权利和应承担的义务,以独立自主、积极进取的心态更好地发挥主观能动性。秘书工作虽然具有很强的服从性、服务性特点,但秘书人员作为有独立人格和独立思维能力的个体,应该锻炼和培养自己独立思考和独当一面的能力,具有较强的主动性和能动性。

2.提高秘书工作的参与意识

参与意识是指秘书人员将自己的聪明才智融入领导者的意图、决策过程中的意识。通过积极地、适度地参与,秘书人员的个人价值就能部分地或全部地转化为社会价值,比一般管理人员发挥出更大的作用。对秘书与领导关系的正确认识可以增强秘书人员的责任感和使命感,使其不仅仅满足于为领导服务、对领导负责,还时时意识到自己的工作是全局性活动的一部分,从而克服"不在其位,不谋其政"的消极观念,积极主动地参与领导的工作,为领导决策提供科学的预测、合理的评估。

3.树立秘书工作的创新意识

秘书工作固然是服务性的,但从秘书人员与领导者之间的正确关系来看,这并不意味着秘书人员对领导者唯命是从、机械服务。秘书在日常工作中,不仅应该正确领会领导意图,更应该解放思想,坚持创新求变,充分发挥自己的判断力、分析力、想象力,及时发现并弥补领导思想盲区,帮助领导打开思路、激活思想,在规范的角色位置上塑造自我,变被动服务为主动服务,把辅助作用发挥得更好。

(三)秘书与领导关系的实质①

秘书与领导的关系是最为复杂、最为微妙的一种人际关系。它不仅存在着领导与被

① 刘利利.浅论秘书与领导的关系[J].内江科技,2007,28(8):74,102.

领导、服务与被服务的工作关系,而且也交织着人与人之间在思想、知识、情感等方面的交往关系。

1.人格地位上的平等关系

领导与秘书都是国家的公民,都享有宪法规定的平等权利和履行同等的义务。秘书与领导的关系,无论是领导任用秘书,还是秘书服务于领导,都不能违背公民的基本权利、不履行应尽的义务;否则,秘书和领导就会出现不正常的关系。例如,若把领导与秘书工作上的上下级关系搞成人身依附关系,或领导将其秘书视为仆人,不尊重其人格和人身自由,秘书将其领导视为主人,把向人民负责、向组织负责、向领导负责的一致性,变为对领导个人负责,无论是否违纪违法,都唯命是从。这种人身依附关系,不仅不利于工作和事业的发展,而且极有可能酿成大错,走向反面,造成极大的危害和损失。因此不管是领导还是秘书,都要尊重对方基本的公民权利,都要自觉帮助对方履行公民的义务,都要自觉抵制违法违纪的行为。

2.实现工作目标中的同事关系

领导与秘书在事业发展目标上应该是一致的,在各项任务目标上,也应该是一致的。为了实现共同的目标,领导与秘书是合作共事的同事,必须密切配合。领导应帮助秘书认清事业发展目标,明确工作任务,并给予及时有效的指导和各项帮助,使秘书能够尽职尽责,努力工作;对于秘书而言,要辅助领导确定事业目标,并为领导提供综合性的服务,当好助手和参谋。在工作的事业目标方面,如果领导个人的事业目标违背社会公众利益和国家的法律法规,秘书必须及时加以劝说。若领导一意孤行,对国家或人民造成了损害,秘书要履行检举揭发的公民义务,否则就会成为领导不法行为的合伙人。如果秘书个人的事业目标违法违纪,领导要及时加以教育和制止,必要时给予严厉的处分,防止出现严重的错误并造成严重的危害。

3.工作职能上的主辅关系

从职能的角度说,领导与秘书的关系是领导与被领导、主导与辅助、决策与参谋的关系。在工作实践中,领导是上级,处于主导地位;秘书是下级,处于辅助地位。秘书工作往往是领导工作的延伸。领导和秘书关系和谐,配合默契,对领导工作和秘书工作都是极为有利的。

秘书和领导都要正确认识到这种工作职能上的主辅关系,防止在工作现实中出现以下的问题:

(1)主辅脱节。领导不了解秘书,也不去指导秘书,只要秘书听话办事就行;而秘书不了解领导,不主动领会领导意图,不主动进行工作,只是被动应付。这种情况,不论是对于秘书工作还是对于领导工作都是极为不利的。

(2)主辅错位。有的领导能力低下,对权力欲强、有野心的秘书言听计从,自己变为傀儡,而秘书并无职掌权,导致秘书越权行事;有的领导没有科学的工作方法,事无大小,亲力亲为,使得秘书无所事事,无所作为。

（3）主辅不分。领导与秘书的关系已经远远超过工作关系，关系过于密切成为小团体，遇到事情先考虑自己小团体的利益而不是组织的利益。这种关系是极为有害的。

4.工作合作中的互补关系

秘书人员和领导者之间存在一个全方位的互补关系。

（1）职能互补。领导的主要职能是决策。现代化大生产所面临的决策问题，大多具有规模庞大、结构复杂、功能综合、因素众多等特点，需要各级管理人员参与进去，其中秘书人员的重要作用不可忽视。当然，秘书人员在发挥作用时更多的是接受领导的指引或委托，这样就形成了职能互补状态。

（2）职责互补。领导如事必躬亲，则必然陷入忙乱的事务之中，导致管理工作的低效率。一个称职的领导应该灵活适度地掌握授权艺术。秘书在被授权处理日常事务或在某些特定时期代表领导行使一部分权力时，既要敢于直面众怒，为领导"挡驾"，又要能甘受委屈代"人"受过。另一方面，秘书人员独当一面或接受领导指示开展工作、出现一些失误或损失时，领导应为秘书承担一部分责任。这样做有利于秘书人员的成长，提高其工作能力和水平。

（3）知识结构互补。年轻秘书人员接受新的管理知识的能力较强，有时间和机会系统学习和掌握现代化管理方法和手段，而领导可能很难系统地更新知识。因此，秘书可以在这方面弥补领导者的不足。同时，领导长期积累的成熟实践经验和处理公共关系等才干，能有效帮助秘书全面看待问题、分析问题，尽快丰富实际工作经验，进行能力储备。

（4）思维方式互补。领导有领导活动的职业重复性，一方面使其形成了深思熟虑、善于权衡利弊的思考习惯，在认识、处理问题时具有很强的全局观，秘书人员借此可以弥补自己的不足之处。另一方面，领导对情况掌握不准，或受过多、过滥的信息干扰时，秘书人员就可以用广泛调查研究得到的结论规谏领导者改变思维定势，纠正偏差。

5.工作沟通上的双向关系

领导与秘书工作沟通，既有领导对秘书的指示、指导，又有秘书对领导的请示、汇报；既有领导向秘书了解情况、征求意见和建议，又有秘书向领导主动参谋、提供可行方案。只有建立和保持这种双向沟通关系，领导与秘书的主辅配合才能有效；只有加强这种双向沟通，才能使领导与秘书的主辅配合逐渐达到配合默契的程度。

在领导与秘书沟通中，要防止出现以下问题：①领导与秘书之间没有沟通或者缺乏沟通。②有时只有秘书的请示汇报，缺乏领导的及时明确的指示；有时只有领导的指示、命令，秘书不能认真倾听执行并反馈情况；有的领导只要秘书汇报工作，不愿意听秘书的意见或建议等。③领导讲大话、空话，就是不讲实话；秘书报喜不报忧，只为讨得领导欢心。

6.工作绩效上的一体关系

领导与秘书在工作绩效上是紧密联系在一起的。秘书不管是办理事务还是参谋辅助，不管是办文还是办会，都是为领导工作服务。秘书工作的绩效，蕴含在领导工作的绩效之中。领导与秘书的共同绩效,取决于两者相互配合的有效程度。因此,领导对秘书指导有方,促进秘书提高工作绩效,实际上也是在提高领导的工作绩效;秘书立足本职提供有效的辅助,促进领导工作绩效的提升,同样也是在提高自身的工作绩效。

领导与秘书工作绩效上的一体关系,如果处理不当,会导致以下问题:

(1)秘书的压抑感。领导得到秘书的有效辅助,取得了显著成绩和荣誉后,秘书因默默无闻而感到失落和压抑,这种压抑感必然会影响秘书的工作热情。

(2)秘书的表现欲。秘书出于对领导的羡慕,而处处表现自己、摆功劳,希望得到领导的赏识。这种表现欲是有害的,会影响秘书与领导的关系及与同事的关系。

(3)领导的优越感或特权感。领导认为自己处于特权地位,而秘书的辅助和服务是应该的,是无足轻重的。因此,领导把一切功绩归于自己,而把一切差错推给秘书,这种行为是难以得到秘书真诚的辅助与服务的。

只有正确认识到现代领导与秘书的关系,领导和秘书才能在思想上、情感上发生共振,更好地趋利避弊,更好地善其身、修其志、养其性,形成工作合力,提高组织效率。

二、秘书与领导的相互影响

领导和秘书的职业身份和工作地位不同,但领导与秘书工作关系的紧密使两者在行为、观念上相互作用、相互影响。其影响可分为:领导对秘书的影响和秘书对领导的影响两方面。领导对秘书的影响主要体现在权力性影响、非权力性影响这两方面。秘书的行为和观念同样也会影响领导。秘书的学识修养、人格魅力主要从辅助、促进、完善领导意图中渗透并表现出来,潜移默化地影响领导。秘书与领导的相互影响中既有积极的一面,又有消极的一面,因此,我们要弄清两者相互影响的内容,在工作中尽量减少消极方面的影响,增进积极方面的影响。

(一)领导对秘书的影响

在工作交往中,领导的行为和观念会不知不觉地渗透到秘书的头脑中。领导对秘书的影响更为直接,对秘书工作的影响更具深刻性和长远性。一般来看,领导对秘书的影响可分为权力性影响、非权力性影响两方面。

1.权力性影响

权力性影响力是组织赋予的,是由领导拥有的权力和社会地位所形成的影响力。它是一种法定的职位权力,它有正式的规定,具备上下授予形式,具有命令与服从的约束力,带有强制性。领导担任着某种职务,处于单位、公司、机关的上层,是指挥者、决策者,这便有了这个职务相应的法定权力,拥有了各种资源的控制权与使用权。作为一名领导者、管理者,不论其所管理的组织是大是小,都不可避免地要运用这种权力,用指示、命令、规章制度等带有强迫性的、不可抗拒的外推力形式去带动下属完成任务,这种权力也就对秘书的工作心理、工作行为产生了直接的影响。在这种影响下,秘书所表现出的心理和行为是被动的、服从的,在不知不觉或先知先觉中秘书意志就受到领导行为、观念的影响、支配。秘书在撰写文稿、处理领导身边的日常事务的过程中,受强制性影响,其行为无一不体现领导的意志。权力影响力直接影响到秘书工作的效率和质量,但这种影响力对秘书行为、观念的渗透程度又取决于秘书与领导的人生观、价值观的趋同程度,取决于两者之间个性的差异性。因此,秘书人员应加强工作的积极性和独立性,实事求是,公正无私,以积极影响为主脉,提高自己的业务技能,提高组织的整体效率、社会效益。

权力不是孤立存在的,权力性影响如果没有非权力性影响作基础,不但难以让人乐于信服、自觉服从,而且也难以持久。比如,一名新上任的主管与一名已经工作多年的下属相遇,一方有职位所赋予的权力,但另一方却拥有实际的影响力,从而构成对"领导能力"的考验。

知识链接

魏征进谏

唐太宗是历史上的明君,但这位明君也常常被魏征的犯颜进谏搞得很难堪。有一次,魏征又当着朝廷众臣的面触犯了他。他怒气冲冲地退朝回宫,对长孙皇后说:"总有一天我要杀了这个乡巴佬!"长孙皇后意识到大事不好,经过一番思索,她换上朝服,向唐太宗跪下道贺:"我听说主明臣直。魏征之所以忠直,就是因为你是明主啊!这是国家的幸运,臣妾怎能不向您来祝贺呢?"唐太宗顿时转怒为喜,因为历史上每个皇帝都希望别人和后人说他是明君,而不是昏君、暴君。

这个案例启示我们,秘书首先应相信领导是一个高尚的人、一个廉洁的人、一个公平正直的人。一旦领导意识到他在下属心目中是一个良好的形象,那么,他也会尽量去维护这个形象的。

2. 非权力性影响

非权力性影响力是由领导者、管理者的品德修养、知识能力、工作作风、情感魅力以及自己的工作实绩和表率作用等素质和行为形成的,是一种自然的影响力。它的特点在于它的自然性,与权力性影响力不同,它既没有正式的规定,也没有组织授予的形式,被影响者在心理和行为上更多地表现为顺从和依赖,但其影响力却比权力性影响力更广泛、持久得多。现实生活的大量事实表明,在领导者对秘书的影响中,起重大作用的是非权力性影响,其影响力、感召力、吸引力是非常大的。"其身正,不令而行,其身不正,虽令不从",深刻地说明领导的非权力性影响力对领导的有效性和权威性的决定性作用,是领导对秘书影响的关键所在。这种影响主要体现在领导品德修养、知识能力、工作作风、情感魅力等方面。

(1)品格修养是领导非权力性影响的前提因素。具有优秀品德的领导会给秘书带来积极方面的巨大影响,反之,具有不良品德的领导会带来消极影响。品格因素是指领导的道德品质、人格等,它集中反映在领导的言行之中,是构成领导非权力性影响的前提因素。如果一名领导具有优良的品格,如公道正派、严于律己、无私奉献、以身作则等等,他就具有了无形的号召力,使秘书人员产生一种发自内心的敬佩感,由衷地拥戴他,并吸引其去效仿。而一名领导如果在品格上有问题,如言行脱节、口是心非、表里不一,在会上或其他公共场合讲得头头是道、振振有词,教育别人无私奉献、艰苦奋斗,而自己私下却搞歪门邪道、吃喝玩乐,那么他的威望就会大打折扣,就很难得到秘书人员的敬仰和发自内心的支持,很难在心理上产生认同感。秘书人员即使是服从往往也只是表面的,这样就会产生很强的负面效应,最终影响到组织的整体利益。

(2)知识能力是非权力性影响的基础因素。知识能力是多种因素的综合,包括文化知识、专业知识、法律知识、思想政治水准、科学决策能力、协调组织能力、语言表达能力等,是一名领导综合素质的体现。当一名领导具备完整的知识体系、正确的分析判断力,以及在工作中善于把多种力量有机结合、进行恰当的调配并最终达成组织目标的综合能力时,就能带给下属一种希望,使其产生一种敬佩感。这种敬佩感就像心理磁场一样吸引秘书人员自觉自愿地接受领导的思想、行为方式,从内心产生认同感和尊重感,心甘情愿地创造性地干好领导布置的各项工作,高效地完成工作目标。如果说一名领导的知识才能与其职位不相匹配,就根本谈不上产生敬佩感、吸引力。可见,知识能力因素是领导打造非权力性影响力的核心因素。

(3)工作作风是非权力性影响的核心因素。领导工作作风制约着秘书工作,其重要性不言而喻。领导工作作风不仅对领导的个人声誉和威望有直接影响,左右领导活动的成败,而且对整个组织风气的好坏起着决定性作用,有着牵一发而动全身的效果。良好的领导作风可以增强领导的权威和影响力,使领导目标和意图得到秘书工作者的充分理解和认同,使其对领导的服从建立在更加自觉自愿的基础上,减少权力与服从之间的矛盾和摩擦,增加领导权威,增大领导效能。良好的领导工作作风还有助于领导与秘书关系的协调与和谐,促进双方信息和情感的传递与交流,同时,还可以弥补领导知识和能力的某些不足,更好地发挥其长处与优势,从而形成一种强大的凝聚力,促进组织目标的实现。

(4)情感魅力是非权力性影响的重要因素。情感魅力是指领导对自己情绪的把握和控制,对他人情绪的揣摩和驾驭,以及体贴关心下属、平易近人,从而使下属产生亲切感的一种能力特质。一名成功的领导,不仅要立之以德、展之以才,还要以情感人。领导应根据秘书人员的性格特点、工作经验和职业发展需要等实际情况,运用情感魅力,尊重下属,满足秘书的合理需要,并促进其职业发展,以充分调动秘书工作者的积极性和创造性为根本出发点,激发其动机,提高其工作效率。情感魅力是顺利开展工作的润滑剂,它是形成领导非权力性影响的重要因素。如领导平时谦和待人,尊重下属的人格,主动为下属排忧解难,让下属感受到大家庭的温暖,下属就会产生信赖感、归属感、认同感,从而形成强大的吸引力和影响力,形成同舟共济、共渡难关的合力。相反,如果领导待下属冷漠、傲慢、不可一世,沟通极少,那么只能人为地拉开心理距离,而这种心理距离一旦超过一定限度,就会产生负面影响力,甚至是排斥力、对抗力,这些都会影响工作目标的顺利实现。

总之,领导对秘书的影响是一个多因素、多结构、多层次的复杂集合,只有领导在正确运用权力影响力的同时,拥有受人敬仰的品格修养、令人佩服的知识才能、严谨优良的工作作风、温暖亲和的情感魅力,才能给人以感染力、影响力,才能实现有效的领导,使上下一心朝着共同的组织目标努力。

(二)秘书对领导的影响①

秘书工作的辅助性、从属性决定了秘书对领导的影响是有限的。秘书的行为、观念对领导的影响不像领导影响秘书那样"立竿见影",但它也具有春雨润物细无声的效果。秘书与领导之间工作联系紧密,在秘书工作的有些环节、有些场合和有些事情的决策中,秘书的一言一行、一举一动也会无形中对领导产生一定的影响。比如,秘书拟写公文、材料时,不仅要修改、修正在成文前发现的领导的某些意见的偏差、决策的失误,而且要在整理、提供材料时表达倾向性观点供领导参考,虽然从形式上看秘书的修正意见最终须经领导同意才能写进文件,但秘书提供什么样的文本、提炼出什么观点,甚至使用何种语言风格来表达,都会无形地影响着领导的行为、观念和最终的决策。秘书对领导的影响主要体现在秘书个人的思想品德、谋略、学识修养等方面。

1.德

"德才兼备,以德为重。"一名秘书人员,若不能把"德"放在首位,即使有"满腹经纶""张良之才",也不能算是一名合格的秘书。秘书不为名、不为利,任劳任怨,甘当无名英雄。经常拟稿,但自己不著名;经常组织会议,但自己从不上主席台;经常熬夜,但白天得正常工作;节假日他人逛公园、遛马路,与家人共享天伦之乐,但自己还得值班,不能休息;其他人员受了委屈还可嘟囔两句,而秘书必须绝对服从。而这一切,还往往得不到家人的支持、别人的理解和社会的公认。凡此种种,都说明一点:没有一颗"以德为重"的心是当不好一名秘书的。由于秘书的"德"是领导形象的补充、企业效率的折射、自身素养的反映,因此,秘书必须忠诚正直、心明步正,谦虚谨慎、兢兢业业,恪尽职守、严守机密,互相补台、竞而不妒。

2.谋

"谋"顾名思义为出谋划策。秘书具有贴近领导、综合服务、信息枢纽这三大优势,在出谋划策等方面有着得天独厚的条件。而善谋是每位秘书应有的责任和应尽的义务。秘书如果谋略得当,就能帮助领导将工作做好,能在辅助决策过程中与领导碰撞出智慧

---

① 岳湘华,房翔.浅谈领导与秘书的相互影响[J].企业家天地,2006(7):27-28.

的火花。诸葛亮的"三分天下之计"使魏、吴、蜀三国为争夺霸权而出现相互牵制、相互抗争的鼎立局面，如果没有诸葛亮的这一伟大战略构想，刘备根本不可能建立蜀汉政权。三分天下的战略，不仅打破了曹魏独吞天下的企望，也改变了魏、吴两大势力争夺天下的局面，使这一时代更加纷繁复杂，更富有活力。因此我们可以毫不夸张地说，诸葛亮这位古时的"秘书"的"谋"影响了刘备的"领导"以及整个三国时代。那么怎样才能做到善谋，对领导产生积极的影响呢？

首先，要有正确的角色意识、超前意识。秘书的言行必须符合角色规范，做到既尊重领导，坚决执行领导指示，又不迷信盲从，克服对领导及其工作所持的被动的、人身依附性的仰视思维心态，切实为领导提供有价值的决策依据及参谋意见。强烈的超前意识意味着秘书站得高、看得远，吃透上情、摸清下情、掌握市情，胸怀全局、着眼未来，只有这样，考虑问题才能快半拍、早半拍、抢半拍，真正认识秘书这一角色，并进入角色、演好角色。

其次，要"参"到点子上，"谋"到关键处，就必须理解和把握领导意图。要善于通过直接或者间接方式，把领导的所思所想、所筹所划梳理清楚。还要把自己的思维方式从领导的思维模式中解脱出来，在准确地把握和领会领导意图的同时，又不自作聪明、越俎代庖，以敏锐的观察力抓住工作中的关键环节，经过深思熟虑，形成有价值的参谋意见。

最后，注意进言技巧。要根据领导的心理、行为特征，选择适当场合和最佳时机，从要害问题切入，以委婉、含蓄的语言，巧妙地说出自己的见解或不同意见。

知识链接

楚庄王执政三年，从来不发什么命令，在政治上也无所作为，文武百官莫名其妙。有一天，右司马在马车里悄悄对楚庄王说："大王啊，我听说有一只大鸟栖息在南山之上，三年不飞不叫，也不理羽毛，默默无闻，这是什么道理呢？"楚庄王答道："三年不动翅膀，是为了让羽毛更加丰满；三年不飞不叫，是为了窥看民间的情形。虽然不飞，但一飞就冲天；虽然不鸣，然一鸣就惊人。你所比喻的意思我已经知道了。"

这个例子告诉我们，暗示上级的时候，要尽量委婉一些。叙述时点到为止，让上级自己领悟，说得太"白"了，就失去了暗示的意义。

3. 书

擅长书写文稿，是秘书最起码的素质要求。秘书的文化水平是秘书的"书"的土壤和肥料。只有土壤肥沃、养料充分，"书"出来的文字才有积极的影响力和号召力。从秘书笔下的文稿可以看出撰文者的思想方法的优劣、政策水平的高低、认识能力的强弱、工作作风的好坏，以及思路的清晰度和语言表达能力的强弱。

综上所述，领导与秘书总是相互影响的，领导的行为、观念对秘书的影响是直接的、深刻的、长远的。领导在权力性及非权力性两方面影响着秘书。好的领导能够培养出好的秘书,可以"运筹于帷幄之中,决胜于千里之外",而秘书的行为、观念对领导的影响是间接的、潜移默化的。高素质的秘书应有绝顶为峰的恢宏志气、始终如一的坚定意志、自重自爱的人格操守、张弛有度的容忍度量,始终以积极的行为、观念影响领导。

三、秘书与领导相处的基本原则

正确认识秘书与领导的关系,需要从服从与谏诤、尊重与理解、沟通与协作、专业与敬业、诚信与忠诚等方面入手。只有在这些方面做好,秘书与领导之间的关系才能够更加和谐、稳定和高效。同时,正确认识秘书与领导的关系,也有助于提高整个团队的凝聚力和战斗力,为组织的发展作出更大的贡献。

(一)服从与谏诤

服从是秘书应该持有的态度之一,也是秘书工作的纪律要求。秘书与领导虽是同事关系、工作关系,但在实际工作中,一个是上级,一个是下级。因此,秘书在为领导服务的过程中,应坚决贯彻执行领导的决定指示,严格按照领导意图办事,不能随心所欲、阳奉阴违、欺上瞒下、越权越位。这种服从不仅体现在口头上,更重要的是体现在行动上,真正把领导的指示精神落到实处。现实中,有个别秘书自恃才高,瞧不起领导,经常与领导唱对台戏,领导向东,他偏向西,领导要这样做,他偏要那样干,以显示其过人之处。这样的秘书不可能做好本职工作,也得不到领导的信任和重用。当然,强调服从并非要秘书盲从。秘书对领导的决定如有异议,可以找恰当的时机诚恳地向领导提出。如果领导不予采纳,秘书则应一丝不苟、不折不扣地按领导的意图办事。当然,违法的事情秘书不要去执行。我们既要反对拒绝执行领导决定的错误行为,又要反对在执行中听之任之、不敢谏诤的消极态度。

(二)尊重与理解

秘书与领导之间的关系应该建立在相互尊重和理解的基础上。秘书作为领导的助手,需要尊重领导的权威和决策,同时也要理解领导的工作压力和期望。领导则需要尊重秘书的工作能力和个人价值,理解秘书在工作中所面临的困难和挑战。只有在相互尊重和理解的基础上,秘书与领导才能够建立起良好的合作关系,共同推动工作的顺利进行。

(三)沟通与协作

秘书与领导之间的关系需要通过有效的沟通和协作来维护。在日常工作中,秘书需要主动与领导沟通,了解领导的工作需求和期望,以便更好地为领导提供支持。同时,秘书也要敢于表达自己的意见和建议,帮助领导发现问题和解决问题。领导则需要关注秘书的工作进展和困难,及时给予指导和支持。通过有效的沟通和协作,秘书与领导之间的关系将更加紧密,工作效果也将得到显著提升。

(四)专业与敬业

秘书与领导之间的关系需要以专业和敬业为基础。作为领导的助手,秘书需要具备一定的专业知识和技能,以便更好地为领导服务。同时,秘书还要具备敬业精神,对待工作认真负责,始终保持积极的工作态度。领导则需要关注秘书的职业发展,提供培训和学习的机会,帮助秘书不断提升自己的专业素养。只有以专业和敬业为基础,秘书与领导之间的关系才能够更加稳定和长久。

(五)诚信与忠诚

秘书与领导之间的关系需要建立在诚信和忠诚的基础之上。秘书要诚实守信,对待领导和同事都要真诚待人,不做有损于团队利益的事情。同时,秘书要对领导忠诚,始终站在领导的立场上考虑问题,为领导排忧解难。领导则需要对秘书信任和支持,关心秘书的成长和发展,为秘书创造一个公平、公正的工作环境。只有建立在诚信和忠诚的基础上,秘书与领导之间的关系才能够更加和谐和融洽。

知识链接

秘书必须有"十要十不要"

一要内敛,不要张扬。秘书由于身处特殊的位置,具有特殊的身份,在常人眼里,秘书就是领导的化身,一言一行,别人都很相信,这就要求秘书一定要内敛,不要张扬。

二要谦虚,不要骄傲。谦虚是秘书特别要注意的品质,只有谦虚的秘书才能成大事。切不可背后有领导撑腰,就自以为有多么了不起,时常表现出傲气,尤其不要动辄以领导的口吻发号施令。这样对自己、对领导都没有好处。

三要踏实,不要浮躁。无论是写文章还是代表领导协调事务,都要表现出踏实、务实的态度,切不可浮躁,特别是在处理基层、企业和群众的事务时,一定要说到做到,切不可采取欺骗、哄骗、拖延的手段,以免基层、企业、群众对自己、对领导、对所在机关产生不良影响。

四要清廉,不要贪婪。秘书说有权,权力很大,说没权,啥权都没有。其实,秘书这行当,一旦把持不好,钻到权眼里、钱眼里,就十分危险。所以,秘书一定要做到清廉,要把握自己,善于把好权力关,善于用好领导的信任,切不可"贪"字当头。

五要朴素,不要铺张。领导的秘书,由于地位特殊,请客送礼等事经常可以遇到,这就要看秘书的素质了。正派的秘书应该是一个不讲究排场的人,是一个不喜欢铺张浪费的人。如果秘书喜欢讲排场,就容易让不法分子钻空子。

六要善良,不要凶狠。善良,是一个秘书必备的素质。只有心地善良的秘书,才会善良地对待群众,才会对群众有感情。所以,秘书必须学会善良,必须知道善良的价值,必须知道如何去善良待人。如果对他人凶狠,对待群众态度蛮横,就会孤立自己,就会把自已推到群众的对立面上去。

七要平和，不要狂妄。平和地对待人，平和地向所分管部门传达领导的意见，平和地对待群众，平和地对待一切，是每一位秘书必须做到的事。如果一位秘书，不知天高地厚，不知山外有山，狂妄自大，目空一切，就会失去他人对他的信任，即使别人暂时让着他，那也只是暂时的。

八要明理，不要蛮横。明白事理，是秘书的基本要求。秘书是领导身边的人，是领导信任的人，是受到他人热捧的人，越是这样，越要明白事理，越要懂得尊重他人。切不可蛮横无理，自以为是，以免给他人造成极不好的印象。

九要厚道，不要霸道。为人厚道，是秘书最需要也是最难做到的一件事。一般情况下，如果秘书把持不好，就容易给人以霸道的印象。因为，在一般人眼里，秘书的所作所为，都会与领导联系在一起，都会与权力联系在一起，秘书只有表现得比一般人更厚道，才会让他人信任，让他人称赞。

十要守法，不要违法。一些秘书，喜欢凭借领导的身份，利用特殊的地位，做一些违法的事，这是完全不应该的。秘书的一言一行，很多地方代表着领导的形象，必须带头守法，带头执行法律。否则，一旦把握不好，就会陷入违法的泥潭。

能力训练

有一位姓王的经理，不问青红皂白，写信把合作伙伴臭骂了一顿，结果过了几天，真相大白，是王经理冤枉了那位合作伙伴，王经理十分后悔，决定亲自打电话向那位合作伙伴道歉，这时一旁的李秘书得意地说："不用了，你那封信我根本没有发出去，因为我知道你会后悔的，所以我就把信压下了。"

结果，没想到王经理大怒："这事是你作主还是我作主?"李秘书说："我做错了吗?"王经理说："是的。"就这样李秘书被记了一个小过，只是没有公开。当然李秘书觉得自己满肚子的委屈，逢人便倒苦水，说委屈。不久整个公司都知道了这件事情。结果，半月之后，李秘书被开除了。

思考:请分析此案例中，秘书在处理与领导关系中错在哪里?

【习题与思考】

1.试述秘书与领导关系的实质。

2.领导对秘书有哪些影响?

3.秘书对领导有哪些影响?

4.试述秘书与领导相处的原则。

专题 2　秘书与领导关系的有效处理

案例导入

　　某公司的高级秘书李颖处于一个复杂的工作环境,公司高层由三位性格迥异的领导构成:张总,决策果断但偶尔固执;王副总,思维缜密却犹豫不决;赵总监,富有创意却不拘小节。这三方领导之间的关系的平衡让李颖的工作充满挑战。

　　李颖首先深入了解了每位领导的管理风格和工作偏好。她不仅在日常工作中留心观察,而且通过非正式的交流了解了他们的个人特点和需求。了解了背景后,她在准备会议资料时,总是按照各自的风格来调整信息的呈现方式,确保每位领导都能在第一时间把握重点。

　　面对领导间的分歧,李颖采取了中立的立场,耐心倾听,并适时提出建议。在张总与王副总就一项战略方向发生争议时,她巧妙地提出了一个折中方案,既满足了张总追求效率的需求,也照顾到了王副总对细节的考虑。她的这一行为赢得了双方的认可。

　　对于赵总监的创新提案,李颖深知其价值,但也意识到需要适度引导以符合公司的整体规划。因此,她主动承担起“桥梁”的角色,帮助赵总监细化和实施计划,同时向其他两位领导展示这些创新如何能够为公司带来长远利益。

　　在处理日常事务方面,李颖展现出了高效的执行力和卓越的组织能力。她制订了一套既能满足高效率要求,又能保证信息流通和透明度的工作流程。这套流程得到了三位领导的一致好评,并且显著提高了团队的工作效率。

　　此外,李颖还注重维护领导之间的和谐氛围。她经常组织非正式的交流活动,促进领导之间的相互了解和信任。在这些活动中,领导们能够在轻松的环境中交流想法,增进友谊,这对于缓解工作压力和提升团队合作有着不可忽视的作用。

　　总之,李颖通过精心协调与智慧应对,公司的领导层实现了良性互动,共同推动公司向着既定目标稳步前进。这个案例向我们展示了,一个优秀的秘书不仅是工作的高效执行者,更是领导关系的巧妙协调者,她的智慧和能力是组织成功的重要推动力量。

一、识别上司的不同领导风格,采取恰当互动方式①

　　每位领导都有自己的一套工作和生活规律,秘书人员要善于掌握领导的行为规律,明了领导的不同风格,才易于领会领导意图,工作起来才能得心应手,获得事半功倍之

---

① 张瑞志.秘书要积极适应领导特点[J].秘书工作,2004(2):44-18.

效。否则,你为他写讲话稿,他讲不上口,不合口味;你写的文件,他认为不合他的文风;你安排的活动,不合他的兴趣和要求;甚至你说话也同他说不到一起。这样不仅搞不好同领导的关系,而且很难履行职责,更谈不上发挥好参谋助手的作用。那么,秘书应该如何适应领导的特点呢?

(一)了解特点,适应特点

每个领导都有自己不同的特点,秘书要通过观察,了解领导的特点。

1.要了解领导方式的特点

每个领导都有自己独特的、习惯的领导方式,国外有的学者把领导方式分为四种:发号施令式、叫卖式、协商式、民主参与式。秘书在了解情况、讨论决策、布置工作、安排活动时,要注意适应领导方式的特点。

2.要了解领导作风的特点

有的领导作风果断、有魄力、敢于负责;有的领导作风谨慎、细致,甚至有点优柔寡断;有的领导深入基层,进行就地指导;有的领导下基层主要是为了发现问题、总结经验;有的领导办事善于自己直接打电话或亲自动手写函,秘书就要做好登记备案;有的领导喜欢让秘书办些小事,秘书就要勤快一点;有的领导具有强烈的竞争意识和进取心;有的领导不愿冒尖,害怕出漏子,只求平安无事等。秘书了解这些不同的领导作风特点,才能更好地配合领导工作,提升工作效率。

3.要了解领导文风的特点

秘书在写讲话稿时要尽量适应领导的口语习惯,有的领导在大会上讲话喜欢条理清晰的表达风格,秘书拟稿时应尽量眉目清晰、简明扼要,有的领导喜欢讲话生动具体,就事论理,秘书起草时应多用实例。从领导使用稿件的实际出发,有的领导视力不佳,秘书准备稿件时,字要尽量大一点,笔画清楚点;有的领导讲话不愿用稿子,秘书要做好记录,事后整理成文。在起草文件方面,有的领导喜欢材料通俗生动,有的要求观点新颖、准确,有的要求每个观点都有"根据"。对于具体材料的使用,有的领导喜欢丰富的具体材料,有的反对具体事例太多。可见,秘书在为领导准备文件时,要注意适应领导的要求。

4.要了解领导知识储备的特点

领导的文化程度高还是低,长于文科还是长于理科,有无古文修养,是否喜欢引经据典,这些都要了解。对不懂古文的领导,不要在讲话稿中引古语典故,一些生僻字尽量在旁边注音。

5.要了解领导工作、生活特点

有的喜欢关起门来独立思考,秘书要尽量不让人去打扰;有的喜欢同大家讨论,秘书应根据领导意图,找有关同志集体探讨。有的喜欢白天工作,有的喜欢晚上工作,秘书要注意改变自己的习惯,适应领导的生活规律,安排好工作和生活。

6.要了解领导的兴趣爱好

有的喜欢文艺,有的喜欢体育,有的喜欢跳舞,有的喜欢下棋。秘书要从有利于工作

和领导休息的角度出发,安排好有关的活动。不要专拣领导不喜欢的活动,硬要安排领导参加。

知识链接

　　斯大林在晚年逐渐变得独裁,"唯我独尊"的个性使他不能允许世界上有人比他高明,更难以接受下属的不同意见。在"二战"期间,斯大林的这种过分的"自我尊严"曾使红军大吃苦头,遭受了本可避免的巨大损失。一度提出正确建议的朱可夫曾被斯大林一怒之下赶出了大本营。但有一人例外,他就是华西列夫斯基,往往能使斯大林在不知不觉中采纳他的正确的作战计划,从而发挥了杰出的作用。华西列夫斯基的进言妙招之一,便是潜移默化地在休息中施加影响。在斯大林的办公室里,华西列夫斯基喜欢趁斯大林休息时心情不错的时候和斯大林谈天说地地"闲聊",并且往往不经意地"顺便"说说军事问题,既非郑重其事地大谈特谈,讲的内容也不是头头是道。但奇妙的是,等华西列夫斯基走后,斯大林往往会想到一个好计划。过不多久,斯大林就会在军事会议上宣布这一计划。于是大家都纷纷称赞斯大林的深谋远虑,但只有斯大林和华西列夫斯基心里最清楚,谁是真正的发起者,谁是真正的思想来源。

　　该案例启示我们:每个领导都有自己独特的领导方式,秘书只有了解领导风格、特点,工作起来才能得心应手,才能达到事半功倍之效。

(二)研究特点,积极补偿

　　任何特点,总是一分为二的。秘书对于领导的特点,要注意研究,扬其长,补其短。这就是对领导特点的积极适应。具有果断、干脆、负责作风的领导,有时会失之过急、考虑不周,秘书要及时提醒,或适当补充,避免决断失误;具有谨慎、过细作风的领导,有时会过于谨慎,秘书要注意提醒不要延时误事,造成损失;对于喜欢同秘书部门讨论问题的领导,秘书部门要注意提供情况和工作建议,在讨论时各种不同意见都应畅所欲言,知无不言、言无不尽;对于没有同秘书部门平等讨论习惯的领导,秘书部门要大量提供情况,提出经过论证的成熟意见,不要提不成熟的意见。总之,秘书不能消极地顺应领导特点,而应积极地补偿领导的弱点,这样才能有效地帮助领导,赢得信任,做好工作。

(三)区别特点,做好辅助

　　领导交代的工作意图具有不同特点,秘书要区别情况,以适应各自的特点,落实领导意图。比如,领导交代起草文电,特点大不一样。有的领导观点准确,逻辑严密,几乎是"出口成章"。对这种领导,秘书应当快速做好记录,注意把口语变成书面语言。有的领导只交代意向,没有具体观点,此时要靠秘书去收集有关资料,考虑谋篇布局,列出提纲,经领导审定后动笔。有的领导善于提出新观点,但有时不够精确、严密,对整个文件的内容也缺乏具体交代,秘书既要推敲领导的新观点,又要收集材料,考虑结构,然后动笔。有的领导在交代时,常爱长篇大论,有时甚至漫无边际,秘书要善于捕捉领导的主要观点和意图,然后提出自己的看法,领导同意后,再集中收集资料,拟定提纲,动手写作。还有的领导,交代写文件、讲话稿时,只指方向不讲内容,也不同秘书研究。在这种情况下,秘书就要下大工夫去理解领导所指的方向,主动收集相关资料,构思内容。总之,秘书既不要因为领导交代不细,认为"领导没水平"而有怨气,也不要因领导交代过细,认为其"婆婆妈妈"而心生厌烦,要积极适应领导特点,做好辅助工作。除了在要求写文件等工作方面,领导在指导调查研究、布置工作、听取汇报、阅读文件以及在处理生活事务方面,都有各自的特点,秘书应当区别这些不同的特点,有针对性地搞好辅助工作。

二、与领导建立信任感,适时提出建设性意见,保持适度距离感

(一)建立信任感是秘书与领导关系处理中的重中之重

在组织机构的运作中,秘书与领导之间的相互信任是高效团队协作的重要基石。信任不仅能够促进沟通的畅通无阻,还能确保决策的顺利执行和工作的有序进行。

首先,秘书要通过展现专业能力来赢得领导的信任。这意味着秘书必须具备出色的业务技能和对工作内容的深刻理解。当领导提出问题时,秘书能够迅速给出精准的信息和合理的建议,从而显示出自己的价值和可靠性。同时,秘书还应该主动承担责任,对待工作认真负责,确保每项任务都能按时按质完成。

诚信是建立信任的关键要素。秘书在工作中必须保持诚实守信,无论是向领导汇报工作还是处理机密信息,都应该坚持真实透明的原则。即使在面对错误或失败时,也要勇于承认并积极寻求解决方案,而不是掩饰或逃避,这样可以增强领导对秘书的信任感。

良好的沟通技巧也是构建信任的重要工具。秘书应当学会倾听领导的需求和期望,并通过清晰、有条理的语言表达,确保双方的理解和意图一致。有效的沟通能够减少误解和冲突,加深彼此的了解和信任。

在日常工作中,秘书还可以通过细心观察领导的工作习惯和偏好,预判可能出现的问题并提前做好准备,提供个性化的支持和服务。这种前瞻性思维和主动性展现了秘书对领导工作的深入理解和支持,有助于加深信任关系。

长期而稳定的信任关系建立在共同经历和时间积累的基础上。秘书与领导之间的每一次互动都是信任储备的机会,通过不断的正面经历,双方的信任感将逐渐加深。因此,秘书应当珍惜每一次与领导合作的机会,不断提升自己,为建立长久的信任关系打下坚实的基础。

(二)在适当的时机提出建设性意见是秘书与领导关系处理中的应有之义

秘书不仅是行政工作的执行者,更是领导决策的参谋和助手。一名优秀的秘书应当

具备敏锐的洞察力和卓越的判断力，以便在适当的时机提出建设性意见，协助领导做出更明智的决定。这不仅仅是对专业知识的运用，更是一种艺术和智慧的体现。

首先，秘书需要了解组织的文化和价值观，这是提出建设性意见的基础。只有深入了解组织的核心理念，秘书才能确保自己的建议与组织的发展方向保持一致，从而获得领导的认可和支持。此外，秘书还需要关注组织内外的变化，包括市场动态、竞争对手的动向以及内部的管理状况，这样才能在关键时刻提供有针对性的建议。

其次，秘书要掌握沟通的艺术。提出建设性意见并非简单地直言不讳，而需要在恰当的时机、以得体的方式表达出来。秘书应当学会倾听，理解领导的想法和需求，然后在此基础上提出自己的见解。同时，秘书还应该具备良好的表达能力，能够清晰、准确地传达自己的思路，使建议更具说服力。

再次，秘书要有勇气承担责任。在提出建设性意见时，可能会面临一定的风险和挑战。秘书应当有足够的勇气承担可能出现的后果，这样才能在关键时刻为领导提供有力的支持。同时，秘书还应该具备自我反省的能力，不断总结经验，提高自己的建议质量。

最后，秘书要有持续学习的意识。在快速变化的商业环境中，秘书需要不断更新自己的知识和技能，以便在关键时刻提供有价值的建议。这不仅包括专业知识的学习，还包括对行业趋势、管理理论等方面的深入了解。通过不断学习，秘书能够更好地为企业的发展贡献自己的力量。

（三）保持适度的距离感是秘书与领导关系处理中的必要准则

秘书与领导之间的关系过于亲近可能会导致职业边界模糊，影响工作效率，并让团队的其他成员产生不好的感受；而过于疏远则不利于秘书对领导工作的准确理解。因此，秘书需要在保持专业的同时，学会用恰当的方式与领导进行交流，既能体现出职业素养，又能维持良好的人际关系。

秘书和领导之间的关系是一种特殊的职业伙伴关系。保持适当的距离感不仅是物理空间上的，更是心理和情感上的一种微妙平衡。

首先，从物理空间的角度来看，秘书应该为领导提供一个舒适的工作环境。这不仅意味着办公室的布局要合理，还意味着在日常互动中，秘书要尊重领导的私人空间。例如，敲门是进入领导办公室的基本礼仪，这不仅是一个简单的动作，更是对领导个人空间的尊重。

其次，心理距离的维持要求秘书在工作中保持专业性。秘书在工作中应避免过多地涉及领导的私生活，专注于职责范围内的事务。同时，领导也应当明确界定工作和私人生活的界限，不让秘书过度介入个人问题，这样才能保证双方在工作中的独立性和自主性。

最后，情感上的距离感则更为微妙。秘书与领导之间虽然需要建立信任和相互理解,但过度的情感依赖或亲密关系可能会影响职业判断和决策。因此,秘书在与领导交流时,应保持恰当的礼貌和敬意,既不过分亲昵,也不过于生疏,以免造成误会或压力。

在实际工作中,秘书与领导之间的距离感还需要通过沟通来不断调整。良好的沟通能够帮助双方了解彼此的工作风格和期望,从而更好地协调合作。例如,定期的工作汇报可以让领导了解秘书的工作进展,同时也是秘书了解领导工作重点的机会。

总之,秘书与领导之间的适度距离感是一种必要的职业素养。它不仅有助于维护双方的职业形象,还能够提高工作效率和促进团队和谐。这种距离感的维护是一门艺术,需要秘书和领导的共同努力,通过不断的实践和沟通来实现。在这个过程中,双方都应学会如何在尊重与合作之间找到最佳的平衡点,共同推动工作的顺利进行。

三、秘书与多位领导关系的有效处理

(一)划分职权,单向请示

为提高工作效率,秘书人员应明确各级领导的职权范围,本着对组织负责的精神向上级请示汇报工作。属于组织工作要请示分管组织的领导,比如基层组织工作可向基层的分管领导请示,属于宣传工作要请示分管宣传工作的领导,比如涉及部门宣传的具体事务可向部门分管宣传的领导请示。如果一件事情请示几位领导,大家的意见又不一致,事情就更难办。比如对于某项工作,正职决定由某一副职负责处理,秘书在配合进行这项工作时就应该以这位负责的副职领导为轴心进行运转,有关这项工作的请示、汇报,就直接面向这位副职领导,直接领导能答复的按直接领导意见办,答复不了的则由直接领导请示上一级领导或由直接领导授权秘书向上一级领导请示,切不可越过直接领导,擅自向其他副职或上一级领导请示。向上级或向其他副职请示、沟通,是负责这项工作的副职领导的责任,秘书如搞多头请示、汇报,就会把事情弄乱,使自己工作处于被动、无序状态。如果一项工作与几位领导有关,可经主管领导同意分别征求几位领导意见,并把他们的意见综合起来,向主管领导汇报,请主管领导拍板。因此,秘书人员在工作中应根据领导权限和责任划分进行对口请示。

(二)一视同仁,善于沟通

秘书在与多位领导相处时,要从大局出发,从和谐角度去处理,心里要有一杆平衡秤,对每一位领导都一视同仁。日常工作中,领导之间出现意见分歧是常有的事,秘书如果处理不当,就会处于领导与领导之间的夹缝中,使工作很难开展。因此,作为秘书,不论是在思想感情上,还是在行为上都不能产生倾斜度,不能掺杂个人感情,不论哪位领导安排工作,都要做好,不能有的去做,有的不去做,或三心二意去做。同时,工作中要尊重领导的隐私,千万不能把某位领导对另一位领导的意见直接告诉对方,更不能厚此薄彼,添油加醋地对某领导进行挖苦、拆台。秘书应善于在领导之间转达意见,善于把了解到的不同的甚至对立的意见转化为自己的建议,私下与领导多沟通,这样既可减少领导之

间的矛盾,又可使自己避免陷入尴尬境地。

(三)从工作出发,以事业为重

在与多位领导相处时,秘书人员一定要以事业为重,从工作出发,尽力维护领导班子的团结与威信。工作中不能表现出靠近谁、疏远谁、听从谁、不听从谁的行为,不能当甲领导的面吹捧乙领导,当乙领导的面吹捧丙领导,应本着工作上的支持、关系上的维护、感情上的联络去与多位领导相处。秘书人员应该始终与多位领导保持良好的工作关系,要主动地劝慰多方领导,弥合、消除领导之间的矛盾,不能单向地站在某一方或者被动地保持沉默使分歧矛盾加深。工作中本着顾及整体大局的原则,兼顾具体情况的精神,协调各领导之间的关系,解决矛盾,消除误会,实现相互间的有效配合。

能力训练

曹秘书应按哪位领导的意见办?

某商业公司的孙副经理与童副经理之间有点小隔阂。一天,该公司的曹秘书去向分管商品购销的孙副经理请示了一项业务处理意见后,在返回的路上碰到负责广告宣传的童副经理,于是,曹秘书又向这位副经理请示了这件事。童副经理听了以后也作出指示,结果,曹秘书左右为难,致使两位领导人矛盾加深。孙副经理责怪曹秘书多事,不按他的意见办,加之平时孙与童有些矛盾。孙又认为曹秘书与童关系亲近些,并且曹秘书曾在一些事情上支持过童。这样,孙副经理意见更大,认为曹秘书有意与他作对,而童副经理则认为,此业务是他引介的,曹秘书应先同他通气。

问题讨论:

1.按孙副经理的意见办事,因为他是主管这项业务的。

2.按童副经理的意见处理,因为他是业务引介人。

3.建议孙、童通气协商,形成统一意见后,再处理。

4.找主要决策人——总经理裁定后,按其意见处理,这是按组织原则办事。

四、秘书向领导请示工作的恰当方式①

秘书是领导的工作助手,请示工作是经常的事。多请示,既是秘书工作纪律的要求,又是防止秘书工作出现差错和失误的重要保证,但要把请示工作做好,应注意以下几个问题:

---

① 满宗洲.秘书向领导请示工作应注意的几个问题[J].秘书工作,2004(3):34..

(一)做好事前准备

秘书人员必须预先做好充分的请示准备。要把请示问题和汇报有关情况结合起来，通过翻阅资料和调查研究，把问题产生的背景、基本情况及相关政策搞清楚，当然，秘书掌握的情况不一定都要汇报，要见机行事，有备无患，做到心中有数。请示前要想好请示的要点和措辞，汇报前，要拟好汇报的提纲，选好典型的事例。如果对相关情况不熟悉，一问三不知，领导难以决策，秘书也会感到被动和尴尬。不做准备的请示汇报不但浪费领导的时间，而且是对领导极大的不敬，是严重失礼的行为。

(二)请示的内容要具体

秘书部门是综合部门，每天都有大量的工作要做，也会遇到许多问题需要研究解决。哪些问题要请示，哪些不要请示，要认真筛选，该请示的不去请示，是失职、越权；不该请示的事无巨细都去请示，会分散领导精力，影响领导处理大事。一般来说，秘书请示的内容是自己难以处理或无权处理，必须由领导者给予指示或授权办理的事情。秘书请示工作，与其他业务部门请示工作不同，秘书工作与领导工作同步运转，请示的问题多半是在工作运转过程中出现的具体问题，如领导要主持召开一个会议，对会议的时间、地点、规模、议程要请示；领导要下去搞调研，对调研组的组成、行动路线和日程安排要请示。因此，秘书请示要尽量做到内容单一，尤其在对重要事项需以书面形式请示时，一定要遵守一文一事的原则，不得将多项事务写在同一份请示的公文内。

(三)请示的形式要灵活

请示汇报可以是口头形式，也可以是书面形式。一般情况下，重大的事、涉及政策方面的事、需要授权批准的事，秘书要作书面请示，领导则应作书面批复，以示慎重，并便于日后查证。书面请示应适用于一般事情、事务性工作，只需解决一些疑难的事，秘书可用口头请示，领导只作口头答复或指示。口头汇报时要留心领导的表情变化，要准确把握领导心理，根据领导的临场反应，判断领导对汇报内容的需求，及时调整汇报内容，控制好汇报的时间和节奏。紧急的事，秘书可先口头请示，及时办理，事后再补写书面请示，以便存档备查。

(四)请示的时机要适当

向领导请示既是要领导进行决策，又是要为领导提供科学决策依据。秘书应根据领导的工作选择恰当的请示时机。一般来说，要先了解领导的活动安排，再请求领导接见，或直接用电话向领导提出请求，获得允许方可去请示汇报。不要在领导忙得不可开交或全神贯注地处理某事情时打断领导的工作和思路，也不要在领导出席会议或会面时去打扰领导。同时，要严格遵时守约，预约汇报事前指定了时间，秘书人员必须准时到达，这是起码的礼仪要求。如果过早到达，会打乱领导的安排，甚至会使领导因未准备就绪而难堪。如果遇到突发事件确实不能准时到达，应设法尽快向领导说明原因，请求推迟时

间,或另约时间,并致以歉意,不能迟迟不到,让领导久候浪费时间。

一般情况下,秘书请示必须在事前进行,待领导者指示或批准后方可行动。只有在特殊情况下,才能采取边做边请示或"先斩后奏"的方法。所谓"事前请示,事后报告",就说明了请示和报告在时机选择上的不同特点。对此,秘书应牢记在心。

(五)请示的态度要谦恭

秘书向领导请示的过程,也是参谋的过程,实际上也反映了上下级之间的工作关系。秘书向领导请示时,领导往往也让谈谈对问题的看法和处理意见,这时秘书要提出几种方案供领导选择,也可以谈自己的倾向性意见。秘书在提建议时要注意摆正自己的角色位置,秘书只有建议权,没有决策权。在请示的态度上要表示出对领导的尊敬,态度一定要谦和,请示语言应该准确、简明、通俗,吐词清晰,语调平稳,语速适中,应该用商量、请求的口气。当自己的意见同领导的意见不一致时,要保持谦虚冷静的态度,要服从领导的意见,如确需插话也应先用商量的口气说:"对不起,请允许我打断一下。"或者说:"我想提个问题好吗?"得到领导同意后再陈述自己的看法。在请示汇报中,当领导否定你的意见时,不能固执己见,更不能抛开这位领导,去请示别的领导。

五、秘书向领导汇报工作的有效方法

秘书向领导汇报工作是最起码、最经常的工作之一,也是秘书的基本功之一。

(一)要做好准备

无论是完成了领导布置的任务还是中途进行工作汇报,都翻开本子回忆并对照一下领导布置任务时的指示内容,检查一下准备汇报的内容是否符合领导的意图。大致考虑一下汇报问题所需要的时间,如果时间较长,则要事先与领导打好招呼或约定时间,待领导同意后,准时去汇报。汇报较复杂的问题或向几个领导同时汇报时,要打好腹稿或拟好汇报提纲,以免遗漏。

(二)要开门见山

开门见山,即汇报时直截了当,干脆利落,突出重点。领导工作繁忙,要节省时间,汇报一般以半小时以内为宜,过久易分散精力。汇报时一般只谈一个问题,如需汇报几个问题,汇报之前先点题目。要根据领导的年龄、习惯、特点,掌握好汇报速度。汇报中谈到观点、数字时,要放慢速度,必要时还可将事先准备好的文字说明和数据呈上,领导可以边听边看,从而加深印象。

(三)要有论据

反映情况或提出议论,要有充足的理由,汇报的情况要属实、准确,不能出现"大概""可能""差不多"等含糊不清、模棱两可的词语。对没有经过核实、没有把握的事情,要按事情的本来面目反映其真实的情况,并说明情况来源和可靠程度。当对领导提问答不上来时,不可随意编造,要记下待事后补充汇报。

(四)要选好时机

一般情况下,当领导学习、思考问题、接待客人、阅文、休息时,不去打扰。有时限的情况汇报要及时,失去时机,汇报的情况就可能失去使用价值。汇报时要举止大方、谈吐清楚、节奏明快,不必拘谨,更不必唯唯诺诺、卑躬屈膝。

六、秘书应对领导发火、批评的有效方式

任何一个人对客观事物的认识都是有局限性的,在秘书工作中难免会出现一些认识上的偏差或纰漏,有时会遇到辛辛苦苦完成的工作任务不但得不到承认,反而被领导无端批评的情况。领导发火批评人,一般是因为工作进度慢,效果不理想,与领导预想的有差距,或吊儿郎当、没当回事,也有领导掌握情况不全面,问题看不准,甚至毫无道理,心中有气,劈头盖脸地大发脾气,不容辩驳的情况。对秘书而言,这是一种典型的心理挫折。秘书人员如果将遭受挫折后产生的攻击、冷漠、偏执等消极情绪带到工作中去,势必会造成与领导关系紧张的情况,从而严重影响工作状态和自己的身心健康。英国学者利斯特曾指出,他能想象到的人的最高尚行为,除了传播真理外,就是公开放弃错误。是的,错误并不可怕,批评也不可怕,关键在于你怎样去认识它们、对待它们,如何从错误中吸取教训,从批评中汲取营养。秘书人员一定要学会冷静处置,仔细分析被领导误解、批评的原因,采取一些有针对性的方法来消除与领导之间的误会。

(一)正确认识批评

古人曾说过:"君子之过也,如日月之食焉。过也,人皆见之;更也,人皆仰之。"可见,闻过则喜、过而改之是自古以来就有的优良品德。因此,作为秘书最可贵的是能够正确看待批评,当批评到来时,能够用谦虚的态度正视批评,能够用豁达的胸怀积极接受批评,能够从批评中吸取经验教训,从而推动各项工作。正所谓"良药苦口利于病,忠言逆耳利于行"。批评尽管是一种负面的沟通,但它却是一种可贵的资源,在提供信息、发现错误、改正缺点、提高工作水平等方面都有着积极的促进作用。如果一个人缺少或拒绝了这种资源,那么他就很难取得较快的进步、较大的收获,也就失去了走向成功的动力。因此,我们不要把批评当成包袱,而要清醒地认识、辩证地分析、正确地看待,以积极的态度把每一次批评看作改进工作、完善个性、克制情绪、提高能力和水平的机会。在工作和生活中,将批评作为学习进步的动力,借助各方面的批评所给予的帮助、提示和警醒,使错误得到及时的纠正,使自身工作能力得到不断的提高。

(二)站在公司的角度看待批评的职责之义

在组织系统中,领导对下属有着法定的监督、控制、指导等权力。当下属出现与组织的统一运作相背离、不协调、有误差的行为时,领导有责任对其进行批评指正,这是毋庸

置疑的。如果任其所为,那就是领导的失职,他就会因此而受到更上一级领导的批评、惩处。所以说,领导的批评是在履行职责。作为下属应当具有这种基本的组织观念,被批评时不应有领导故意找自己的碴、跟自己过不去的想法。这种想法不但于改正错误无益,还会形成抵触情绪,影响与上级的正常工作关系和同志感情。秘书人员要有接受正确和善意批评的勇气,勇于承认错误,虚心听取、接纳各方面的意见与建议,并要尽快地按照领导的意见和建议实施补救措施,找到解决问题最恰当的方式方法,将损失降至最低限度,将影响压至最小范围。

(三)站在领导的角度转换批评的理解视角

由于每名领导的工作方法、修养水平、情感特征各不相同,对同一个问题的批评方式就会表现出明显的差异。和风细雨式的批评好接受,而疾风骤雨式的批评就让人难以忍受。然而,作为下级,不可能去左右上级的态度和做法。应当认识到,只要上级的出发点是好的,是为了工作,为了大局,为了避免不良影响或造成更大的损失,哪怕是态度生硬一些,言辞过激一些,方式欠妥一些,作为下级也要适当给予理解和体谅。当上级批评自己时,可以换个位置,设身处地地从领导的角度考虑一下,领导往往想得更远一些,更周到一些。秘书人员首先要从自身找原因,千万不要与领导针锋相对,直接进行辩护,而是要理智地接受批评,认真地想一想受批评的原因,想一想问题到底出现在哪里,要采取"换位思考"的思维方式,站在领导者的角度来理解批评、思考问题、总结经验教训,以期从批评中汲取营养,从斥责中吸取教训,只有这样才能及时纠正错误,避免问题出现。如果只是局限于自我的角度考虑问题,就会让我们陷入狭隘、偏执、片面的泥潭中难以自拔。实际上,对于许多问题的思考,适时转换思维角度,会进入别有洞天、豁然开朗的境界。

(四)理智对待不恰当的批评

秘书工作中常常会有领导批评不当的情况。面对这种情形,秘书人员不要直接进行反驳和辩解,当场顶撞和对抗,而是要理智对待,学会忍耐、自我反省并总结教训。如果这种批评并不是领导恶意的指责,而是因特殊原因产生的误解,其目的是想帮助我们查找问题,防患于未然,我们就要保持良好的心态,将批评作为一种警示,对承担的工作进行一次自查,防止出现错误倾向,做到"有则改之,无则加勉"。另外,可以考虑等领导冷静之后,在适当的时候,以适当的方式,私下向领导作简要解释。据心理学家观察,当人们看到别人受委屈时既不斤斤计较,又有宽容大度的态度时,大都会因此而生恻隐之心,会给予其热情的关注和由衷的帮助。因此,对待老板因工作问题发脾气的正确态度是忍耐。当然,至于那些品质恶劣、视员工为奴隶,动辄以发脾气来压服下属、员工的领导,我们不必过于忍让,可采取比较温和的态度和强硬的措辞,有理、有利、有节地向领导表示反抗,但不可随意扩大矛盾。

能力训练

秘书与领导相处的情景模拟训练

一、训练目标

通过训练,学生能够根据秘书与领导关系的实质,按照秘书与领导相处的原则,有效地进行汇报、请示工作,正确处理领导的批评。

二、训练方案与要求

(一)场景一

某保安服务中心年度总结暨表彰大会召开之前,经理看了各保安部上报的材料,发现上报的材料都只报喜不报忧。为核实材料,经理派秘书进行调查。秘书接到任务后,只是根据各保安部所记载的材料和上报材料进行比较核对,然后据此写了一个报告呈送经理,作为年终总结评比的主要依据。结果贡献大、成绩突出的没有评上,而个别虚报数字、写假材料的反被评为年度先进单位,挫伤了群众的积极性,影响了年终评比的质量。

讨论:

1. 造成评比不准的原因何在?

2. 作为秘书,你应如何做好请示、汇报工作?

(二)场景二

有一次,X省委办公厅来电话通知,中央某部某领导,在X省的视察工作告一段落,定于次日乘飞机到N市,请接机,并请告知X省某书记。因某领导是他的老熟人,希望能在N市见面。接到通知后,秘书人员随即向机场问讯处查询航班时刻,问讯处回复,该航班正点于明日上午9时着陆,但可能停航。秘书人员接着向某书记报告。书记指示:明天我去接机。其他接待安排,请接待部门安排好,并把情况告诉我。结果书记按时到机场接站,未接到客人,回来即查问是怎么回事。经再查询得知,因近期某些原因,民航航班暂停运营。当天下午4时有一架军用飞机在N市机场着陆,某领导是乘军用飞机来的,第二次到机场才接到客人。

讨论:你是该秘书,你如何为领导处理好这一系列事项?

(三)场景三

秘书小李刚工作的时候,有一次具体负责组织召开会议,承担会议通知签到的工作,时间到了人员来得不齐,领导到了,看到人不齐对小李大声训斥:"怎么组织的,还能干点什么不,连个会都组织不好。"小李没有见过这种阵势,不知所措,急忙解释说:"都通知了,没有到……"还有一次各部门负责人员因工作都外出了,领导回来想开会找不到人,又把小李大训了一顿:"怎么干的,连人都找不到。"小李逐一解释人都干什么去了。这惹得领导更不高兴了,事后,另一名领导对小李说:"你不服,还要掰扯掰扯吗?"不久,领导给小李作出一个半褒半贬的评价:有思想,有个性,不善表达。

讨论:你是小李,你会如何处理上司的批评?

心理测试:领导风格测验

以下是一些描述,根据你的领导的特征符合情况打分,如果答案是非常同意,打5分;如果是比较同意,打4分;如果是差不多,打3分;如果只有一点同意,打2分;如果是不同意,打1分。

1. 是一个值得信赖的人吗?
2. 个性温和吗?
3. 有活力吗?
4. 善解人意吗?
5. 独立吗?
6. 受人爱戴吗?
7. 做事认真且正直吗?
8. 富有同情心吗?
9. 有说服力吗?
10. 大胆吗?
11. 工作指令精确吗?
12. 适应能力强吗?
13. 组织能力好吗?
14. 是否积极主动?
15. 害羞吗?

16. 强势吗?
17. 镇定吗?
18. 勇于学习吗?
19. 反应快吗?
20. 外向吗?
21. 注意细节吗?
22. 爱说话吗?
23. 协调能力好吗?
24. 勤劳吗?
25. 慷慨吗?
26. 小心翼翼吗?
27. 令人愉快吗?
28. 传统吗?
29. 亲切吗?
30. 工作足够有效率吗?

把第5、10、14、18、24、30题的分加起来就是"老虎型"的分数;

把第3、6、13、20、22、29题的分加起来就是"孔雀型"的分数;

把第2、8、15、17、25、28题的分加起来就是"无尾熊型"的分数;

把第1、7、11、16、21、26题的分加起来就是"猫头鹰型"的分数;

把第4、9、12、19、23、27题的分加起来就是"变色龙型"的分数。

假若某一项分远远高于其他四项,则是典型的这种属性;假若某两项分大大超过其他三项,则是这两种动物型的综合;假若各项分数都比较接近,则是一个面面俱到的人;

老虎型:具备高支配型特质,竞争力强、好胜心强、积极自信,是个有决断力的组织者。他胸怀大志、勇于冒险、分析能力敏锐、主动积极且具有极为强烈的企图心,只要认定目标就勇往直前,不畏反抗与攻讦,誓要达成目标。老虎型领导都倾向于以权威作风来进行决策,当其部属者除要高度服从外,也要有冒险犯难的勇气,为其杀敌闯关。

孔雀型:在任何团体内,都是人缘最好的人和最受欢迎的人,是最能吹响领导号角的人物。当孔雀型领导的部属者,除要乐于在团队中工作外,还要对其领导谦逊得体,不露锋芒,不出头,把一切成功的光环都让给领导。孔雀型领导是一把手的话,不宜让老虎型领导当二把手或部属。孔雀型领导天生具备乐观与和善的性格,有真诚的同情心和感染他人的能力,在以团队合作为主的工作环境中,会有最好的表现。

无尾熊型:具有高度的耐心。其敦厚随和,行事冷静自持;生活讲求规则但也随缘且从容,面对困境,都能泰然自若。无尾熊型领导适宜负责安定内部的管理工作,在需要专业精密技巧的领域,或在气氛和谐且不具紧迫时间表的职场环境中,他们最能发挥所长。无尾熊型领导强调无为而治,能与周围的人和睦相处而不树敌,是极佳的人事领导者。又由于他们具有高度的耐心,他们因而有能力为企业赚取长远的利益,或为公司打好永续经营的基础。

猫头鹰型:具有高度精准的能力,其行事风格重规则轻情感,事事以规则为准绳,并以之为主导思想。性格内敛、善于以数字或规条为表达工具而不大擅长以语言来沟通情感或向同事和部属等作指示。行事讲究条理分明、守纪律重承诺,是个完美主义者。

变色龙型:具有高度的应变能力。其性格善变,处事极具弹性,能为了适应环境的要求而调整其决定甚至信念。变色龙型领导,是支配型、表达型、耐心型、精确型四种特质的综合体,没有突出的个性,擅长整合内外信息,兼容并蓄,不会与人为敌,以中庸之道处世。他们处事圆融,弹性极强,处事处处留有余地,行事绝对不会走偏锋极端。然而,由于他们以善变为专长,故做人不会有什么立场或原则,也不会对任何人有效忠的意向。部属会难以忍受其善变和不讲原则的行为。

【习题与思考】

1.如何跟不同领导风格的上司相处?

2.秘书如何向领导请示工作?

3.秘书如何面对领导批评?

模块八
激励理论与应用及秘书的自我激励

 学 习 目 标

知识目标：

• 掌握需要的内涵、特点及分类。

• 掌握动机的含义和分类。

• 掌握需要层次理论、双因素理论、期望理论、公平理论、强化理论等激励理论。

• 掌握自我激励的方法。

能力目标：

• 掌握需要在管理中的运用。

• 掌握动机在管理中的运用。

• 运用激励理论,提高秘书工作的有效性。

• 采取合适方法进行自我激励。

素质目标

• 树立因人、因事、因时而不同的激励理念。

专题**1**　需要、动机和激励

案例导入

鸭子只有一条腿

某王爷手下有个著名的厨师,他的拿手好菜是烤鸭,深受王府里的人喜爱,尤其是王爷,更是倍加赏识。不过这个王爷从来没有给予过厨师任何鼓励,这让厨师整天闷闷不乐。有一天,王爷有客从远方来,在家设宴招待贵宾,点了数道菜,其中一道是王爷最喜爱吃的烤鸭。厨师奉命行事,然而,当王爷夹了一鸭腿给客人时,却找不到另一条鸭腿,他便问身后的厨师说:"另一条腿到哪里去了?"

厨师说:"禀王爷,我们府里养的鸭子都只有一条腿!"王爷感到诧异,但碍于客人在场,不便问个究竟。饭后,王爷便跟着厨师到鸭笼去查个究竟。时值夜晚,鸭子正在睡觉。每只鸭子都只露出一条腿。

厨师指着鸭子说:"王爷你看,我们府里的鸭子不全都是只有一条腿吗?"王爷听后,便大声拍掌,吵醒鸭子,鸭子当场被惊醒,都站了起来。

王爷说:"鸭子不全是两条腿吗?"厨师说:"对!对!不过,只有鼓掌拍手,才会有两条腿呀!"

要使人们始终处于施展才干的最佳状态,唯一有效的方法就是激励。没有比受到批评更能扼杀人的积极性的了。在员工情绪低落时,激励是非常重要的。身为秘书工作者,要善用激励手段激发员工工作热情,提高工作效率。

一、需要的一般概念[①]

(一)需要的含义及特点

1.需要的含义

需要是人们在个体生活和社会生活中感到某种欠缺而力求获得满足的一种内心状态,它是有机体自身或外部生活条件的要求在脑中的反映。

需要是主体对客观要求的反映。人作为高级动物,既是一个生物实体,又是一个社会实体。人为了求得个体的生存和社会的发展,必然产生一定的需求,如食物、睡眠、交往、配偶等,这些需求反映在人的头脑中,就形成了人的需要。

---

① 陈鸿雁.管理心理学[M].北京:北京交通大学出版社,2008:104-106.

2.需要的特点

(1)多样性。多样性是需要的最基本特征。它首先表现为不同个体的需要的差异性。由于个体在民族传统、宗教信仰、文化程度、收入水平、个性特点、生活方式、职业、年龄等方面不同,自然会有不同的价值观念和审美标准,基于这些不同的价值观念和审美标准,个体便会有各种各样的兴趣和爱好,进而使得其需要自然千差万别和丰富多彩。此外,对同一个体而言,其需要也是多方面的,不仅需要吃、穿、住、行,还需要社会交往、文化教育、娱乐消遣、休闲旅游、艺术欣赏等,这些都体现出需要的多样性。

(2)层次性。人的需要是有层次的。人类社会经历了一个由低级到高级的发展过程,人的需要也同样有一个由低级到高级的发展过程。当人们的低层次需要得到满足之后,必然会产生较高层次的需要,由此形成了一个由低级到高级逐级发展的体系。

(3)发展性。需要的发展性主要体现在两个方面。一是从纵向方面来看,随着社会经济文化的不断发展、道德风尚的变化以及生活和工作环境的改善,人们的需要也是不断变化的。一般是较低层次的需要得到满足之后,逐步向高层次推进,从简单需要向复杂需要发展,从物质需要向精神需要发展,从单纯追求数量上的满足向追求质量和数量的全面充实发展等,形成阶梯式的发展趋势。二是从横向方面来看,随着时代的进步,人们不断地增加需求的种类,扩大需求的范围,推动着人类社会的不断进步。

(4)伸缩性。因受内外部环境因素的影响,人们对某种需要可以增加和延伸,也可以减少和抑制,表现出伸缩性的特点。从内部环境来看,主要是指人自身欲望的程度和货币支付能力等;从外部环境来看,主要是指企业所提供的产品的供应量、价格、广告宣传、销售服务等,以及他人的实践经验。当客观条件限制了需要的满足时,需要可以被抑制、转化、降级,可以停留在某一水平上,也可以以某种可能的方式同时满足几种不同的需要,在特定情况下人们还可能为满足某一需要而放弃其他需要。

(5)可诱导性。人的需要的产生和发展除了个人生理、心理因素之外,外界的刺激也是一个重要的诱因。社会政治经济制度的变革、生活和工作环境的变迁、收入水平的提高、时尚潮流的起落、大众传媒的影响、艺术形象的激励、道德风尚的倡导、亲朋好友的劝说等,都可能引发需要的变化和转移,使潜在的欲望和需要转变为现实的行为,使未来的需要变成现在的需要,使微弱的需要变成强烈的需要。

(二)需要的分类

人的需要复杂多样,可以按照不同的标准对其进行分类。常见的分类主要如下。

1.按需要的起源,可分为生理性需要和社会性需要

生理性需要又称自然性需要,主要是人们为了维持和发展个体生命而产生的对客观事物的需求和欲望(如饮食、睡眠、休息、配偶、运动、排泄等),是人类最原始和最基本的需要,也是人和动物共有的需要。但人的生理性需要与动物的生理性需要有根本的区别:不仅需要的具体内容不同,而且满足需要的对象和手段也不一样。动物只能依靠周

围环境中的自然物来满足自己的需要,而人主要通过社会生产劳动生产出自己所需要的对象。人的生理性需要受社会生活条件所制约,具有社会性。

社会性需要是人们为了参加社会生活,进行社会交际而产生的对客观事物的需求和欲望,是人类所特有的高级需要,是后天的,是人们在社会实践中形成和发展的,如劳动的需要、交往的需要、求知的需要、美的需要、文化娱乐的需要等。社会性需要是在生理性需要的基础上,在后天社会环境等因素的影响下形成的。基于不同社会历史时期、不同阶级、不同民族、不同风俗习惯,人们的社会性需要有不同的表现。

2.按需要的对象,可分为物质需要和精神需要

物质需要是指人类对衣、食、住、行以及社会交往中所需的物质产品的需求和欲望。在人的物质需要中,既有生理性需要的成分,又有社会性需要的成分。如对于羽绒服的需求,防寒体现了生理性需要的成分,而追求时尚、品位的款式则体现了社会性需要的成分。因此,人的物质需要会随着社会生产的发展和社会的进步而不断发展起来。

精神需要是指人类对精神生活和社会交往中所需的精神产品的需求和欲望。人的精神需要多属于社会性需要,是人的高层次需要。如爱的需要、审美需要、求知需要、娱乐需要等,是人所特有的需要。这种需要如果长时间得不到满足,将会导致个性失常,影响心理的正常发展。

物质需要与精神需要有着密切的联系。满足物质需要往往也体现了精神上的需要,如人们对住房要求干净、舒适,对衣着要求漂亮、时髦等。而满足精神需要更是离不开物质产品,如满足娱乐需要时,要有娱乐的场所或娱乐的工具。

3.按需要的层次,可分为生存需要、享乐需要和发展需要

生存需要是指为了维持个体生命而产生的对基本生活用品的欲望和需求,如食物、衣服、住所等;享乐需要是指人们对通过消费物质或精神产品所获得的感官或精神愉悦的欲望和需求,如高档衣服、旅游等;发展需要是指人们为发展智力和体力、提升个人才能而对各类消费品产生的欲望和需求,如书籍、电脑、滋补品等。

二、动机的一般概念[①]

人们常说,行为之后必有原因,这里所说的原因就是动机。动机与需要是紧密联系的。如果说需要是人活动的基本动力源泉,那么,动机就是推动人采取某种行为的直接的心理动力。在实践中,若管理者认为某一员工没有动机,则无法对他进行激励,该员工的能动性和积极性就无法发挥出来。

(一)动机的含义

动机是直接推动和维持人们从事某项活动以满足一定需要的内部动力。人们从事

---

① 陈鸿雁.管理心理学[M].北京:北京交通大学出版社,2008:109-112.

任何活动都是有一定的原因的,无一不是在动机驱使下进行的。动机产生的条件有两个:需要和诱因。

需要是引起动机的内在条件。需要是指由个体生理上或心理上的缺失或不足而引发的一种不平衡状态,个体为了获得需要的满足,就会积极地去寻找满足需要的对象,从而产生活动动机。例如,冬天冷的时候,人就会尽可能地寻找温暖的地方,当人饿时就会去寻找食物等。

诱因是引起动机的外在条件。诱因是指能够诱发个体产生动机的刺激或情境。有了诱因,人才能为满足需要去采取行动,需要才表现为活动动机,推动行为达到目标。如果仅有需要而没有诱因,动机是不会产生的。诱因可以是物质诱因,也可以是精神诱因;可以是正诱因,也可以是负诱因。

(二)动机的作用

1.引发功能

人们的各种各样的活动都由一定的动机所引起,没有动机也就没有活动。动机是引起活动的原动力,它对活动起着激发作用。恩格斯曾指出,就个人来说,他的行动的一切动力,都一定要通过他的头脑,一定要转变为他的愿望的动机,才能使他行动起来。

2.指向功能

在动机的支配下,个体的行为总是指向特定的对象,动机对其行为具有定向作用,驱使个体围绕特定对象展开相应行动以实现目标。动机不一样,个体活动的方向以及它所追求的目标也是不一样的。例如,在学习动机的支配下,人们会到书店买书或去图书馆借书;在进食动机的支配下,人们就会积极地去寻找食物。

3.调节和维持功能

当活动产生后,动机要维持着这种活动,使它持续下去,并及时调节活动的强度和持续时间。当活动指向个体所追求的目标时,动机就得到强化,活动就会持续下去;当活动偏离个体所追求的目标时,动机得不到强化,活动就会逐渐停止。

(三)动机的分类

人的动机是多种多样的,我们可以从不同角度,按照不同标准来进行分类。

1.生理性动机和社会性动机

根据动机的起源,可把动机分为生理性动机和社会性动机。生理性动机是由生理需要所引发的行为动力,例如,饥渴、缺氧、疼痛、性欲、排泄等动机。社会性动机是由社会性需要所引发的行为动力,例如,求知、交往、成就、亲和等动机。社会性动机是在一定的社会生活条件下形成并发展起来的,对人的行为和活动具有重大的意义,其引发的行为推动力更为强烈。

2.外在动机和内在动机

根据动机的来源,可把动机分为外在动机和内在动机。外在动机是指人为了某些外在结果而从事某项活动的动机,如个体为了获得领导的赏识而努力工作,并非对工作本身感兴趣。内在动机是指由个体的内在需要而引起的动机,如个体的自尊心、责任感、荣誉感、求知欲等。美国当代著名的教育家、心理学家布鲁纳指出,内在动机由三种内驱力引起:好奇内驱力、胜任内驱力以及互惠内驱力。一般认为,相较于外在动机,内在动机对个体行为的推动作用更为稳定和持久。

3. 近景性动机和远景性动机

根据动机的影响范围和持续作用的时间,可把动机分为近景性动机和远景性动机。近景性动机是指与近期目标相联系的一类动机。这类动机影响的范围小,只对个别的具体活动起作用,且时间较短,不够稳定,常受个人情绪和兴趣的影响。例如,大学生在确定选修课程时,有的会考虑今后走上社会谋职的需要,有的只考虑眼下是否能毕业。远景性动机是指动机行为与长远目标相联系的一类动机。这类动机影响范围大,作用的时间长,而且比较稳定。

4. 主导性动机和辅助性动机

根据动机在活动中的地位和所起的作用,可把动机分为主导性动机和辅助性动机。在人的活动中,特别是在复杂的活动中,人们往往存在着多种动机。主导性动机是指在活动中最为强烈、最为稳定的且处于支配地位的动机。辅助性动机是指在活动中处于辅助性地位的动机,它微弱、不稳定,处于次要地位。在个体的成长过程中,个体活动的主导性动机是不断变化与发展的。只有主导性动机与辅助性动机的关系较为一致时,个体活动的动力才会加强;彼此冲突时,个体活动的动力就会减弱。

知识链接

孩子在为谁而玩?

一群孩子在一位老人家门前嬉闹,叫声连天。几天过去,老人难以忍受了。

于是,他出来给了每个孩子25美分,对他们说:"你们让这儿变得很热闹,我觉得自己年轻了不少,这点钱表示谢意。"孩子们很高兴,第二天仍然来了,一如既往地嬉闹。老人再出来,给了每个孩子15美分。他解释说,自己没有收入,只能少给一些。15美分也还可以吧,孩子仍然兴高采烈地走了。第三天,老人只给了每个孩子5美分。孩子们勃然大怒:"一天才5美分,知不知道我们多辛苦!"他们向老人发誓,他们再也不会为他玩了!

该案例给我们的启示是,人的动机分为两种,包括内部动机和外部动机。如果按照内部动机去行动,我们就是自己的主人;如果驱使我们的是外部动机,我们就会被外部因素所左右,成为它的奴隶。故事中,老人将孩子们的内部动机"为自己快乐而玩"变成了外部动机"为得到美分而玩"。老人就像是老板、上司,而美分就像是工资、奖金等各种各样的外部奖励。当外部奖励达不到员工的内部期望时,员工就会产生不满情绪,甚至牢骚满腹。不满和牢骚等负性情绪让他们痛苦,为了减少痛苦,他们就只好降低内部期望,最常见的方法就是降低工作的努力程度。

三、需要、动机与激励

(一)需要与动机

需要和动机有着密切的联系,如果说人的各种需要是个体行为积极性的源泉和实质,那么,人的各种动机就是这种源泉和实质的具体表现。动机是在需要的基础上产生的,是由某种欲望或需要引起的,也是推动人们活动的直接原因。

1.需要是人的积极性的基础和根源

心理学家指出,当需要得不到满足时,有机体内部就会产生一种叫作内驱力的刺激。内驱力使机体处于紧张状态,并促使机体释放出一定能量或冲动,即促使有机体做出反应,而反应的最终结果是需要得到满足。这种反应是有目标的。内驱力只有与目标联系起来,反应才能出现。内驱力与目标的联系是后天学习的结果。个体出生以后,就通过各种形式的学习,把自己的各种需要同某些能缓解内驱力所引发的紧张状态的物体、情境或事件联系在一起。因此,动机是在需要的基础上产生的,但需要未必产生动机。

2.需要转化为动机的心理机制是需要条件的

当人的需要具有某种特定目标时,需要才能转化为动机。但不是所有的需要都能转化为动机,需要转化为动机必须满足两个条件:

第一,需要必须有一定的强度,某种需要必须成为个体的强烈愿望,迫切要求得到满足。如果需要不迫切,则不足以促使人去行动以满足这个需要。

第二,需要转化为动机还要有适当的客观条件,即存在诱因,它既包括物质的刺激也包括社会性的刺激。有了客观的诱因才能促使人去追求它、得到它,以满足某种需要;相反,则无法转化为动机。例如,身处荒岛,很想与人交往,但荒岛缺乏交往的对象(诱因),这种需要就无法转化为动机。

可见,人的行为动力是由主观需要和客观事物共同决定的。按心理学所揭示的规律,需求或欲望引发动机,动机支配着人们的行为。当人们产生某种需要时,心理上就会产生不安与紧张的情绪,这就成为一种内在的驱动力(即动机),它驱使人选择目标,并进行实现目标的活动,以满足需要。需要满足后,人的心理紧张消除,然后又有新的需要产生,再引起新的行为,这样周而复始,循环往复,如图8.1所示。

$$\boxed{需求/欲望} \rightarrow \boxed{心理紧张} \rightarrow \boxed{动机} \rightarrow \boxed{目标导向} \rightarrow \boxed{目标行动} \rightarrow \boxed{需要满足,紧张消除} \rightarrow \boxed{产生新的需要}$$

图8.1　需要与动机转化的关系

(二)激励概述①

1.激励的含义

所谓激励,就是组织通过设计适当的外部奖酬形式和工作环境,以一定的行为规范和惩罚性措施,借助信息沟通,来激发、引导、保持和规范组织成员的行为,以有效地实现组织及其成员目标的系统活动。这一定义包含以下几方面的内容:

(1)激励的出发点是满足组织成员的各种需要,即通过系统地设计适当的外部奖酬形式和工作环境,来满足企业员工的外在需要和内在需要。

(2)科学的激励工作需要奖励和惩罚并举:既要对员工表现出来的符合企业期望的行为进行奖励,又要对不符企业员工期望的行为进行惩罚。

(3)激励贯穿于企业员工工作的全过程,包括对员工个人需要的了解、个性的把握、行为过程的控制和行为结果的评价等。因此,激励工作需要耐心。赫兹伯格说过,激励员工需要锲而不舍。

(4)信息沟通贯穿于激励工作的始末,从对激励制度的宣传和对企业员工个人的了解,到对员工行为过程的控制和对员工行为结果的评价等,都依赖于一定的信息沟通。企业组织中信息沟通是否通畅,是否及时、准确、全面,直接影响着激励制度的运用效果和激励工作的成本。

(5)激励的最终目的是在实现组织预期目标的同时,也能让组织成员实现其个人目标,即达到组织目标和员工个人目标在客观上的统一。

2.激励的作用

激励的最根本目的是根据员工的不同需要,正确诱导员工的工作动机,使他们在实现组织目标的同时实现自身的需要,增加其满意度,从而保持并激发他们的积极性和创造性,最终提高管理效率。

美国哈佛大学的威廉·詹姆斯教授在对员工激励的研究中发现,按时计酬的分配制度仅能让员工发挥20%~30%的能力,但如果受到充分的激励,员工的能力可以发挥出80%~90%,两种情况之间60%的差距就是有效激励的效果。管理学家的研究表明,员工的工作绩效是员工能力和受激励程度的函数,即绩效=F(能力×激励)。也就是说,人的工作绩效不仅取决于其能力的大小,而且取决于激励的水平及积极性的高低。只有获得强有力的激励,才能激发人的工作热情与兴趣,才能充分调动和提高员工工作的自觉性、主动性、创造性,增强企业的凝聚力和向心力,从而有助于企业吸引和留住人才,有利于提高企业整体效率,提高企业的核心竞争力。

---

① 刘正周.管理激励[M].上海:上海财经大学出版社,1998.

知识链接

动力、激励及其实质

动力可以被简单描述为"促使一个人采取某种行动的需要或欲望",动力来源于个人的需要(需求和欲望),它为人们以某种方式行动提供了正当的理由。激励他人就是一个提供行动动机的过程。所有的动力都指向某种向往的目标或报酬,其一大特点就是以目标为指向,集中于某个希望达到的目的。

动力具有以下特征:它来自员工自身,与员工的环境和经历等有关,是精神和物质复合的,并且是会发生变化的。了解动力的特征,能够帮助管理者变得客观,避免犯把自身的动力误认为是员工的动力的错误。

激励具有这样的特征:它是领导采取的能够使下属的需要和欲望得到满足的有效行动,这种行动能让下属产生朝领导者所希望的方向和要求努力的愿望。了解激励的特征,管理者能够在了解员工的动力的前提下,应用管理方法去激励员工朝自己希望的方向努力。

有些管理学家认为"管理就是激励",激励要产生效果的关键是要激起员工内在的工作动力,而情绪(情感)是动力的根源。人类的行为通常是由情绪(情感)引发的,很多情况下我们有某种行为是因为受到了某种情绪刺激。有三类情绪能引起持久的行为或行为变化:一是恐惧(我们感到自己不得不做);二是责任(我们感到自己应该做);三是欲望(我们感到自己想要做)。

将这三者进行比较,可以发现,因恐惧而被迫去做事,这种动力是不持久的;基于责任而去做事,可以维持相对较长的时间;因自己内在的需要、欲望而去做事,才会产生最强有力、最持久的动力。

动力来自人的内心,所以指挥或威胁别人去做某事这种行为本身并不是激励。[1]

(三)激励的心理综合模式

激励是一个由需要决定动机、动机产生行为的心理活动过程。但激励、需要、动机、行为之间并不是简单的因果关系。设置了激励目标,不一定就能获得所需的行动和努力,员工也不一定会满意。要形成奖励目标→努力→绩效→奖励→满意及从满意反馈回努力这样的良性循环,取决于激励(奖励内容和奖励制度)、个体需要、动机、行为、目标、组织分工、反馈、管理水平、公平的考核制度等综合性因素。图8.2是波特和劳勒在1968年的《管理态度和成绩》一书中提出来的波特和劳勒的综合激励过程模型。

---

[1] 蒂姆，彼得森.人的行为与组织管理[M].钟谷兰,译.北京:中国轻工业出版社,2004:40.

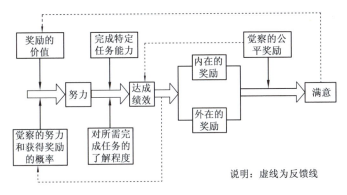

图8.2　波特和劳勒的综合激励模型

这种模式的具体内容是，一个人在做出了成绩后，会得到两类奖励：一种是外在奖励，包括工资、地位、提升、安全感等。另一种是内在奖励，即一个人由于工作成绩良好而给予自己的奖励，如感到对社会作出了贡献、对自我存在意义及能力的肯定等。它对应的是高层次的需要的满足，而且与工作成绩是直接相关的。由于一个人的成绩，特别是非定量化的成绩往往难以精确衡量，而工资、地位、提升等奖励的取得也涉及多种因素，不完全取决于个人成绩，所以二者之间不存在直接的、必然的因果关系。

同时，内部和外部奖励与个人满意之间还必须要经过"觉察的公正奖励"来调节。也就是说，一个人要把自己所得到的奖励同自己认为应该得到的奖励相比较。如果他认为公平，他就会感到满足，从而激励他以后更好地努力。如果他认为自己得到的奖励低于"觉察的公正奖励"，那么即使事实上他得到的奖励并不少，他也会感到不满足，甚至失落，从而影响他以后的努力。因此，在对员工进行激励时，管理者要密切关注和研究激励的整个过程，最终取得较好的激励效果。

知识链接

当代员工的需求特点

当代员工他们期待：发展个性、崇尚自由、独立自主、包容多元、期待变化。

1.注重工作的意义多于注重薪酬；

2.注重个人的发展多于当前需求的满足；

3.愿意接受教练/辅导而非命令；

4.看重持续的沟通而非年度考核；

5.注重发挥优势而非弥补短板；

6.更加注重生活品质而非只是投入工作。

——引自申先军《领导者的大脑：神经科学与领导力提升》

心理素质训练：人的本性

一位家庭主妇给客人端上米饭。

客人称赞说："这米饭真香！"

主妇兴奋地告诉客人："是我做的。"

客人吃了一口，又问："怎么煳了？"

主妇的脸色骤变，赶紧解释道："是孩子他奶奶烧的火。"

客人又吃了一口："还有砂子！"

主妇又答："是孩子他姑淘的米。"

讨论回答：该故事所反映的人的本性具有怎样的特点？我们平时待人处世应该注意什么？

【习题与思考】

1.试述需要的含义及特点。

2.试述动机的含义及作用。

3.试述需要、动机和激励的区别。

专题2　激励理论与秘书工作实践

案例导入

背景介绍：

谷歌成立于1998年，是一家全球知名的科技公司，以创新文化和卓越的工作环境著称。谷歌的成功在很大程度上归功于其独特的企业文化和有效的员工激励机制。

具体策略：

1.自主性和创造性：谷歌鼓励员工在工作中拥有高度的自主性，允许他们花费一定比例的工作时间（通常为20%）从事自己感兴趣的项目。这种政策激发了员工的创造力和热情，许多重要的创新产品如Gmail和Google News都源于这种"20%时间"的项目。

2.优越的工作环境和福利：谷歌提供一流的办公设施，包括宽敞的办公室、健身房、免费的餐饮服务等。此外，谷歌还提供丰富的员工福利，如医疗保险、育儿假、股票期权等。这些福利不仅提高了员工的满意度，也提高了他们对公司的忠诚度。

3.绩效奖励和晋升机会:谷歌实施绩效管理系统,根据员工的工作表现提供奖金、股票期权和晋升机会。这种基于绩效的奖励机制激励员工努力工作,追求卓越。

4.开放和包容的文化:谷歌倡导开放和包容的企业文化,鼓励员工提出意见和建议,无论职位高低。这种文化促进了团队合作和知识分享,有助于激发员工的创新思维。

5.持续学习和职业发展:谷歌重视员工的个人成长和职业发展,提供各种培训和发展计划,帮助员工提升技能和知识水平。这不仅有助于员工实现个人目标,也为公司培养了更多的人才。

效果与影响:

谷歌的激励机制取得了显著的效果。它不仅提高了员工的工作积极性和满意度,也促进了公司的创新和发展。谷歌的许多产品和服务都是行业领先者,这在很大程度上得益于其员工的创造力和努力。此外,谷歌的激励机制也吸引了大量优秀人才加入,进一步增强了公司的竞争力。

谷歌通过提供自主性、优越的工作环境和福利、绩效奖励、开放和包容的文化以及持续学习的机会,成功地激励了员工的工作积极性。这些策略不仅有助于提高员工的工作效率和质量,还促进了公司的长期发展和成功。

一、需要层次理论与秘书工作实践

(一)需要层次理论的主要内容

马斯洛的需求层次理论是行为科学的理论之一,由美国心理学家亚伯拉罕·马斯洛于1943年在论文《人类激励理论》中提出。他认为人的基本需要由低级到高级,以层次形式出现。当某一层次的需要得到满足时,其激发动机的作用随之减弱或消失,此时上一级的较高层次需要成为新的激励因素。这样,人的基本需要便形成一种层系结构:生理需要、安全需要、社会需要、尊重需要和自我实现需要由较低层次到较高层次排列(图8.3)。

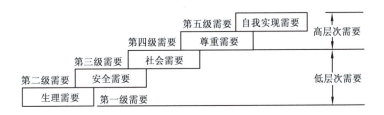

图8.3　马斯洛需要层次理论

各层次需要的基本含义如下:

1.生理需要

生理需要(Physiological Needs)是人类维持自身生存的最基本需求。它包括对以下事物的需求：食物、衣服、住所、空气、睡眠及其他生理需要。马斯洛认为这是人类最基本、最底层、最明显的一种需要。如果这些需要中的任何一项得不到满足，人类个体的生理机能就无法正常运转。只有这些最基本的需要达到维持生存所必需的程度后，其他的需要才能成为新的激励因素。而到了此时，这些已被相对满足的需要也就不再成为激励因素了。

2. 安全需要

安全需要（Security Needs）是人类在保障自身安全、摆脱失业和丧失财产的威胁、避免职业病的侵袭等方面的需要。马斯洛认为，整个有机体是一个追求安全的机制，人的感受器官、效应器官、智能和其他能量主要是寻求安全的工具，甚至可以把科学和人生观都看作满足安全需要的一部分。在现代企业中，安全需要表现为渴望一种安全而稳定的职业，如职业保障（避免失业）、工作安全（希望不出工伤事故、免除职业病的危害）、经济安全（经济收入有保障、有医疗保险、养老有保障）等。

3. 社会需要

当一个人的生理需要和安全需要得到满足后，社会需要（Social Needs）便占据了主导地位。这一层次的需要包括两个方面的内容。一是友爱的需要，即人人都需要伙伴之间、同事之间的关系融洽或保持友谊和忠诚；人人都希望得到爱，希望爱别人，也渴望接受别人的爱。二是归属的需要，即人都有一种归属于一个群体的感情，希望成为群体中的一员，并相互关心和照顾。感情上的需要比生理上的需要更细致，它和一个人的生理特性、经历、教育背景以及个人所处的家庭环境、所属的国家、民族、宗教信仰都有关系。马斯洛认为，人是一种社会动物，希望在社会生活中得到别人的注意、接纳、关心、友爱和同情，在感情上有所归属，不希望在社会中成为离群的孤鸟。当人们的社交需要得不到满足时，其行为就倾向于与组织的目标相对立，形成抗拒、不和谐的局面，这就可能影响到员工的精神健康和心理健康。

4. 尊重需要

当人们的归属需要有了满足感后，就不再满足于自己仅仅是群体中普通的一员，而是更进一步产生了尊重需要（Esteem Needs）。尊重需求既包括对成就或自我价值的个人感觉，也包括他人对自己的认可与尊重。一方面，每个人都希望在各种不同情境中有实力、能胜任、充满信心、能独立自主、有自豪感和优越感；另一方面，每个人也都希望得到他人认可，有地位、有威信，受到别人的尊重、信赖和高度评价。马斯洛认为，尊重需要得到满足，能使人对自己充满信心，对社会满腔热情，体验到自己活着的用处和价值。

5. 自我实现需要

自我实现需要（Self-Actualization Needs）是人类最高层次的需要，它是指实现个人理想、抱负，发挥个人的能力到最大程度，完成与自己的能力相称的一切事情的需要。它包括对以下事物的需要：道德、创造力、自觉性、问题解决能力、公正度、接受现实能力等。马斯洛提出，自我实现的需要在于努力发挥自己的潜力，使自己越来越成为自己所期望的人物,同时,为满足自我实现需要所采取的途径是因人而异的,有人表现在体育上,有人表现在绘画或发明创造上⋯⋯

各层次需要之间还有以下一些关系:

第一,一般来说,五种需要像阶梯一样从低到高,按层次逐级递升,但这种次序不是完全固定的,可以变化。某一层次的需要相对满足了,就会向高一层次发展,追求更高一层次的需要就成为驱使行为的动力。相应地,获得基本满足的需要就不再是一股主要的激励力量。

第二,五种需要可以分为两级,其中生理需要、安全需要和社会需要都属于低一级的需要,这些需要通过外部条件就可以满足;而尊重的需要和自我实现的需要是高级需要,它们是通过内部因素才能满足的,而且一个人对尊重和自我实现的需要是无止境的。同一时期,一个人可能有几种需要,但每一时期总有一种需要占支配地位,对行为起决定作用。任何一种需要都不会因为更高层次需要的发展而消失。各层次的需要相互依赖和重叠,高层次的需要发展后,低层次的需要仍然存在,只是对行为影响的程度大大降低。

(二)需要层次理论在秘书工作中的应用

马斯洛的需求层次理论,在一定程度上反映了人类行为和心理活动的共同规律。马斯洛从人的需要出发,探索人的行为并研究如何对人进行激励,抓住了问题的关键,对秘书工作中如何有效地调动人的积极性,提高工作效率有很好的指导作用。行为学家们依据马斯洛的需要层次理论,将需要的层次、激励的因素以及管理的策略对应整理成表8.1,为秘书工作的实践提供了指南。

表8.1　需要、激励因素、管理策略对应表

需要	激励因素	管理策略
生理需要	工资和奖金、福利、工作环境	完善的工资和奖金制度、贷款制度、医疗保健制度、工作时间(休息)制度,创造健康工作环境,提供住房补贴或住房公积金制度,提供住宅和福利设施
安全需要	职位保障、意外事故防范	安全生产生活条件、危险工种的营养福利制度、合理的用工制度、离退休养老金制度、健康和意外保险制度、失业金制度等
社会需要	良好的人际关系、组织的认同	和谐工作小组和良好人际关系、协商和对话制度、互助金制度、工会及其他团体活动、娱乐制度、教育训练制度
尊重需要	名誉、地位、权力与责任、被人尊重与自尊、与他人工资奖金之比较	人事考核制度、工作职称晋升制度、选拔择优的进修制度、委员会参与制度、合理化建设制度
自我实现需要	发挥自己特长的组织环境、承担有挑战性的工作等	决策参与制度、建立攻关小组、提倡创造性工作、发动员工研究发展规划、交给员工挑战性工作、破格晋升制度

根据需要层次理论,人的需要在客观上存在层次,而且人的需求与欲望会随着社会环境和经济水平的发展不断变化和升级。因此,在工作实践中,秘书应把握以下几方面:

1.了解需要产生的起因、需要的多层次性,有针对性地开展秘书管理工作

人的需要的产生由多种因素引起,需要也有高低、迫切程度之分,人的一种或几种主导需要都是通过行为反映出来的。秘书人员在管理活动中要关注社会发展的动态,准确地判断、掌握员工的需要及其变化发展规律,根据不同层次的需要,采取相应的组织措施,来引导和激发员工的需要,强化员工的主导动机,从而影响员工的行为,使之与组织的或社会的要求相一致。比如,对于需要层次较低的员工更多地采用物质激励的方式(工资、奖金、补贴、福利等),而对于需要层次较高的员工更多地采用精神激励的方式(培训、提拔、晋升等)。

2.正确引导员工需要,搭建起上下沟通的桥梁

事实表明,个人和组织中的事件确实能引导、改变员工需要。组织中的习惯做法会强烈地影响许多高层次需求的产生,也会在一定程度上决定这些需求能否得到满足。例如,根据过去胜任工作而给予的金钱奖励能够满足员工的物质需求,而根据过去胜任工作而给予的晋升奖励能够满足员工的尊重需求。因此,在秘书管理工作中应注意掌握员工的工作动机,有针对性地开展思想政治工作,组织宣传工作,正确引导和满足员工的需要。一方面重视员工生理需要的价值,并把满足员工合理的生理需要摆到应有的位置上;另一方面通过引导使健康的精神需要占主导地位,使个人的需要与组织和社会的需要协调一致,搭建起组织上下沟通的桥梁。

能力训练

小猴进城

小猴想进城,可没人拉车。他想呀想,终于想出了一个好主意。他在车上系了三个绳套:一个长,一个短,一个不长也不短。他叫来了小老鼠,让他闭上眼,拉长套。又叫来小狗,让他闭上眼,拉短套。他再叫来小猫,在小猫背上系了一块肉骨头,让小猫闭上眼,拉不长不短的绳套。小猴爬上车,让大家一起睁开眼。

小老鼠看见身后有猫,吓得拉着长套拼命跑;小猫看见前面有只老鼠,拉着套使劲地追;小狗看见猫背上的肉骨头,馋得直往前撺。

小猴快快活活地坐在车里,不一会儿就进了城。

请用马斯洛的需要层次理论分析这个寓言故事。

二、双因素理论与秘书工作实践

(一)双因素理论的主要内容

双因素理论(Two Factor Theory)是美国心理学家弗雷德里克·赫茨伯格于1959年提出的。赫茨伯格在马斯洛的需要层次论基础上进行了进一步研究,在匹兹堡地区的11个工商机构中,向200多名工程师、会计师等"白领"工作者进行了调查。在调查中,赫茨伯格设计了这样一些问题:"什么时候你对工作特别满意? 什么时候你对工作特别不满意? 满意与否的原因是什么?"同时,他要求被调查者在具体情境下详细描述他们认为工作中特别满意和特别不满意的方面。通过对调查结果的分析,赫茨伯格发现,员工对各种因素满意与不满意的回答是有区别的。因此,他把导致工作不满意的因素称为保健因素,把导致工作满意的因素定义为激励因素。

1.保健因素

"保健因素"(Hygiene Factor)就是那些造成员工不满的因素,它们能够缓解员工的不满情绪,但不能使员工感到满意并激发起员工的积极性。保健因素的满足对职工产生的效果类似于卫生保健对身体健康所起的作用。保健从人的环境中消除有害于健康的事物,它不能直接提高健康水平,但有预防疾病的效果;它不是治疗性的,而是预防性的。保健因素并不会促成积极的态度,这就形成了某种既不是满意也不是不满意的中性状态。

2.激励因素

"激励因素"(Motivator Factor)就是那些使员工感到满意的因素,唯有改善它们才能让员工感到满意,给员工以较高的激励,调动员工的积极性,提高劳动生产率。激励因素是那些能满足个人自我实现需要的因素,没有这些因素不会引起员工的不满意,但具备这些因素就能对人们产生更大的激励。赫茨伯格还发现与满意有关的因素都是与自身有关的因素,如成就、承认、责任等;与不满意有关的因素都是外部因素,如管理和监督、人际关系、工作条件等。两种因素的具体内容如表8.2所示。

表8.2　激励因素与保健因素

保健因素	激励因素
公司的政策和管理措施	成就感
监督系统	认可和赞赏
工作环境和工作条件	工作本身的挑战性和兴趣
薪金、福利	责任感
工作稳定性、安全感	晋升
与他人之间的关系	发展、成长机会

这一理论的研究重点是组织中个人与工作的关系问题,赫茨伯格认为个人对工作的态度在很大程度上决定着任务的成功与失败。同时,赫茨伯格进一步指出:

第一,满意的对立面并不是不满意,消除了工作中的不满意也并不一定能使人对工作感到满意。满意的对立面是没有满意,不满意的对立面是没有不满意。

第二,双因素理论是针对满足的目标而言的。保健因素是满足人们对外部条件的要求,激励因素是满足人们对工作本身的要求。满足人们对外部条件的要求,称为间接满足,它可以使人们受到外在激励;满足人们对工作本身的要求,称为直接满足,它可以使人们受到内在激励。因此,若要调动人的积极性,就要更加注重内在激励的方式(图8.4)。

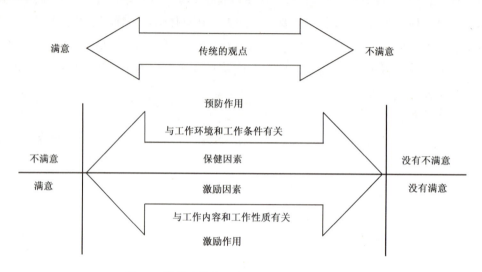

图8.4　赫茨伯格的观点与传统观点的比较

(二)双因素理论在秘书工作中的应用

双因素理论指出,调动员工的积极性不仅要充分注意保健因素,使员工不至于产生不满情绪,更要注意利用激励因素去激发员工的工作热情,使其努力工作。如果只顾及保健因素,仅仅让员工暂时没有什么意见,是很难创造出一流工作成绩的。双因素理论为秘书工作者更好地激发员工工作的热情提供了新思路。在实施激励时,应注意区别保健因素和激励因素,不仅要注意物质利益和工作条件等外部因素,使员工受到外在激励。更重要的是要注意工作的安排,量才录用,各得其所,注意对人进行精神鼓励,给予表扬和认可,注意给人以成长、发展、晋升等内在因素,使员工受到内在激励。

1.外在激励

外在激励又称工作任务以外的激励。这种激励不是从工作本身获得的,而是在工作以后获得的。外在激励的基础是保健因素,如物质报酬、福利等,这都属于间接满足,是对员工付出劳动的一种外在回报。间接满足虽然也与员工所承担的工作有一定的联系,但它毕竟不是直接的,因而在调动员工积极性上往往有一定的局限性,常常会使员工感到与工作本身关系不大而不太在意。研究者认为,这种激励虽然也能够显著地提高工作效率,但不容易持久,有时处理不好还会产生负面作用。因此,秘书工作者在管理实践中,要注重保健因素,注意创造良好的工作外部环境和条件以防止员工产生不满意情绪的同时,更重要的是要利用激励因素来激发职工的工作热情,提高工作效率。

2. 内在激励

内在激励又称工作任务以内的激励。内在激励的基础是激励因素,如工作本身、认可、成就和责任等,这些带来的满足属于直接满足。它是一个人在工作本身及工作过程中的人际关系中所获得的激励,这种激励并非依赖于外部的物质奖励或工作环境等因素。内在激励不仅能使员工学习到新的知识和技能,产生兴趣和热情,还能使员工具有光荣感、责任心和成就感,因而可以使员工产生极大的工作积极性。这种激励的措施虽然有时所需的时间较长,但是员工的积极性一经激励起来,不仅可以提高生产效率,而且能够持久。所以秘书工作者在管理实践中,应该充分注意运用这种方法,通过改进工作内容,进行工作任务再设计,提供具有挑战性的工作,增加工作责任,给予成就认可、赏识以及成长和发展的机会,对员工产生更大的激励。

秘书工作者在实施激励时,一方面应注意区别保健因素和激励因素,利用保健因素的作用消除工作不满情绪,利用激励因素去激发员工的工作热情,从而产生满意情绪,激发持续的工作积极性。另一方面激励因素和保健因素并不是绝对的,无论是工作环境方面的因素还是工作内容方面的因素,都可能产生激励作用,这取决于工作环境的具体情况以及员工个体心理等多方面的条件。在管理实践中,秘书工作者应科学、辩证地认识两大因素,同时综合、有效地利用内部、外部激励因素提高员工的工作效率。

案 例

春秋时期,有一个少数民族部落群体叫山戎,恃其地险兵强,屡屡侵犯齐国。齐桓公决定以管仲为军师,亲自率兵攻打山戎国。在一次行军中,齐国大军必须经过一段山路,只见顽山连路,怪石嵯峨,草木蒙茸,竹箐塞路。由于道路十分崎岖,不但辎重车辆十分难行,兵士也疲惫不堪。

正当十分艰难的时候,管仲了制作《上山歌》和《下山歌》,并教士兵反复吟唱。一时间,军歌嘹亮,你唱我和,辎重车轮运转如飞,军队士气如虹。齐桓公与管仲、隰朋等,登上备耳山顶观看。

齐桓公叹道:"寡人今日才知道军歌原来可以鼓舞士气啊,这是什么原因呢?"

管仲回答说:"但凡人如果疲劳过度就会伤神,而人一高兴就会忘记疲劳了。"

齐桓公说:"想不到仲父人情练达到如此地步啊。"

说完便催促军队加速前进,结果打了一个大胜仗。

启示:单纯的工资、奖金这些物质因素能产生激励效果,但良好的积极向上的工作氛围,同样可以发挥巨大的激励作用。我们在工作中不应只把调动员工积极性的希望寄托于物质鼓励方面,而应注意处理好物质与精神的关系,通过合理的方式发挥激励作用,提高管理效率,达到企业绩效目标。

能力训练

20世纪90年代,日产汽车公司面临一个问题:它在日本的工厂招不到足够的工人。日本的年轻人抗拒装配线工作。他们认为这种工作单调乏味、节奏太快、令人厌倦,宁愿从事工作环境更清洁、更安全的服务工作。甚至在那些想尝试汽车业工作的年轻人中,也有30%在第一年辞职。劳工短缺意味着工作大量超时,许多员工每天工作12个小时,并且周六也工作。不仅员工不喜欢太长的工作时间,管理层也因为工作时间太长带来的高成本和雇用临时工的问题而感到困扰。

尼桑公司的管理层能做些什么呢?不论提出什么解决方法,他们都认识到这不是一个短期问题。日本人口日趋老化,低人口出生率意味着18岁的年轻人口数量会从当时的200万人急速下降到10年后的150万人。而且,汽车制造商被日本政府要求缩短平均工作时间,以便和其他工业化国家更一致。

美国卡车公司(USA Truck)面临着与尼桑公司相似的问题。阿肯色(Arkansans)的长途货运公司为固特异(Goodyear)、通用汽车等公司运输轮胎纤维和汽车部件。该公司由于高流动率也面临卡车司机短缺的问题。当新的管理层在1989年接管公司时,他们决定勇敢地面对这个问题。他们直接去找公司的600名司机,征求他们对降低流动率的建议。这是公司管理层和资深司机之间的第一次季度性会议。

美国卡车公司的新管理层从司机那儿得到大量信息。当工资高时(通常是每年50000美元或更多),司机抱怨工作时间长,每周70个小时是常有的事,每次都要在路上花费2周到4周。当司机要求反锁刹车和气动装置时,公司满足了他们的要求,进行了安装。公司在阿肯色州的西孟菲斯市终点站建造了司机住宅区,员工建议每家配置私人浴室而不要公共浴池,公司也照办了。司机要求在横跨全国的长途运输中能有更多的时间回家,于是,公司减少了司机在路上的时间,把出差时间从每星期6次减为2次。

美国卡车公司的这些变革极大地提高了员工的士气,也降低了司机的流动率。但工作依旧是艰苦的,这是因为美国卡车公司与大多数运输公司不同,对送货时间的承诺准确到小时而不是到天,所以管理层要求按时送货。可见,在管理层对员工的尊重日益增加的同时,公司并没有减少对司机的期望,例如,一年内迟到两次的司机会失去工作。

请运用双因素理论对比分析尼桑公司和美国卡车公司解决员工短缺问题的方法。

三、期望理论与秘书工作实践

(一)期望理论的主要内容①

期望理论(Expectancy Theory),是北美著名心理学家和行为科学家维克托·弗鲁姆于1964年在《工作与激励》一书中提出的。期望理论的基本内容主要是期望公式和期望模式。

1.期望公式

弗鲁姆认为,人总是渴求满足一定的需要并设法达到一定的目标。这个目标在尚未实现时,表现为一种期望,这时目标反过来对个人的动机又是一种激发的力量,而这个激发力量的大小(Motivation),取决于目标价值(效价,Valence)和期望概率(期望值,Expectancy)的乘积。用公式表示就是:

$$M = \Sigma V \times E$$

M表示激发力量,指调动一个人的积极性,激发人内部潜力的强度。

V是一个心理学概念,表示目标价值(效价),是指达到目标对于满足个人需要的价值。对于同一目标,由于各个人所处的环境不同,需求不同,其需要的目标价值也就不同。同一个目标对每一个人可能有三种效价:正、零、负。效价越高,激励力量就越大。某一客体如金钱、地位、汽车等,如果个体不喜欢、不愿意获取,目标效价就低,对人的行为的拉动力量就小。目标价值大小直接反映人的需要动机强弱。举个简单的例子,幼儿对糖果的目标效价就要大于对金钱的目标效价。

E是期望值,是人们根据过去经验判断自己达到某种目标的可能性大小,即能够达到目标的概率。期望概率体现的是个体对通过自身努力实现需要和动机的信心程度,如果个体相信通过努力肯定会取得优秀成绩,此时期望值就高。

这个公式说明:假如一个人把某种目标的价值看得很大,估计能实现的概率也很高,那么这个目标激发动机的力量就越强烈。那么,怎样使激发力量达到最佳值呢?弗鲁姆又提出了人的期望模式。

2.期望模式

个人努力→个人成绩(绩效)→组织奖励(报酬)→个人需要

在这个期望模式中的四个因素,需要兼顾几个方面的关系。

(1)努力和绩效的关系。这两者的关系取决于个体对目标的期望值。期望值又取决于目标是否适合个人的认识、态度、信仰等个性倾向,以及个人的社会地位、别人对他的期望等社会因素,即由目标本身和个人的主客观条件决定。

(2)绩效与奖励的关系。人们总是期望在达到预期成绩后,能够得到合理奖励,如奖

---

① 谭融.公共部门人力资源管理[M].3版.天津:天津大学出版社,2017.

金、晋升、提级、表扬等。组织的目标,如果没有相应的、有效的物质和精神奖励来强化,时间一长,积极性就会消失。

(3)奖励和个人需要的关系。奖励什么要适合各种人的不同需要,要考虑效价。要采取多种形式的奖励以满足各种需要,最大限度地挖掘人的潜力,有效地提高工作效率。

(4)需要的满足与新的行为动力之间的关系。当一个人的需要得到满足之后,他会产生新的需要和追求新的期望目标。需要得到满足的心理会促使他产生新的行为动力,并对实现新的期望目标产生更高的热情。

期望理论认为,人们只有预期到某一行为能给个人带来既定的结果,并且认为这种结果具有吸引力,才会被激励去做某些事情,以达到组织设置的目标。人们从事某项工作并达到组织目标,是因为他们相信这些工作和组织目标会帮助他们达到自己的目标,满足自己某方面的需要。

(二)期望理论在秘书工作中的应用[①]

期望理论作为一种很有影响力的激励理论,具有很强的实践意义。在秘书工作激励中应用期望理论,要注意以下几个问题:

1.设置科学的目标

在秘书工作激励中应用期望理论,首先应确定恰当的目标。恰当的目标会给人以期望,使人产生心理动力,激发热情,引导行为,因此目标的确定是一个重要环节。根据激励理论,在确立激励所要达到的目标时,特别应考虑两点:一是目标要与员工的物质需要和精神需要相联系,使他们能从组织目标中看到自身的利益,从而将组织期望目标与个人追求目标统一起来;二是要让员工认为目标是可能实现的,使他们觉得目标是理想而非空想,从而将目标的可能性与现实希望性统一起来。目标达到了这两个统一就能激励人心,调动员工的积极性,从而为实现目标而努力。

2.效价兼顾组织与个人

目标相同,但在人们心目中的效价可能不同,可以是正、零或负,所以最终激励的效果就会有大小、高低之别。这些不同,是由每个人的价值观、需要与动机以及文化水平、道德观念、知识能力、个性特点决定的。要全面地评价效果,就必须将社会意义与个人意义结合起来。在激励工作中,对于某个目标价值的大小(即效价是高还是低),评价的标准应是员工的个人目标与组织目标的结合程度,以及组织目标所包含的员工共同需求的多少。如果目标设置中能使更多的员工在组织目标中看到自己的切身利益,把组织目标的完成看作与自己休戚相关的事,那么最终的效价就高,反之,效价就低。

3.恰当的期望值估计

期望值的估计,即对实现目标可能性大小的估计。对期望值的估计应该恰如其分。

---

① 季水河.秘书心理学[M].上海:复旦大学出版社,2008.

期望值过高或过低,都不利于激励活动的正常开展,也难产生激励作用。对期望值估计过高,相应的目标没有任何挑战性,也难以产生激励作用;对期望值估计过低,会因悲观而泄气,影响信心。两种情况都不利于调动人们的积极性,都达不到激励效果。对于期望值的估计,人与人之间也存在着很大的差异,这主要与一个人的兴趣、愿望、知识、能力和生活经验等因素有关。

四、公平理论与秘书工作实践

(一)公平理论的主要内容

公平理论(Equity Theory)又称社会比较理论,是美国心理学家约翰·斯塔希·亚当斯于1965年在著作《社会交换中的不公平》中提出来的一种激励理论。该理论旨在于社会比较中探讨个人所作的贡献与他所得到的报酬之间如何平衡,侧重于研究工资报酬分配的合理性、公平性及其对员工工作积极性的影响。

1.公平理论的假设条件[1]

公平理论有两个假设条件。

(1)个体会评估他的社会关系。所谓社会关系,就是个体在付出或投资时希望获得某种回报的"交易过程"。在这种交易过程中,个体进行投入,期望获得一定的收益。例如,你希望获得额外的收入(收益),作为一段时间努力工作(投入)的结果。个体对于自己所付出的时间和精力都是有所期望的。

(2)个体并不是无中生有地评估公平,而是把自己的境况与他人进行比较,以此来判断自己的状况是否公平。而在实际工作中,个人往往会过高地估计自己的付出和他人的所得,而过低地估计自己的所得和他人的付出,从而主观地认为自己的相对报酬低于他人的相对报酬,因此,极易导致员工对组织或管理人员的不满。

2.公平理论的基本内容

(1)公平是人的基本需要。公平理论认为,人能否受到激励,不但取决于他们得到了什么,还要取决于他们所得与别人所得是否公平。一个人不仅关心自己所得所失本身,还关心与别人所得所失的关系。人们总是习惯于把自己付出的劳动和所得的报酬与别人付出的劳动和所得的报酬进行比较,还会把自己现在付出的劳动和所得报酬与自己过去付出的劳动和所得的报酬进行比较。前者属于社会的比较(横向比较),只有当自己的投入产出比和他人相比大致相当时,人们才会认为公平,进而倾向于维持当前的工作状态和投入水平;后者是个人历史的比较(纵向比较),若比较后发现当前的投入产出比与过去不相当,人们也会产生不公平感,在这种情况下就会要求增加自己的收入、减少自己的投入,以使比值趋于相等,试图恢复公平感。因此分配的合理性是激发人在组织中工

---

① 段万春.组织行为学[M].重庆:重庆大学出版社,2003:102.

作动机的重要因素和动力来源。

（2）公平理论的公式如下所示：

$$\frac{Q_p}{I_p} = \frac{Q_o}{I_o}$$

公式中，Q_p表示个人对所获报酬（工资、奖金、津贴、晋升、表扬等）的感觉；I_p表示个人对所做投入（知识、经验、技能、资历、努力等）的感觉；Q_o表示个人对比较对象或自己过去所获报酬的感觉；I_o表示个人对比较对象或自己过去所做投入的感觉。

3.不公平的心理行为

不公平感会造成人们心理紧张和不平衡感，使人呈现紧张不安、愤怒等情绪，从而导致行为动机下降，工作效率下降，甚至出现逆反行为。亚当斯认为当员工发现组织不公正时，为了消除不安，一般会有以下六种主要的反应：改变自己的投入，改变自己的所得，扭曲对自己的认知，扭曲对他人的认知，改变参考对象，改变目前的工作。实际上，一个人能做的主要是改变自己的付出，而其他都不属于自己可控的因素。

公平理论认为人们有一种保持分配上的公平的需要，这种公平感是一种普遍存在的心理现象，但公平本身却是一个相当复杂的问题，它与多种因素相关。公平与个人的主观判断、个人所持的公平标准有关，受个人的知识、价值观等影响，一般人总是对自己的投入估计过高，对别人的投入估计过低。因此，在管理实践中，秘书应该认真考虑公平这一社会心理因素，用公平理论指导工作实践。

(二)公平理论在秘书工作中的运用

公平理论揭示了这样一个现实：对于组织中的大多数员工来说，激励不仅受到自己绝对报酬多少的影响，而且也受到对相对报酬感知的影响。公平理论为更好地理解组织中员工的工作行为提供了很好的理论框架。组织中的秘书工作者应该关注员工有关公平与不公平的社会比较过程，从而不断地改变激励模式并保证其有效性。

首先，秘书工作者要尽可能公平地对待每一位员工。作为员工，他不仅关心自己所得到的绝对报酬，也关心自己报酬的相对性。如果员工认为自己受到不公平的对待，他们就会试图采取与之相应的行为方式来改变境况，减轻不公平的感觉。例如，他们可能会经常缺勤、上班迟到、不按时完成工作任务、降低工作质量等。此时，秘书工作者应该尽量通过改变员工的工作方式来改善投入和收益的平衡状况，以此作为激励员工提高工作绩效的手段。

其次，秘书工作者要注意对有不公平感的员工进行心理疏导。一般来说，并不是所有的人都对公平很敏感，只有当人们将自己的投入和收益与他人进行比较以后，他们才开始关心公平。而且他们所选择的比较对象受主观影响较大，比如说，参照对象不是同一组织中的员工、两人所承担的工作任务的复杂程度不同等。由于不可能控制其他组织的报酬发放，对组织内部由此产生不公平感的员工就只能从心理上进行疏导。秘书工作者应以敏锐的目光察觉员工个人认知上可能存在的偏差,多与员工进行沟通,正确引导员工选择合理比较对象和认识不公平现象,帮助他们树立正确的公平观,选择客观的公平标准,确保个人工作积极性的发挥,以实现主观公平。

最后,秘书工作者应协助制订一个能够让员工感到公平并且乐于参与和保持的报酬分配制度。在制订分配制度时,秘书工作者应加强信息收集,了解员工对各种报酬的主观感受,应该尽可能了解组织中员工们所持有的公平标准,比如是基于平均原则、贡献大小还是所承担的社会责任大小,这样才最有可能让员工在分配中产生公平感。在客观调查的基础上,选择能让员工在最大程度上产生公平感的分配原则,坚持"各尽所能,按劳分配",把员工所作的贡献与他应得的报酬紧密挂钩,在工资、奖金、职位和晋升等敏感问题上,尽可能公平无私地对待每一位员工。这样,才能让员工受到激励,员工的潜力才能充分发挥出来,进而产生良好的工作绩效,使组织充满生机和活力。

五、强化理论与秘书工作实践

(一)强化理论的基本内容

强化理论(Reinforcement Theory)是美国的心理学家和行为科学家斯金纳在其《有机体的行为》《科学和人类行为》等书中基于"操作条件反射"提出的一种理论。他认为人或动物为了达到某种目的,会采取一定的行为作用于环境。当这种行为的后果对其有利时,这种行为就会在以后重复出现;当这种行为的后果对其不利时,这种行为就会减弱或消失。人们可以用不同的强化手段来影响行为的后果,从而修正其行为,这就是强化理论。

知识链接

斯金纳与强化理论

斯金纳生于1904年,他于1931年获得哈佛大学的心理学博士学位,1945年出任印第安纳大学心理学系主任,1948年重返哈佛大学,担任心理学终身教授,直到1975年退休。1968年曾获得美国全国科学奖章,是第二个获得这种奖章的心理学家。1990年8月18日卒于波士顿。

斯金纳曾做过一个实验:把处于饥饿状态的小白鼠放进一个箱子里,箱子里有一个杠杆,只要小白鼠踏到杠杆上,就有一粒食物滚进箱子里。起初,小白鼠在箱子里乱跳乱窜,偶尔踏到杠杆上,就有一粒食物滚进来。经过几次这样的体验,小白鼠就很快学会了"踏杠杆"的行为。斯金纳认为,小白鼠之所以能够学会踏杠杆,是因为满足需要的食物强化了小白鼠的行为。由此,斯金纳提出了操作性条件反射学说,并且指出,该学说不仅可以用在动物身上,也可以广泛应用于人类行为的研究与干预中,来调整人的行为。

开始,斯金纳也只将强化理论用于训练动物,如训练军犬执行特定任务以及训练马戏团的动物完成各种表演动作等。此后,斯金纳对强化理论进行了进一步的拓展与深化,并将其创新性地运用到人类的学习过程中,由此发明了程序教学法和教学机。程序教学法强调在学习过程中应遵循小步子和及时反馈的原则,即将复杂的大问题拆解成众多相互关联的小问题,引导学习者按照一定的顺序循序渐进地进行学习。他还将编好的教学程序放在机器里,即教学机,对人进行教学,收到了很好的教学效果。在第二次世界大战期间,他曾参与美军秘密作战计划,采用操作性条件反射的方法训练鸽子,用以控制飞弹与鱼雷。

斯金纳的强化理论和弗鲁姆的期望理论都强调行为同其后果之间关系的重要性,但期望理论较多地涉及主观判断等内部心理过程,而强化理论只讨论刺激和行为的关系。

(二)强化的类型①

强化从其最基本的形式来讲,指的是对一种行为的肯定或否定的后果(报酬或惩罚),而这种后果至少在一定程度上会决定该行为在今后是否会重复发生,包括正强化、负强化、自然消退和惩罚四种类型,如表8.3所示。

表8.3　强化类型一览表

事件	令人愉快或所希望的事	令人不快或不希望的事
事件的出现	正强化(行为变得更加可能发生)	惩罚(行为变得更不可能发生)
事件的取消	自然消退(行为发生的可能性降低)	负强化(行为变得更加可能发生)

(1)正强化(Positive Reinforcement)。正强化又称积极强化,是指当人们采取某种行为时,能从他人那里得到某种令其感到愉快的结果,这种结果反过来又成为推动人们增强或重复此种行为的力量。例如,企业用某种具有吸引力的结果(如奖金、休假、晋级、认可、表扬等)表示对职工努力进行安全生产的行为的肯定,从而引导职工进一步遵守安全规程以进行安全生产的行为。正强化的方法包括:奖金;对成绩的认可、表扬;改善工作条件和人际关系;提升;安排负责挑战性的工作;给予学习和成长的机会;等等。正强化与奖励不完全一致,奖励不一定带来正强化。

(2)负强化(Negative Reinforcement)。负强化又称消极强化,是指当个体表现出某种符合要求的行为时,撤销原本存在的使个体不愉快的刺激(厌恶刺激),从而提高该符合要求的行为再次出现的概率。若职工能按所要求的方式行动,就可减少或消除令人不愉快的处境,从而也提高了职工符合要求的行为重复出现的可能性。例如,企业安全管理人员告知工人不遵守安全规程,就要受到批评,甚至得不到安全奖励。于是工人认真按

---

① 陈鸿雁.管理心理学[M].北京:北京交通大学出版社,2008:146-150.

操作规程进行安全作业(符合要求的行为),避免了被批评和无法获得奖励(撤销厌恶刺激)。这样工人在未来也更有可能继续照此行动。负强化的方法通常包括撤销警告处分、扣除罚款等厌恶刺激,以此来鼓励个体持续做出符合要求的行为。

(3)自然消退(Natural Decay)。自然消退又称衰减,是指对那些曾经通过强化而得以保持或提高出现频率的某种行为,撤销其原先所接受的强化。由于在一定时间内不再给予强化,此行为发生的频率将自然降低甚至行为会逐渐消退。例如,企业曾对职工加班加点完成生产定额给予奖酬,使得职工加班加点的行为因为得到奖励这种强化而得以维持或增加。后经研究认为这样不利于职工的身体健康和企业的长远利益,因此不再发放奖酬,由于不再有奖励这一强化因素,加班加点的职工逐渐减少,即加班加点这种行为发生的频率逐渐降低,最终行为消退。

(4)惩罚(Punishment)。惩罚是指在不符合要求的行为(或不良行为)发生后,运用某种带有强制性、威慑性的手段(如批评、行政处分、经济处罚等)给人带来不愉快的结果,或者取消现有的令人愉快和满意的条件,以表示对某种不符合要求的行为的否定,这是为了降低不符合要求行为发生的频率。

正强化和负强化用于提高所期望的个人行为的发生频率;自然消退和惩罚的目的是减少和消除不期望发生的行为。这四种类型的强化相互联系、相互补充,共同构成了一个相对完整的行为强化体系。该体系成了一种制约或影响人的行为的特殊环境因素。

能力训练

"保龄球"效应

两名保龄球教练分别训练各自的队员。他们的队员都取得1球打倒7只瓶的成绩。教练甲对自己的队员说:"很好!打倒了7只。"他的队员听了教练的赞扬很受鼓舞,心里想,下次一定再加把劲,把剩下的3只也打倒。教练乙则对他的队员说:"怎么搞的!还有3只没打倒。"队员听了教练的指责,心里很不服气,暗想,你咋就看不见我已经打倒的那7只。结果,教练甲训练的队员成绩不断上升,教练乙训练的队员打得一次不如一次。

请分析教练甲的队员成绩不断上升,教练乙训练的队员打得一次不如一次的原因。

(三)强化理论在秘书工作中的应用

对强化理论的应用,要考虑强化的模式,并采用一整套的强化体制。强化模式主要由"前因""行为"和"后果"三个部分组成。"前因"是指在行为产生之前确定一个具有刺激作用的客观目标,并指明哪些行为将得到强化,如企业规定车间安全生产中每月的安全操作无事故定额。"行为"是指为了达到目标的工作行为。"后果"是指当行为达到了目标

时,则给予肯定和奖励;当行为未达到目标时,则不给予肯定和奖励,甚至给予否定或惩罚,以求引导和规范职工的安全行为。

在秘书工作实践中,应用强化理论来指导各项工作,对保障企业生产的正常进行、提高企业整体效率可起到积极作用。在实际应用中,关键在于如何使强化机制协调运转并产生整体效应。为此,应注意以下五个方面:

1. 以正强化方式为主

通过行动强化动机,可以使动机稳定而持久。因为动机难以完全凭借自身接受合理性与有效性检验,它在很大程度上需要借助行动才能得到肯定或否定的评价。一旦行动肯定了动机的合理性与有效性,这种动机也就得到了强化。众所周知,由于动力定型的作用,人们通常维护原有的思维模式和行为习惯,使得新萌生的动机难以迅速生长。而一旦开始新的行动,通过行动获得大量新的认识、新的情感体验,特别是良好的行动结果,这就会有力地冲击旧的动力定型,使新动机得到支持。因此,对在完成个人目标或阶段目标中有明显绩效或贡献的员工,我们应给予及时的物质和精神奖励(强化物),以求充分发挥强化作用。

2. 采用负强化(尤其是惩罚)手段要慎重

负强化应用得当会促进员工修正行为,使员工行为符合企业需要,应用不当则会带来一些消极影响,可能使人由于不愉快的感受而出现悲观、恐惧等心理反应,甚至发生对抗性消极行为。因此,在运用负强化手段时,应尊重事实,讲究方式方法,处罚依据准确公正,这样可尽量消除其副作用。同时,在工作中将负强化与正强化结合应用一般能取得更好的效果。

3. 强化的时效性

采用强化的时间对于强化的效果有较大的影响。一般而论,强化应及时。及时强化可提高行为的强化反应程度,但须注意及时强化并不意味着随时都要进行强化。不定期的、非预料的间断性强化,往往可取得更好的效果。

4. 因人制宜,采用不同的强化方式

由于人的个性特征及其需要层次不尽相同,不同的强化机制和强化物所产生的效应会因人而异。研究表明,成就需要高的人,会把成功归因于个人能力,并获得良好的情感体验,从而更积极地行动。同时,他们也可能在一定程度上把失败归因于自己努力不够,因而乐于不屈不挠地进取。对这一类员工,一方面我们要充分肯定其工作绩效,使他们能获得不同程度的成功感,充满信心完成工作;另一方面要在引导他们成就需要的基础上,实事求是地反馈工作中尚存的问题与不足,鼓舞他们树立持久努力的信心。因此,在运用强化手段时,应根据对象和环境的变化采用相应的强化方式。

5. 信息反馈的强化效果

及时运用反馈机制,给员工提供工作情况的信息,帮助他们调节自己的行为,对工作动机的强化非常有益。因为提供正反馈信息,会使其进一步加大投入,更积极地工作。

而提供负反馈信息,虽然不如正反馈信息那样振奋人心,但它能使人们及时看到差距,尽快纠正偏差,把损失限制在最小范围,实际上也起到了支持、鼓励的作用。信息反馈是强化人的行为的一种重要手段,即使为员工提供不附任何评价的反馈信息,也往往具有激励效果。因此,秘书工作者应加强信息反馈,增强强化效果。

知识链接

自我决定理论

自我决定理论(Self-Determination Theory,SDT)是由美国心理学家德西和瑞恩等人在20世纪80年代提出的一种关于人类自我决定行为的动机过程理论。

自我决定理论认为人类有三种内在需要:胜任需要(Competence)、自主需求(Autonomy)和归属需求(Relatedness)。当这些需求得到满足时,个体往往会表现出行动积极、工作高效、心情愉悦;但若这些需求受阻,则积极性、工作效率和心情愉悦度就会直线下降。

工作或学习动机的强度和性质,在很大程度上取决于个体心理需要的满足程度。

胜任需要是指个人在与社会环境的互动过程中,能够感受到自身的有效性,并且拥有锻炼和表现自己的才能的机会。

自主需要是指个体能感知到自身行为是出于个人意愿,是由自我来决定的,即个体的行为具有自愿性且能够进行自我调控。

归属需要是指个体能够关心他人以及被他人关心,拥有从属于其他个体和团体的安全感,并能够与他人建立起安全和愉快的人际关系。

自我决定理论尤其重视自主需要,认为个体的自主需要满足程度越高,其工作或学习动机就越趋于内化。所谓内化(Internalization),是将外部偶尔相关事件的调控主动地转换为内部调控的过程。管理的核心在于营造一个能让人们以最佳状态工作的环境。当前管理领域存在问题,并非仅仅是解决方法的缺失,而是管理模式本身就存在缺陷。在当今时代,企业或组织不再单纯地需要传统意义上的管理,而是应当将部分管理权交给员工,推动其进行自我管理。

能力训练

用公平理论分析甲的心理以及管理策略

甲、乙两同学毕业后进了同一家企业并同在一间科室工作,两人的工资也被定在同一档次:每月5000元。一年试用期过后,甲的工资被定为每月5500元,而乙的工资被定

为每月6000元。甲拿到5500元工资后很高兴,因为比原来工资增加了500元,但当他得知乙的月工资是6000元后则十分气愤,工作积极性明显下降。

【习题与思考】

1. 谈谈如何利用需要层次理论提高秘书工作效率。
2. 秘书工作中如何有效利用公平理论?
3. 秘书工作中如何有效利用强化理论?

专题3 秘书的自我激励

案例导入

李娜是一家大型企业的秘书,她的工作内容包括安排会议、管理日程、处理邮件和文件以及协助上司完成各种任务。面对如此繁重的工作,李娜意识到仅仅依靠外部的奖励和认可是不够的,她需要找到一种内在的动力来推动自己前进。于是,她开始实践目标设定的方法来激励自己。

首先,李娜为自己设定了短期和长期的目标。短期目标包括每天完成工作任务的效率提升5%,每周学习一项新的办公软件技能,以及每月阅读一本与工作相关的图书。长期目标则是在一年内提升到高级秘书的职位,掌握流利的第二外语,以及完成专业认证课程。这些目标既具体又有挑战性,激发了李娜的工作热情。

其次,李娜采用了进度可视化的方法来追踪自己的目标。她在办公桌上放了一个白板,上面记录着她的目标和完成情况。每完成一个短期目标,她就会在白板上打一个钩,这种视觉上的成就感极大地提升了她的积极性。同时,她也会在每个月的末尾回顾自己的长期目标,评估自己的进步情况,并根据实际情况调整目标。

再次,李娜还学会了自我奖励。每当她达成一个重要的里程碑时,无论是完成了一个复杂的项目,还是成功应用了新学的技能解决了问题,她都会给自己一些小奖励,比如一顿美餐或者一次短途旅行。这些奖励不仅让她感到满足,也为她提供了继续前进的动力。

最后,李娜意识到自我激励不仅仅是个人的事情,也需要团队的支持。因此,她与同事们分享了自己的目标设定方法,并鼓励他们也设定自己的目标。他们互相监督进度,共同庆祝每一个成就,这种团队精神不仅增强了彼此之间的联系,也让整个办公室的氛围变得更加积极向上。

通过这样的自我激励策略,李娜不仅提高了自己的工作效率和质量,也逐渐实现了她的长期职业目标。她的故事证明了,即使是在看似平凡和重复的秘书工作中,通过自我激励也能够取得非凡的成就。

一、自我激励的含义

自我激励是指个体在面对困难和挑战时,调动内在动力和热情,激发积极性的过程。对于秘书而言,这份热情可能源于对高效工作的渴望,对细节完美的追求,或是希望通过自己的努力,成为团队中不可或缺的一员。设定清晰的个人目标,无论是短期的任务,还是长期的职业规划,都有助于让秘书在面对挑战时保持动力,不断前行。

二、自我激励的方法

(一)自我认知

在职场这个宏大舞台上,秘书往往扮演着幕后英雄的角色,以低调的姿态支撑起组织的高效运转。尽管他们的工作不常在聚光灯下,但正是这份默默无闻的奉献,铸就了企业稳健前行的基石。

要激发工作热情,首先需要从自我认知开始。秘书工作者应该深刻理解自己的角色不仅仅是执行者,更是协调者、沟通者和问题解决者。秘书工作者通过认识到自己工作的重要性,可以增强内在的成就感,从而激发出更多的工作热情。

(二)自我肯定

自我肯定,即从每一次成功中汲取力量。在秘书的日常工作中,学会自我肯定是自我激励的重要一环。每当完成一项复杂的会议组织、精准的文件处理或是有效的沟通协调后,给予自己正面的反馈和认可,能够极大地提升自信心和满足感。这种正向循环,促使秘书在面对后续工作时更加积极主动,勇于承担更大的责任。

(三)持续学习

自我激励还体现在对知识的渴望和技能的提升上。秘书工作涉及面广、要求高,唯有不断学习新知识、新技术,才能适应快速变化的工作需求。通过参加培训、阅读专业书籍、交流行业经验等方式,秘书不仅能够提升自身能力,还能在解决问题的过程中找到成就感,进一步激发工作热情。

(四)目标设定

设定清晰的职业目标是激发工作热情的有效方式。这些目标可以是短期的,比如完成一项特别的任务;也可以是长期的,比如成为行业内的专家。重要的是,这些目标要具体、可衡量,并且与个人的职业规划相符合。每达成一个小目标,都会带来成就感和满足感,这些正面反馈会进一步激发工作的热情。

(五)心态调整

工作中难免会遇到困难和挫折,此时,良好的心态调整能力显得尤为重要。自我激励意味着在逆境中寻找转机,将挑战视为成长的机会。秘书应学会用积极的视角看待问题,运用创新思维寻找解决方案,同时保持乐观的心态,相信每一次努力都不会白费,每一次尝试都是向前迈进的一步。

秘书工作中的自我激励是一个多维度的概念,它涵盖了热情的激发、目标的设定、自我肯定、持续学习以及心态调整等多个方面。通过不断地自我激励,秘书不仅能在工作中展现出更高的效率和专业性,更能在职业生涯的道路上越走越远,即使身处看似平凡的岗位,也能绽放出属于自己的光彩。正如那句名言所言:"成功的唯一秘诀就是坚持到最后一分钟。"在自我激励的驱动下,每一位秘书都能成为自己职业生涯的掌舵人,乘风破浪,勇往直前。

能力训练

心理测试:激励因素测验

指导语:阅读表8.4中有关激励因素和个人特性的描述。在最符合你的性格的激励因素旁边做记号。

表8.4　激励因素测验表

团队领导的姓名	团队成员的姓名	激励因素
		1.成就 ——我喜欢设定工作目标,并为达到目标而不断努力 ——我为我的工作而骄傲 ——对我来说,团队完成既定目标很重要
		2.关注 ——我喜欢组织中的其他人关注我的工作 ——我不介意成为大家关注的中心人物 ——对我来说,得到他人认可的意义很重大
		3.自主 ——我喜欢自主决定如何开展工作 ——工作自主性越大,我越喜欢 ——我几乎不需要被监督或被指导
		4.挑战 ——工作越富挑战性,我就越喜欢 ——我喜欢接受有难度的工作或任务 ——我所做的工作很重要,我需要有这种感觉

团队领导的姓名	团队成员的姓名	激 励 因 素
		5.明确 ——了解了工作的期望值之后,我会尽最大努力去工作 ——如果工作要求清晰明确,我会工作得更好 ——如果得到别人的指导,我会工作得最好
		6.友情 ——融入团队,对我很重要 ——我喜欢与队友以及其他团队紧密合作 ——与他人相处融洽,对我很重要
		7.能力 ——我珍惜并把握提升自身能力的机会 ——在指导他人的过程中,我会觉得愉悦 ——我千方百计寻找机会转变并提升自身的能力
		8.鼓励 ——我更喜欢与指导者一起工作 ——我重视队友对我的鼓励 ——如果没有太大压力,我会表现得十分出色
		9.专业 ——我希望同事认为我是专家 ——我重视别人对我的技术与能力的认同 ——我欢迎别人向我征求意见 ——我珍惜学习新知识的机会 ——我喜欢做决定
		10.和谐 ——我尽量接纳别人的观点和要求 ——团队成员尽可能地达成一致是很重要的 ——我尽全力避免争端,保持良好的工作关系
		11.有序 ——我希望用系统的方法来完成任务 ——有章可循的时候,我会做得更好 ——只要不发生临时变故,我就会表现得非常出色
		12.稳定 ——我不喜欢变动性很大的工作 ——我需要一定的时间来适应变化 ——不需要面对太多变动时,我会表现得非常出色
		13.支持 ——我虚心听取别人的意见和建议 ——我尽力满足团队成员对我的期望 ——我愿意听从别人的领导

续表

团队领导的姓名	团队成员的姓名	激 励 因 素
		14.多样性 ——我喜欢多多尽责 ——我喜欢尝试不同的工作和任务轮换 ——我希望看到工作重心和工作方法的变化

在表8.5中标出团队领导(TL)和每个团队成员(TM)的各项分数,计算出各项的总分,填入对应的总分栏中。观察各项的总分,重点关注总分中那些相差不远的和悬殊的。努力强化那些团队成员急需的激励因素。

表8.5　各成员激励因素得分表

激励因素	团队领导 (TL)	团队成员1 (TM1)	团队成员2 (TM2)	团队成员3 (TM3)	团队成员4 (TM4)	总分
1.成就						
2.关注						
3.自主						
4.挑战						
5.明确						
6.友情						
7.能力						
8.鼓励						
9.专业						
10.和谐						
11.有序						
12.稳定						
13.支持						
14.多样性						

【习题与思考】

1.试述自我激励的含义。

2.结合自身情况谈谈自我激励的方法。

模块九
秘书的职业生涯发展规划

知识目标:

• 掌握职业生涯、职业生涯规划的概念。

• 掌握职业生涯规划的要素。

• 了解职业生涯的路线和发展阶段。

• 掌握职业生涯规划的流程。

• 了解秘书职业生涯发展的特点和类型。

• 理解秘书生涯资源的自我开发。

能力目标:

• 初步运用有关工具,进行自我测评与分析。

• 运用本章所学知识,学会做一份职业生涯规划书。

素质目标:

• 树立终身学习发展的意识。

专题1　职业生涯规划概述

　　曾有研究机构做过一个实验,组织了3组人,让他们分别向10千米以外的3个村子步行。

　　第一组的人不知道村庄的名字,也不知道路程有多远,只告诉他们跟着向导走就是。刚走了两三公里就有人叫苦,走了一半时有人几乎愤怒了,越往后走他们的情绪越低落。

　　第二组的人知道村庄的名字和路程,但路边没有里程碑,他们只能凭经验估计行程时间和距离。走到一半的时候,大多数人就想知道他们已经走了多远。比较有经验的人说:"大概走了一半的路程。"于是大家又簇拥着向前走,当走到全程的四分之三时,大家情绪低落,觉得疲惫不堪,而路程似乎还很长。但当有人说"快到了"时,大家又振作起来加快了步伐。

　　第三组的人不仅知道村子的名字、路程,而且公路上每一公里就有一块里程碑。人们边走边看里程碑,每缩短一千米大家便有一小阵的快乐。行程中他们情绪一直高涨,很快就到达了目的地。

　　当人们的行动有明确的目标,并且不断把自己的行动与目标加以对照,清楚地知道自己的行进速度以及与目标的距离时,行动的动机就会得到维持和加强,人就会自觉地克服一切困难,努力达到目标。因此,秘书专业的学生进行职业生涯规划有利于明确职业奋斗目标,实现职业理想。

一、职业生涯与职业生涯规划

　　职业生涯(Career Planning)又称职业发展,是指一个人在其一生中遵循一定道路(或途径)所从事工作的历程,以及与工作相关的活动、行为、价值、愿望等的综合。职业生涯分为外职业生涯和内职业生涯:外职业生涯是指从事职业时所经历的职业角色、工作环境、职业报酬等外在的可见的职业历程,它一般从接受教育开始,经工作实践直至退休等一系列过程;内职业生涯是指个人在职业生涯发展过程中所积累的知识、技能、观念、心理素质、内心感受,以及个人对职业追求的主观愿望、期望的职业发展计划等的总和。具体来看,职业生涯有以下基本含义:第一,职业生涯是个体的行为经历,而非群体或组织的行为经历。第二,职业生涯的实质是指一个人一生之中的工作任职经历或历程;第三,职业生涯是个时间概念,意指职业生涯期;第四,职业生涯是包含着具体职业内容的发展概念、动态概念。职业生涯不仅表示职业工作时间的长短,而且内含着职业发展、变更的经历和过程,包括从事何种职业工作、职业发展的阶段及由一种职业向另一种职业的转换等具体内容。

职业生涯规划(Career Planning)分为组织职业生涯规划和个人职业生涯规划。从组织的角度来看,职业生涯规划是指通过对员工的工作及职业发展的设计,协调员工个人需求和企业组织需求,实现个人和企业的共同成长和发展;从个体的角度来看,职业生涯规划是一个人筹划其人生工作的过程,或者说个人设计自己的职业生涯,策划如何度过职业工作生命周期的过程。

职业生涯规划的目的绝不只是协助个人按照自己的条件找一份工作,以达到和实现个人目标,更重要的是帮助个人真正了解自己,为自己订下事业大计,筹划未来,拟订一生的方向,进一步详细估量内外部环境的优势和限制,在"衡外情,量己力"的情形下设计出适合自己的合理且可行的职业生涯发展方向。

有位企业家说过,一件大事是由一千件小事组成的。具体而言,任何人做事都没有大事和小事之分。最后的结果完全不同,是因为做大事的人所做的每一件小事和所定的目标都密切相关,一千件小事的完成便意味着目标的达成;而成就不了大事的人所做的一千件小事之间是没有关联、无序的,最后即使做完了几千件小事,也一事(大事)无成。职业生涯规划就是一件大事,是对一个人一生所有与工作相联系的行为、活动,以及相关的态度、价值观、愿望等的连续性经历过程的规划。

二、职业生涯规划要素

职业规划有知己、知彼、抉择三大要素。其中,知己、知彼是抉择的基础,如图9.1所示。

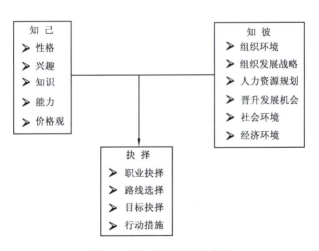

图9.1　职业生涯规划要素图

知己,主要是了解自己,认识自己的性格、兴趣、特长、能力、个性、智商、情商、价值观,以及家庭、学校和社会教育对个人产生的影响等。

知彼,主要是了解外在的世界,包括行业的特性、所需的能力、就业渠道、工作内容、工作发展前景、行业的薪资待遇、晋升发展机会等。

知己与知彼之间的关联如图9.2所示。

图9.2　知己与知彼之间的关联

注:内圆表示个人的内在世界(知己),外圆表示外在的工作世界(知彼)

抉择,就是下定决心做出选择。人们在职业规划中会面临各种选择,包括行业、地域、发展前景、阻力、助力等。人们在要与不要、接受与不接受的反复考虑中决定。

抉择之后是确定目标,然后采取行动。

三、职业生涯规划路线

每个人的职业生涯发展会有不同的通路,职业生涯规划一般有三大路线:一条是管理类路线,从初级管理者到高层管理者;一条是技术类路线,从基层技术员到高级技术主管;一条是业务类路线,从业务员到高级业务专家(图9.3)。由于不同的人有不同的通

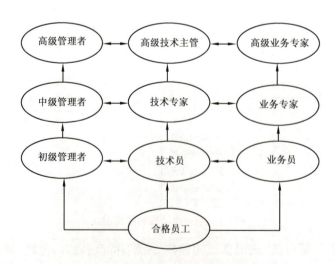

图9.3　职业生涯规划路线选择图

路,所以要选择适合自己的、正确的途径。中国有句老话"学而优则仕",指出当官是学习优秀的人的出路。因此,很多企业通过晋升职位来勉励员工。殊不知,有些员工其实只适合做技术人员,根本不适合当管理人员。但就秘书专业工作者来说,其比较适合走管理类规划路线。

四、职业发展阶段的不同对职业选择的影响

每个人的职业都要经过几个阶段,因此,你必须了解这种职业周期的重要性。职业周期之所以重要,是因为你所处的职业阶段将会影响你的知识水平以及你对各种职业的偏好程度。一个人可能经历的主要职业阶段可总结如下:

(一)启蒙阶段

启蒙阶段大体上可以被界定为从一个人出生到14岁这一年龄段。在这一阶段,个人通过与家庭成员、朋友以及老师的相处和相互作用,逐渐形成了自我的概念。在这一阶段的一开始,角色扮演是极为重要的,因为在这一时期,儿童将尝试各种不同的行为方式,这使得他们形成了人们如何对不同的行为做出反应的印象,并且帮助他们建立起一个独特的自我概念或个性。当这一阶段结束,青少年进入青春期时,他们已经形成了对自己的兴趣和能力的某些基本看法,就开始对各种可选择的职业进行带有某种现实性的思考了。

(二)探索阶段

探索阶段大约发生在15~24岁这一年龄段。在这一时期,个人将认真地探索各种可能的职业选择。他们试图将自己的职业选择与他们对职业的了解以及通过学校教育、休闲活动和工作等途径所获得的个人兴趣和能力匹配起来。在这一阶段的一开始,他们往往做出一些带有实验性质的较为宽泛的职业选择。然而,随着个人对所选择职业以及对自我的进一步了解,他们的这种最初选择往往会被重新界定。当这一阶段结束时,他们已经选定了一个看上去比较恰当的职业,并且做好了开始工作的准备。

人们在这一阶段以及以后的职业发展阶段需要完成的最重要的任务,也许就是对自己的能力和天资形成一种现实性的评价。类似地,处于这一阶段的人还必须根据来自各种职业选择的可靠信息,做出相应的教育决策。

(三)确立阶段

确立阶段大约发生在24~44岁这一年龄段,它是大多数人工作生命周期中的核心部分。有些时候,个人在这期间(通常是在这一阶段的早期)希望能够找到合适的职业,为了在此职业中取得永久发展,随之全力以赴地投入到各种活动之中。人们通常愿意(尤其是在专业领域)早早地就将自己锁定在某一已经选定的职业上。然而,在大多数情况下,在这一阶段人们仍然在不断地尝试从事与自己最初的职业选择不同的工作,探索不同的发展方向,追寻与最初不同的理想。

确立阶段本身又由三个子阶段构成。

（1）尝试子阶段：大约发生在25~30岁这一年龄段。在这一阶段，个人需要确定当前所选择的职业是否适合自己，如果不适合，就会准备进行一些变化。比如，王芳可能已经下决心将自己的职业选定在零售行业，并在某商店以新雇用的助理采购员身份进行了几个月的连续工作。然而，她可能会发现，像市场营销这种出差时间较短的职业可能更适合她的需要。到了30~40岁这一年龄段，人们通常就进入了稳定的阶段。

（2）稳定子阶段：在这一阶段，人们往往已经定下了较为坚定的职业目标，并制订了较为明确的职业计划来确定自己晋升的潜力、工作调换的必要性以及为实现这些目标需要开展哪些教育活动等。最后，在30多岁到40多岁的某个时段，人们可能会进入一个职业中期危机阶段。

（3）中期危机阶段：在这一阶段，人们往往会根据自己最初的理想和目标，对自己的职业进步情况做一次重要的重新评价。他们有可能会发现，自己并没有朝着自己所梦想的目标（如成为公司总裁）靠近，或者已经完成了自己所预定的任务之后才发现，自己过去的梦想并不是自己所想要的全部。在这一时期，人们还有可能会思考，工作和职业在自己的全部生活中到底具有多大的重要性。在这一阶段，人们第一次不得不面对一个艰难的抉择，即判定自己到底需要什么、什么目标是可以达到的以及为了达到这一目标自己需要做出多大的牺牲。

（四）维持阶段

到了45~60岁这一年龄段，许多人就自然而然地进入了维持阶段。在这一职业发展的后期阶段，人们一般都已经在自己的工作领域中为自己创立了一席之地，因而他们的大多数精力都放在保有这一位置上了。

（五）下降阶段

当退休临近的时候，人们就不得不经历职业生涯的下降阶段。在这一阶段，许多人都不得不面临这样一种前景：接受权力和责任逐渐减少的现实，学会接受一种新角色，学会成为年轻人的良师益友。再接下去，几乎每个人都不可避免地要面对退休这一情况，这时，人们所面临的选择就是如何去打发原来用在工作上的时间。

五、职业生涯发展七阶段总结

表9.1　职业生涯发展七阶段中角色、主要任务及重大心理议题汇总

阶段	角色	主要任务	重大心理议题
阶段一	学生	发现及发展个人的价值观、兴趣和能力，拟定有针对性的学习、培训策略；经由讨论、观察及工作经验，找出可能的职业选择。	接受并认真履行个人选择的责任。

续表

阶段	角色	主要任务	重大心理议题
阶段二	应聘者	学习如何找工作,如何进行一场就业面谈; 学习如何评估关于一份工作和一个组织的信息; 拟定实际且有效的工作抉择。	果断地将自己呈现给别人,忍受不确定性。
阶段三	储备人员	学习组织的诀窍,协助别人,遵循命令,获得认可。	依赖他人,面对现实及组织真相所带来的震撼,克服不安全感。
阶段四	同事	成为一名独立的贡献者,在组织中找到一个担任专家的适当位置。	根据新的自我知识和在组织内的发展潜能,重新评估原始生涯目标,接受个人成败的责任,保持独立,建立平衡的生活形态。
阶段五	指导者	训练(或指导)其他人,介入组织的其他单位,管理小组专案计划。	为别人承担责任; 从别人的成就中获得满足; 如果不是位居管理者的位置,则接受现有的专业角色,并从横向发展中发现机会。
阶段六	资助者	分析复杂的问题,影响组织的方向; 处理组织的机密; 发展新的想法; 支持他人具有创意的计划; 管理权力和责任。	接触对自我或所有权的主要关切,变得比较关心组织的利益; 对压力较大的人的情绪进行管理; 平衡工作和家庭; 对退休生活的规划。
阶段七	退休者	适应生活标准和生活形态的变化,找出表达个人天分和兴趣的新方法。	在过去个人的生涯成就中寻求满足感的同时,也对个人发展的新途径保持开放的态度。

能力训练

结合表9.1中的"阶段一",写出职业生涯发展的学生阶段的主要任务,在同学之间进行交流分享。

【习题与思考】

1.什么叫职业生涯、职业生涯规划?

2.职业生涯规划的要素有哪些?

专题 2　职业生涯规划流程

1953年耶鲁大学曾对毕业生做过一次调研,就目标对人生的影响进行过一项长达25年的跟踪研究,研究对象在智力、学历等其他条件上都差不多。以下是针对25年前和25年后的跟踪比较得出的研究结果:

27%没有目标的人,生活在社会最底层,生活过得很不如意;

60%目标模糊的人,生活在社会的中下层,并无突出成就;

10%有清晰但较短期目标的人,生活在社会的中上层,在各自所在的领域里取得了相当的成就;

3%有清晰且长期目标的人,成为各领域的顶尖人士。

分组讨论:职业目标的重要性?

该案例说明了清晰的目标对人生发展的重要意义。因此,秘书工作者要为自己的职业生涯设定清晰目标,做好职业生涯规划。

一、认知自己

(一)价值观

价值观是确定职业生涯目标的前提。简单地说,价值观就是一个过滤器。它决定了什么最重要,什么不重要,什么是有意义、有价值的,什么是无聊的、乏味的。如果你的价值观与你的工作相吻合,那么你会觉得很开心、很带劲;如果不相吻合,你就会感到很无奈、很痛苦。而这些感受通常是金钱和威望不能弥补的。有些人虽然勉强从事着一份与自己价值观不符的工作,但是却以损失情感、精神甚至是身体为代价。

很多人在工作中最看重的是能够有更多的培训和学习机会,有较大的发展空间;还有很多人在工作中最看重的是创造性、挑战性,这样可以使他们更具活力;也有一些人最看重的是有更多的休闲时间,有假期,能更多地与家人待在一起;还有一些人看重的是获得更多的报酬,以便过上优渥的生活等。

大多数时候,我们根据自己的价值观采取行动,虽然往往没有意识到这一点。我们必须明白,人生的方向完全受到个人价值观的指引,它就像一股无形的力量,无时无刻不在影响着我们做出何去何从的决定,最后也就决定了我们的一生。

美国心理学家洛克奇在《人类价值观的本质》一书中,提出了13种价值观:

(1)成就感:提升社会地位,得到社会认同;希望工作能得到他人的认可,对工作的完成和挑战成功感到满足。

（2）美感的追求：能有机会多方面地欣赏周围的人、事、物，或自己觉得重要的且有意义的事物。

（3）挑战：能有机会运用聪明才智来解决困难；舍弃传统的方法，而选择创新的方法处理事务。

（4）健康：包括身体和心理健康，即工作中能保持良好的身心状态，避免因工作产生过度的焦虑、紧张和恐惧等不良情绪；希望能够心平气和地处理事务。

（5）收入与财富：工作能够明显、有效地改变自己的财务状况，希望能够得到金钱所能买到的东西。

（6）独立性：在工作中能有弹性，可以充分掌握自己的时间和行动，自由度高。

（7）爱、家庭、人际关系：关心他人，与别人分享，协助别人解决问题；体贴、关爱他人，对周围的人慷慨。

（8）道德感：与组织的目标、价值观和工作使命能够不相冲突，紧密结合。

（9）欢乐：享受生命，结交新朋友，与别人共处，一同享受美好时光。

（10）权力：能够影响或控制他人，使他人按照自己的意思去行动。

（11）安全感：能够满足基本的需求，有安全感，远离突如其来的变动。

（12）自我成长：能够追求知识上的增长和深化，寻求更圆满的人生，在智慧、知识与人生的体会上有所提升。

（13）协助他人：体会到自己的付出对团体是有帮助的，别人因为你的行为而受惠颇多。

价值观是生活中最重要的、优先度最高的东西，它将直接影响我们如何付出自己的时间、精力和金钱，也决定了我们的生命品质；价值观指引着生活中的每一件事，是决定我们如何做出选择和行动的关键因素。从所穿的衣服、所开的汽车、所住的房子到教育孩子的方式，这一切都受价值观的影响。

能力训练

你的价值观是什么？

如果你不能清楚地说出自己最想要的是什么，请试一试这两种办法。

方法1：拿一张A4纸，写下所有想要的东西。

健康、金钱、幸福的家庭、爱情、事业、自由自在、旅行、安定……

写完之后，划去你认为最不重要的一项，再在剩下的项目中划去一个最不重要的。一直划下去，直到只剩下一项，它就是你最重视的东西。

方法2：以下提供了一些有关价值观的形容词，把你觉得应该选的词和你真正想选的词都勾出来。你也可以把自己认为重要但没有出现的词或词组加进去。

创新、成功、富有、卓越、挑战、冒险、亲情、快乐、健康、自由、美丽、勇气、自信、幸福、关心、学习、服务、奉献、真诚、真实、兴奋、爱、尊重、尊严、安全、稳定、活泼、智慧、伟大、权利、幽默、高雅、高尚、和谐、正义、简洁、乐趣、活力、公平、和平、自律、毅力、诚信、体贴、吸引、热情、忠诚、舒适、享受、完美、娱乐、独立、耐心、浪漫、感激、激情、家庭、同情、发明、鼓舞、控制、休闲、平静、造诣、教导、公正、认同、助人为乐、成就感、创造力……

(二)兴趣

兴趣可以影响人们的职业定向和职业选择，开发人的能力，激发人们的探索和创造热情，还可以增强人的职业适应性。研究资料表明，如果一个人对某一工作有兴趣，就能发挥他全部才能的80%~90%，并且能长时间地保持高效率而不感到疲劳；相反，对某工作不感兴趣，在这方面就只能发挥全部才能的20%~30%，也容易感到疲劳、厌倦。广泛的兴趣可以使人善于应付多变的环境，即使变换工作性质，也能很快熟悉和适应新的工作。

兴趣对人生事业的发展至关重要，所以兴趣自然是职业选择应考虑的重要因素之一。

表9.2是加拿大职业分类词典中各种职业兴趣类型的特点与相应的职业。

表9.2　加拿大职业分类词典中各种职业兴趣类型的特点与相应的职业

类型	类型特征	适合的职业
1	愿与事物打交道，喜欢接触工具、器具或数字，而不喜欢与人打交道。	制图员、修理工、裁缝、木匠、建筑工、出纳员、记账员、会计、勘测员、工程技术员、机器制造员等。
2	愿与人打交道，喜欢与人交往，对销售、采访、传递信息一类的活动感兴趣。	记者、推销员、营业员、服务员、教师、行政管理人员、外交联络员等。
3	愿与文字符号打交道，喜欢常规的、有规律的活动；习惯于在预先安排好的程序下工作，愿干有规律的工作。	邮件分类员、办公室职员、图书馆管理员、档案整理员、打字员、统计员等。
4	愿与大自然打交道，喜欢地理、地质类的活动。	地质勘探人员、钻井工、矿工等。
5	愿从事农业、生物、化学类工作，喜欢种养、化工方面的实验性活动。	农业技术员、饲养员、水文员、化验员、制药工、菜农等。
6	愿从事社会福利类的工作，喜欢帮助别人解决困难，乐意帮助人，试图改善他人的状况，帮助他人排忧解难，喜欢从事社会福利和助人的工作。	咨询人员、科技推广人员、教师、医生、护士等。
7	愿做组织和管理工作，喜欢掌管一些事情，以发挥重要作用，希望受到众人尊敬和获得声望，愿做领导和组织工作。	组织领导管理者，如行政人员、企业管理干部、学校领导和辅导员等。

续表

类型	类型特征	适合的职业
8	愿研究人的行为和心理,喜欢探讨与人相关的主题,对人的行为举止和心理状态感兴趣。	心理学、政治学、人类学、思想政治教育研究工作人员,人事管理工作人员,教育、行为管理工作人员,社会科学工作者、作家等。
9	愿从事科学技术事业,喜欢通过逻辑推理、理论分析、独立思考或实验发现和解决问题的、推理的、测试的活动,善于理论分析,喜欢独立地解决问题,也喜欢通过实验有所新发现。	生物、化学、工程学、物理学、自然科学工作者,工程技术人员等。
10	愿从事有想象力和创造力的工作。喜欢创造新的式样和概念,喜欢独立的工作,对自己的学识和才能颇为自信;乐于解决抽象的问题,而且急于了解周围的世界。	社会调查、经济分析、各类科学研究工作、化验、新产品开发工作人员,以及演员、画家、创作或设计人员等。
11	愿做操作机器的技术工作,喜欢通过一定的技术来进行活动,对运用一定技术、操作各种机械、制造新产品或完成其他任务感兴趣,喜欢使用工具,特别是大型的、马力强的先进机器,喜欢具体的东西。	制造工作人员,飞行员、驾驶员、机械师等。
12	愿从事具体的工作,喜欢制作看得见、摸得着的产品并从中得到乐趣,希望很快看到自己的劳动成果,并从完成的产品中得到满足。	室内装饰、园林、美容、理发、手工制作、机械维修工作人员,厨师等。

实际上,一种兴趣类型可以对应许多种职业,而每一个职业往往又同时具有其中几种类型的特点。例如,你要成为一名护士,就应有愿与人打交道(类型2)、愿热心助人(类型6)、愿做具体工作(类型12)这3个兴趣类型的特点。如果你对其中的某一方面缺乏兴趣,那就应努力培养和发展这方面的兴趣以适应护士职业的要求。否则,还是选择更适合你兴趣类型的职业为好。

(三)性格

人的性格千差万别,或热情外向,或羞怯内向;或沉着冷静,或火暴急躁。职业心理学的研究表明,不同的职业有不同的性格要求。虽然每个人的性格都不能百分之百地适合某项职业,但却可以根据自己的职业倾向来培养、发展相应的职业性格。对企业而言,员工的不同性格特征,决定了每个员工的工作岗位和工作业绩;对个人而言,性格决定着自己的事业能否成功。一些教育学和心理学研究人员根据我国的实际情况,将职业性格分为9种基本类型(表9.3)。

表9.3　性格类型的特点与相应的职业

类型	特征	适合的职业
变化型	在新的、意外的活动或工作情境中感到愉快,喜欢有变化的和多样化的工作,善于转移注意力。	记者、推销员、演员。

续表

类 型	特 征	适合的职业
重复型	适合连续从事同样的工作,按固定的计划或进度办事,喜欢重复的、有规律的、有标准的工种。	纺织工、机床工、印刷工、电影放映员。
服从型	愿意配合别人或按别人指示办事,而不愿意自己独立做出决策、担负责任。	办公室职员、秘书、翻译。
独立型	喜欢计划自己的活动和指导别人活动或对未来的事情做出决定,在独立负责的工作情境中感到愉快。	管理人员、律师、警察、侦查员。
协作型	在与人协同工作时感到愉快,善于引导别人,并想得到同事们的喜欢。	社会工作者、咨询人员。
机智型	在紧张和危险的情况下能自我控制并沉着应付,发生意外和差错时不慌不忙地出色地完成任务。	驾驶员、飞行员、消防员、救生员。
自我表现型	喜欢表现自己的爱好和个性,根据自己的感情做出选择,能通过自己的工作来表现自己的思想。	演员、诗人、音乐家、画家。
严谨型	注重工作过程中各个环节、细节的精确性。愿意按一套规划和步骤工作尽可能做得完美,倾向于严格、努力地工作以看到自己出色完成工作的效果。	会计、出纳员、统计员、校对员、图书档案管理员、打字员。

绝大部分职业同时与几种性格类型特点相吻合,而一个人也同时具有几种职业性格类型的特点。在职业选择与性格匹配的实际过程中,应根据个人的性格与职业的要求,具体情况具体分析,不能一概而论。

(四)能力

能力是指完成一定活动的本领,是一个人能否从事某项职业的先决条件。无论从事什么职业,总要有一定的能力作保证。

人的能力可分为一般能力和特殊能力两大类。一般能力通常又称智力,包括注意力、观察力、记忆力、思维力和想象力等,它是人们顺利完成各项任务都必须具备的一些基本能力。特殊能力是指从事各项专业活动的能力,也可称特长,如计算能力、音乐能力、动作协调能力、语言表达能力、空间判断能力等。由此可见,能力是一个人完成任务的前提条件,是影响工作效果的基本因素。因此,了解自己的能力倾向及不同职业的能力要求对合理地进行职业选择具有重要意义。能力不同,对职业的选择就有差异。

同时,人们的职业能力存在着个体差异,比如,有的人擅长绘画,有的人擅长音乐。即便是同种能力,个体间也表现出不同的差异。如言语能力,不同的人就在其形象性、生动性或逻辑性等方面各有所长,这都符合不同职业活动的要求。

从能力差异的角度来看,在职业选择时应遵循以下原则:

1.注意能力类型与职业相吻合

人的能力类型是有差异的,即人的能力发展方向存在差异。职业研究表明,职业可以根据工作的性质、内容和环境划分为不同的类型,并且与之对应的能力也有不同的要求,因而应注意能力类型与职业类型的吻合。能力水平要与职业层次一致或基本一致。对一种职业或职业类型来说,由于其所承担的责任不同,又可分为不同层次,不同的层次对人的能力有不同的要求。因而,在根据能力类型确定了职业类型后,还应根据自己所达到或可能达到的能力水平确定相吻合的职业层次。只有这样,才能使能力与职业的吻合具体化。

充分发挥优势能力的作用。每个人都具有一个由多种能力组成的能力系统,在这个能力系统中,每个人各方面能力的发展是不平衡的,常常是某方面的能力占优势,而另一些方面的能力则不太突出。对职业选择和职业指导而言,应主要考虑其最佳能力,选择最能发挥其优势能力的职业。同样,在人事安排中,若能注重一个人的优势能力并分配相应的工作,会更好地发挥一个人的作用。

2.注意一般能力与职业相吻合

不同的职业对人的一般能力的要求不同,有些职业对从业者的智力水平有较高的要求,如律师、工程师、科研人员、大学教师等都要求有很高的智商。智力在相当大的程度上决定着其所从事的职业类型。

3.注意特殊能力与职业相吻合

要顺利完成某项工作,除要具有一般能力外,还要具有该项工作所要求的特殊能力。例如,从事教育工作需要有阅读能力和表达能力;从事数学研究需要具有计算能力、空间想象能力和逻辑思维能力;法官就应具有很强的逻辑推理能力,却不一定要有很强的动手能力;而建筑工应有一定的空间判断能力,却不需要良好的语言表达能力。

表9.4是国外一些学校在对学生进行职业指导时常采用的职业能力倾向的成套测验中的一部分。此表虽不一定完全符合中国国情,却可以由此大致了解有关职业的能力倾向要求。

表9.4　部分职业与其所需的职业能力标准

职业	一般学习能力	语言能力	算术能力	空间判断能力	形态知觉	书写能力	运动协调能力	手指灵活度	手的灵巧性
建筑师	强	强	强	强	较弱	一般	一般	一般	一般
律师	强	强	一般	较弱	较弱	一般	较弱	较弱	较弱
医生	强	强	较强	强	较强	一般	较强	较强	较强
护士	较强	较强	一般	一般	一般	一般	一般	一般	一般
演员	较强	较强	较弱	一般	较弱	较弱	较弱	较弱	较弱
秘书	一般	一般	一般	较弱	一般	较强	一般	一般	一般
统计员	一般	一般	较强	较弱	一般	较强	一般	一般	较弱
服务员	一般	一般	较弱	较弱	较弱	较弱	较弱	一般	一般
驾驶员	一般	一般	较弱	一般	一般	弱	一般	一般	一般
纺织工	较弱	较弱	较弱	一般	一般	弱	一般	一般	一般
机床工	一般	较弱	较弱	一般	一般	较弱	一般	一般	一般
裁缝	一般	一般	较弱	一般	一般	较弱	一般	较强	一般

能力训练

表9.5是为了检视你对职业的认识,以及你所具备的能力与理想工作应具备的能力。

请你根据目前的职业目标,选定一项工作或职位,然后查阅相关资料,试着回答下面的问题。(工作所需的能力及自己已具备的能力两部分,确定打"√",不确定或不知道打"△",不需要或自己缺乏此能力打"×")

表9.5 理想职业所需能力表

工作职位名称	工作所需具备的能力	自己已具备的能力	整体心得感想
	□1.语文能力	□1.语文能力	
	□2.表达能力	□2.表达能力	
	□3.沟通协调能力	□3.沟通协调能力	
	□4.领导统御能力	□4.领导统御能力	
	□5.专业技能	□5.专业技能	
	□6.电脑软件操作能力	□6.电脑软件操作能力	
	□7.中文及英文打字能力	□7.中文及英文打字能力	
	□8.行销能力	□8.行销能力	
	□9.会计能力	□9.会计能力	
	□10.机械操作能力	□10.机械操作能力	
	□11.法律知识	□11.法律知识	
	□12.判断力	□12.判断力	
	□13.创造力	□13.创造力	
	□14.直觉与敏感度	□14.直觉与敏感度	
	□15.其他重要专业知识	□15.其他重要专业知识	

资料来源:洪凤仪.一生的职业规划[M].广东:南方日报出版社,2002.

以上的各项,你在工作中所具备的能力部分,确定打"√"的多,还是不确定、不知道打"△"的多?如果三角形超过五个,表示你对外界资讯的探索仍不充足,"知彼"的工作仍需加强。

你在自己已具备能力的部分,打"√"的多还是缺乏此能力打"×"的多,或者不确定或不知道自己是否具备此能力而打"△"的多呢?如果打"×"及打"△"过多,显示你需要加强对自我的了解或提高自己的能力,以便达到工作、职位上的要求。

你也可以向自己提出类似于下面的一些问题,来帮助自己认识自己的职业能力。

1.我现在掌握了哪些技能?我的技能水平如何?

2.我如何去发展和学习新的技能?发展和学习哪方面的技能最为可行?

3.我在目前工作岗位上真正的需要是什么?如何才能在目前的工作岗位上既达到使上司满意,又使自己满意的程度?

4.根据目前的知识和技能,我是否有可能从事更高一级的工作?

5.我下一步朝哪个职位(或工作)发展为好?我该如何去实现这个目标?

6.我的计划目标定得是否符合本企业的情况？如果要在本企业实现目标的话，我应该接受哪方面的培训？

(五)优势

1.优势的含义

富兰克林说过"宝贝放错了地方便是废物"，生涯规划贵在扬长避短。盖洛普公司的研究认为，每个人都有优势，即能持久地把某件事做得近乎完美的能力。优势由才干、知识和技能组成，其中核心是才干。并且，才干是先天和早期形成的，一旦定型，很难改变。才干有别于知识和技能，为个人所独有，贯穿一生，无法传授、培训和强求。才干并不等于优势，才干是种子，优势是结果。①

（1）才干（Talents）是任何一种贯穿始终、自然产生，并能产生效益的思维、感觉或行为模式。因此，如果你天生好奇，这是一种才干；如果你好胜，这是一种才干；如果你有魅力，这是一种才干；如果你做事持之以恒，这是一种才干；如果你责任心强，这也是一种才干。据此定义，甚至一些表面看来消极的特征如果能产生效益，也能被称为才干。顽固不化？如果你所做的工作需要你在强大的抵抗面前固执己见（如销售或出庭律师），那么顽固不化就是一种才干。才干是先天和早期形成的，一旦定型就很难改变，无法培训。

（2）知识（Knowledge）由所学的事实和课程组成。为了发挥优势，需要两类知识：一是事实类知识，帮你入门；二是经验性知识，这类知识既不能在教室里教授，也不能在手册中找到，需要你刻意在实践中积累和保持。知识是后天获得的。

（3）技能（Skills）是做一件事的步骤，是将经验型的知识规范化，即将所有积累的知识归纳成一系列的步骤，只要按照这个步骤去做就能取得业绩（不一定是优秀业绩）。技能也是后天获得的。

例如，作为一名销售员，你能够学会如何介绍你的产品特性，甚至能学会提出恰如其分的开放问题来了解每个潜在客户的需求，但是你永远不可能学会如何在恰到好处的时刻以恰到好处的方式推动这位潜在客户掏钱购买。后者是才干（下文提到的优势主要指才干）。

你要深入了解才干、知识和技能，学会将它们相互区别。识别你的主导才干，然后有针对性地获得相应的知识和技能，继而将它们转化为优势。

2.分析自我优势

有优势不能发现，等于没有优势。因此，要发挥优势首先需发现自己的优势。

你的优势是什么？每个人都有属于自己的优势，再笨的人也有长处。我们要清楚地认识自己的长处和短处，充分挖掘长处，在长处中找出优势，在优势中找出第一优势。只有找到优势，才有可能发挥和利用优势。

拿破仑在谈到他的一员大将马塞纳时说，马塞纳在平时，其真面目是显示不出来的，

---

① 白金汉，克利夫顿.现在，发现你的优势[M].方晓光，译.北京：中国青年出版社，2002：12-59.

但是当他在战场上见到遍地的伤兵和尸体时,他内在的"狮性"就会突然发作起来,他打起仗来就会像恶魔一样勇敢。但我们不能坐等时间和机会来发现自身优势,其实,有一个很简单的方法可以让你知道自己的优势所在。比如,当你看到别人在做某件事时,你心里是否会有一种痒痒的召唤感——"我也想做这件事";当你完成一件事时会有一种满足感或欣慰感;你在做某类事情时非常快,无师自通,这是一个重要信号;当你做某类事情时,你不是一步一步去做,而是行云流水般地一气呵成,这也是一个信号。很多人会发现自己在做许多事情时需要学习,需要不断地去修正和演练;而在做另外一些事情时,却几乎是自发的,不用想就可以本能地去完成这些事情。当你做好了某件事的时候,虽然你费尽了心血,累得精疲力竭,但你很开心幸福,有种成就感和自豪感,那么做这件事就是你的优势。

可见,生活中要辨别优势(才干)有3个线索:渴望、学得快和满足。其中,渴望揭示了才干的存在,如果你对学习某种技能充满渴望,很可能意味着你具有与之相关的优势(才干);学得快说明了才干的潜能,如果你学习某种技能特别快,就证明了你具有某种强大的优势(才干);满足体现了才干的发挥,如果你从事一项活动时感觉良好,就说明你正在使用某种自身具有的优势(才干)。

马库斯·白金汉在其作品《现在,发现你的职业优势》中指出,优势很难通过一些人格测验测出,它要通过你的实际行动(即你所做的事)来定义。更进一步来说,优势就是那些你持续在做且已近乎完美的事。他还提出了识别自身优势的4大标志。①

S代表"成功"(Success):当你在做这件事的过程中,会感到很充实且高效。

I代表"直觉"(Instinct):在着手去做某件事之前,你已对此事充满了期待。你的优势中存在一种"情不自禁"的特质。你说不清楚为什么,却会发现自己不知不觉中反复被某事所吸引。

C代表"成长"(Growth):当你在做这件事时,求知欲很旺盛,且非常专注。

N代表"需求"(Needs):当完成这件事之后,你会产生强烈的成就感和真实感。

二、认识环境

环境因素对个人职业生涯规划的影响是巨大的。作为社会生活中的一分子,我们只有顺应外部环境的需要,趋利避害,最大可能地发挥个人优势,才能实现个人目标。外部环境分析主要包括社会环境及组织内外部环境。

(一)社会环境

1.社会政治、经济发展趋势
社会环境对我们的职业生涯乃至人生发展都有重大影响。通过对社会大环境的分

---

① 白金汉.现在,发现你的职业优势[M].苏鸿雁,谢京秀,译.北京:中国青年出版社,2007:101.

析,了解所在国家或地区的政治、经济、文化、法治建设等政策要求与发展方向,以寻找各种发展机会。例如,国际化经营、贸易全球化的发展,对人的素质提出了更高的要求,它要求经营人才不但要精通专业技术与经营知识,还要精通外语、熟悉国际贸易规则以及异国他乡的风俗习惯等。

2.职业分类及其竞争性分析

社会的变迁,尤其是价值观念的变化,对于生活在社会中的个体有重大的影响,而日新月异的科技知识对人的职业生涯规划会产生更为直接的导向作用。因此,了解自己所面对的劳动力市场,考察与自己专业相适宜的职业的竞争性,成为长远职业生涯规划的重要信息支持和决策依据。

(二)组织内外部环境

1.组织内部环境

对组织内部环境的分析主要包括组织文化、经营战略、人力资源状况及管理水平等。与此相关的各项因素对于组织内部成员的职业生涯规划具有十分直接和明确的导向作用。

2.组织外部环境

对组织外部环境的分析主要包括组织所面对的市场的状况、在行业内的地位与前景以及该行业的发展趋势等内容。分析组织外部环境尤其是行业前景预测时一定不能脱离社会大环境的影响。

三、职业生涯发展路线确定

如图9.4所示,职业生涯分析过程主要从本人意愿、本人现实能力以及客观可能性这三个方面来综合考虑个人的生涯发展路线。

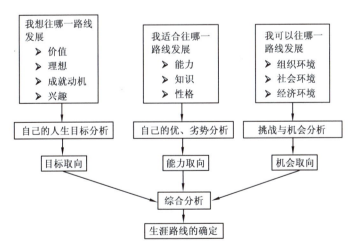

图9.4 职业生涯分析过程图

职业生涯发展路线是指一个人选定职业后从什么方向实现自己的职业目标,是向专业技术方向发展,还是向行政管理方向发展。发展方向不同,要求就不同,因此,在职业生涯

规划时必须对此做出选择,以便安排今后的学习和工作,使其沿着职业生涯路线发展。

但是,一个人往往要经过一段时间的探索,才能找到适合自己的职业生涯发展路线。以下问题可以对探索起到一定的帮助作用。

问题1:你有哪些才能?把它们全部列出来,选择3种最重要的才能,然后用一两个词来描述每种才能。

问题2:你的追求是什么?什么是你梦寐以求的,并使你愿意为之付出更多的精力?

问题3:什么环境让你感到如鱼得水?什么样的工作和生活环境最适合你发挥自己的才能?

在制订职业生涯规划时,也可以询问自己以下3个问题:

问题1:希望往哪条路线发展?

主要根据个人的价值观、理想、成就动机和兴趣等主观因素,分析自己的人生目标,以便确定自己的目标取向,可以考虑的路线对应的职业方向有:成为公务员、担任行政人员、做技术人员;也可以选择进入民营企业工作,或者自己创业。

问题2:适合往哪条路线发展?

主要考虑自己的智力、技能、情商、性格、特长等客观因素,通过与他人对比,分析自己在这些方面的优势与劣势,确定自己的能力取向。

问题3:可以往哪条路线发展?

主要考虑自身所处的内外环境等,如组织文化、社会经济趋势、行业发展前景等。基于对这些内外部环境因素的分析,评估其中存在的挑战与机会,确定自己的机会取向。

3个取向确定后,进行综合分析,制订自己的职业生涯路线。

四、制订职业生涯发展目标

职业生涯规划的目标包括短期目标规划、中期目标规划、长期目标规划和人生规划,如表9.6所示。

表9.6 职业生涯规划的分类

类型	定义及任务
短期规划	两年以内的规划,主要是确定近期目标,规划近期完成的任务,如对专业知识的学习、两年内掌握哪些业务知识等。
中期规划	一般为3~5年内的目标与任务,如规划到某业务部门做主管,规划从大型公司的主管变为小型公司的经理等。
长期规划	5~10年的规划,主要设定较长远的目标,如规划30岁时成为一家中型公司的部门经理,40岁时成为一家大型公司的副总经理等。
人生规划	整个职业生涯规划,时间长至退休,设定整个人生的发展目标,如规划成为一个有数亿资产的公司董事。

能力训练

心理测试:职业性格测验

在职业心理中,性格影响着一个人对职业的适应性,一定的性格适合从事一定的职业;同时,不同的职业对人有不同的性格要求。因此,在考虑或选择职业时,不仅要考虑自己的职业兴趣,还要考虑自己的职业性格特点。下面的测验根据人的职业性格特点和职业对人的性格要求两方面来划分类型。

根据自己的实际情况,对下面的问题作出回答(如果你没有工作经验,可以把工作想象成学习活动中的情况)。

第一组

(1)喜欢内容经常变化的活动或工作情景。

(2)喜欢参加新颖的活动。

(3)喜欢提出新的活动并付诸行动。

(4)不喜欢预先对活动或工作作出明确而细致的计划。

(5)讨厌需要耐心、细致的工作。

(6)能够很好地适应新环境。

第一组总计次数(　　　)

第二组

(1)当注意力集中于一件事时,别的事很难使我分心。

(2)在做事情的时候,不喜欢受到出乎意料的干扰。

(3)生活有规律,很少违反作息制度。

(4)按照一个设计好的工作模式来做事情。

(5)能够长时间做枯燥、单调的工作。

第二组总计次数(　　　)

第三组

(1)喜欢按照别人的批示办事,不需要负责任。

(2)在按别人指示做事时,自己不考虑为什么要做这些事,只是完成任务就行。

(3)喜欢让别人来检查工作。

(4)在工作上听从指挥,不喜欢自己来决定。

(5)工作时喜欢别人把任务的要求讲得明确而细致。

(6)喜欢一丝不苟按计划做,事出有因,直到得到一个圆满的结果。

第三组总计次数(　　　)

第四组

(1)喜欢对自己的工作独立进行计划。

（2）能处理和安排突然发生的事情。

（3）能对将要发生的事情负起责任。

（4）喜欢在紧急情况下果断决定。

（5）善于动脑筋，出主意，想办法。

（6）通常情况下对学习、活动有信心。

第四组总计次数（ ）

第五组

（1）喜欢与新朋友相识和一起工作。

（2）喜欢在几乎没有个人秘密的场所工作。

（3）试图忠实于别人且与别人友好相处。

（4）喜欢与人互通信息，交流思想。

（5）喜欢参加集体活动，努力完成所分配的任务。

第五组总计次数（ ）

第六组

（1）理解问题总比别人快。

（2）试图使别人相信你的观点。

（3）善于通过谈话或收信来说服别人。

（4）善于使别人按你的想法来做事情。

（5）试图让一些自信心差的同学振作起来。

（6）试图在一场争论中获胜。

第六组总计次数（ ）

第七组

（1）你能做到临危不惧吗？

（2）你能做到临场不慌吗？

（3）你能做到知难而退吗？

（4）你能冷静处理好突然发生的事故吗？

（5）遇到偶然事故可能伤及他人时，你能果断采取措施吗？

（6）你是一个机智灵活、反应敏捷的人吗？

第七组总计次数（ ）

第八组

（1）喜欢表达自己的观点和感情。

（2）做一件事情时，很少考虑它的利弊得失。

（3）喜欢讨论对一部电影或一本书的感情。

（4）在陌生场合不感到拘谨和紧张。

（5）相信自己的判断，不喜欢模仿别人。

(6)很喜欢参加学校的各种活动。

第八组总计次数(　　　)

第九组

(1)工作细致而努力,试图将事情完成得尽善尽美。

(2)对学习和工作持认真严谨、始终一贯的态度。

(3)喜欢花很长时间集中于一件事情的细小问题。

(4)善于观察事物的细节。

(5)无论填什么表格,态度都非常认真。

(6)做事情力求稳妥,不做无把握的事情。

第九组总计次数(　　　)

□ 统计和确定你的职业性格类型

根据每组回答"是"的总次数,填写表9.7:

表9.7　职业性格测试表

组别	回答"是"的次数	相应的职业性格
第一组	(　　)	变化型
第二组	(　　)	重复型
第三组	(　　)	服从型
第四组	(　　)	独立型
每五组	(　　)	协作型
第六组	(　　)	劝服型
第七组	(　　)	机智型
第八组	(　　)	自我表现型
第九组	(　　)	严谨型

选择"是"次数越多,则相应的职业性格类型越接近你的性格特点;选择"不"的次数越多,则相应性格类型越不符合你的性格特点。具体解释如表9.3所示。

【习题与思考】

结合自己的生涯规划,思考职业生涯规划的流程。

专题 3　秘书的职业生涯发展

案例导入

李梅作为一名大学毕业生,加入了一家知名企业担任初级秘书。刚开始,她的工作主要集中在处理日常行政事务、安排会议以及接待访客等基础工作上。尽管这些任务看似简单,但李梅却以其出色的组织能力、高效的工作态度和良好的人际交往技巧迅速获得了上司和同事们的认可。她深知,要想在职场中获得晋升的机会,就必须在日常工作中不断积累经验,展现出超越期望的能力。

逐步发展:扩展技能,增加价值

随着工作经验的积累,李梅开始主动承担更多责任,比如参与项目策划、协助决策制定等。她利用业余时间学习了项目管理、人力资源管理等相关知识,并获得了相应的专业证书。这些新技能的掌握使她能够在工作中提出更有建设性的建议,为团队解决复杂问题。她的上司开始将她视为一个值得信赖的助手,而不仅仅是一个执行者。

关键转折点:抓住机遇,证明自己

一次偶然的机会,公司内部出现了一个中层管理职位的空缺。虽然这个位置通常不会考虑秘书背景的人选,但李梅凭借自己之前在项目中表现出的领导能力和战略思维,成功地说服了决策者给她一个尝试的机会。在这个新的角色中,她不仅成功地完成了转型,还带领团队达成了超出预期的业绩,从而彻底改变了大家对她能力的固有看法。

持续成长:不断学习,追求卓越

晋升为中层管理者后,李梅并没有停下脚步。她意识到,要想在职业生涯中走得更远,就必须不断地充实自己,保持与行业发展同步。因此,她继续参加各种高级管理培训课程,学习最新的管理理念和技术。同时,她也注重培养自己的领导力和战略眼光,以便在未来能够承担更大的责任。

李梅的故事告诉我们,秘书并非只有一条固定的职业轨迹。通过不懈努力和持续学习,秘书完全有可能打破常规,实现职业生涯的飞跃。在这个过程中,关键在于能否把握机遇、勇于挑战自我以及不断提升个人价值。正如李梅所展现的那样,只要有决心和行动,每一位秘书都有可能成为自己职业生涯的主宰者。

一、秘书职业生涯发展的特点[①]

如果将秘书职业生涯与一般职业生涯比较,秘书生涯具有以下特点。

---

① 侯典牧.谈秘书职业生涯发展的特点、类型及趋势[J].秘书之友,2008(5):8-9.

(一)从业时间的低龄性

现代企业的秘书工作比较适合年轻人做。一般单位在招聘秘书时,都有明确的年龄要求。如果以前不是做秘书工作的,中年以后就不再适合做秘书工作了。只有那些高层管理者才需要资深的、经验丰富的、能给自己出谋划策的参谋型秘书。

(二)工作成绩的内隐性

秘书的工作通常是接电话、处理文件、整理文档、安排领导日程、接待来访者等。这种工作的辅助性和服务性决定了秘书工作成绩难以外显,从而呈现一种内隐性特征。

(三)服务对象的广泛性

由于企业制发的文件、实施的决策直接涉及广大员工的切身利益,因此,秘书在工作中必须广泛听取各级、各类员工的意见。在政策实施过程中,秘书一定要认真倾听广大员工的呼声,及时做好信息反馈工作,以便领导纠正可能出现的偏差,防止矛盾激化。秘书工作不仅是为领导服务的,也是为员工服务的。

(四)自我提高的机遇性

秘书工作涉及面广、时效性强,领导要求高,这对秘书既是一种压力,又给他们提供了成长的环境和条件。另外,秘书位居领导身边,因为工作关系很容易与领导建立感情,得到领导的器重和欣赏;秘书部门所处的枢纽位置也使秘书比其他人员了解的情况更多一些,接触的领域要宽一些。这些都有利于秘书的迅速升迁。

二、秘书职业生涯发展的类型

秘书工作者定位自己的生涯发展方向,了解行业的类别,是秘书人员确定职业发展方向的前提。[①]

(一)从发展方向分

1.上移

上移,即从低级职位向高级职位发展。这包括两种情况:一是在秘书岗位上正常晋升。秘书的层级一般划分为初级秘书、中级秘书和高级秘书三级,由初级秘书向高级秘书发展是一种自觉的职业发展追求。二是在秘书岗位外的升迁。秘书人员,尤其是高层管理者的秘书,如果得到领导的赏识,就很容易晋升为管理者。

2.侧移

侧移,即在组织内职位的横向变动。在以下两种情况下,侧移经常发生:一是秘书希望在组织内上移,为了积累自己处理高级职位的经验,常常有意识地跨部门侧移;二是秘

---

① 侯典牧.谈秘书职业生涯发展的特点、类型及趋势[J].秘书之友,2008(5):8-9.

书目前的工作与个人能力、兴趣不符而发生侧移。不论哪种情况,秘书在其本职工作岗位上积累的多方面的经验和知识,都为其侧移到其他部门工作提供了充分的机会和坚实的基础。

3.移出

移出,即从秘书岗位退出或者调离。移出既有客观原因也有主观原因。在客观方面,如原组织内过分高压而妨碍个人成长,或者因为才能出众而遭受嫉妒、打击、排挤,或者因为与领导难以相处、薪资待遇不够理想而难以发展等。这时候,秘书积极主动移出有利于个人成长和职业发展。在主观方面,有的秘书想改行甚至想自己创业。由于秘书在工作中积累了一定的知识、经验,那些从秘书岗位移出想改行或创业的人中成功者很多。

(二)从工作层次分

1.初级秘书

初级秘书包括公司前台接待、电话接线生、部门事务助理等。他们的职责一般比较单一,技术含量较低,薪金相对低一些,在职者的年龄一般不超过25岁。

2.中级秘书

中级秘书包括部门经理秘书、经理助理等处于中层管理岗位的秘书和中小公司的经理秘书。他们的权力和责任相对大一些,处理各种事件的能力要求也高一些,外语水平和计算机应用的能力要求更高一些,并要有很好的协调能力,薪水自然也高一些。这些人的年龄一般为25~35岁。

3.高级秘书

高级秘书则包括大公司首脑秘书、董事会秘书、地区总裁秘书等。这些职位处于高级领导层,他们的领导能力、协调能力、管理能力都需要多年甚至十几年的培养和修炼,因而他们年龄也偏大,这是秘书职位的顶点,到此时才能真正领悟秘书工作的全部内涵。他们的年龄一般为35~45岁,具有良好的外语条件,良好的沟通能力、协调能力、判断能力和预见能力。

(三)从素质能力分

1.参谋型秘书

这类秘书素养高、主意多、思维活跃,富有一定的创新能力,大多是高级秘书,这类秘书一般不可替代。

2.事务型秘书

这类秘书在专业深度上或许并非顶尖,但业务知识面较广,能说会道,大多人际关系较好,很擅长处理各种事务,在一定程度上能够促进单位的发展。

3.秀才型秘书

这类秘书有较好的文笔,能撰写出优秀的文稿。

4.公关型秘书

这类秘书主要负责处理外联事务,具有较强的策划能力和公关能力,人际交往能力出色。

5.操作型秘书

这类秘书侧重于办公室基本事务的操作,对办公室各项事务比较熟悉。

(四)从内部职业转型的角度划分

由于秘书接触面广,与各个部门打交道多,对公司架构和业务比较了解,因此转型的选择面比较宽。从秘书职业发展转型看,主要有以下几种类型:一是行政类,这类秘书可以直接过渡到行政管理、办公室主任、综合管理部主任等职位;二是助理类,这类秘书往往可以发展为总经理秘书、总经理助理;三是人事类,这类秘书可以发展为人力资源主管;四是公关类,这类秘书可从接待、协调岗位过渡到公关经理、客户经理;五是业务类,这类秘书可以发展为商务主管等。

了解了秘书职业的类型,秘书人员就可根据自身实际确定发展方向,规划自己的职业生涯。

三、秘书职业生涯发展的趋势

现代秘书正处在一个崭新的信息时代,领导活动的日趋复杂化与科学化、领导者知识水平的不断提高、秘书职能的不断强化和职能范围的不断扩大,客观上都要求秘书的素质有一个新的突破。

随着经济的快速发展,我国涌现出了大批"三资"企业,它们拥有先进的管理机制和秘书工作机制,所聘用的秘书是与我国传统意义上不同的新型秘书人才。同时,我国不少企业到海外去经营。这就要求涉外秘书人员构建"外向型"的知识结构,不仅具备普通秘书应具备的基础知识,而且应掌握协助管理、国际贸易方面的知识和技能。具体来说,主要应掌握以下知识:一是对外贸易知识,包括租赁以及与之相关的国际汇兑、各国税制、保险、仲裁、索赔等知识;二是涉外法规知识,包括国内的涉外法规和国际法规;三是财会与商务知识。总之,现代秘书不再是以往的传统事务型秘书,而是属于"智囊型"人物。随着办公智能化程度的提高以及人力资源外包的普及,那些容易替代的工具型、事务型秘书的需求将会越来越少。

随着现代管理的科学化,不仅现代社会要求秘书具备综合能力(如外语、商务、沟通、写作、调研、战略思维等),而且秘书工作的专业化要求越来越高。这种专业化,主要是秘书业务的特殊要求。秘书作为一种特殊的社会职业,不是什么人都可以从事的。首先,要有相应的秘书职业资格,同时还要有与其所在单位具体业务和独特的工作特点相匹配的业务知识。由于不同企业具体业务不同,不同秘书岗位所要求的秘书业务能力结构也不同,这样的秘书职业分型必将成为未来秘书职业的发展趋势。

可见,智能化、专业化是未来秘书职业发展的必然趋势,秘书人员应朝着这一目标规划自己的职业生涯。

能力训练

心理素质训练:学做一份"我的职业生涯规划"

现在,学做一份"我的职业生涯规划",其内容的大致结构如下:

一、自我探索

个人基本情况分析、个人测评分析。内容包括:价值观、兴趣、能力、个性等。

二、职业探索

内容包括:行业分析、企业类型分析、地域分析、职位分析等。

三、职业定位

内容包括:SWOT分析、职业选择可能性分析、职业发展可能性分析等。

四、职业决策与具体实施计划

内容包括:职业方向、生涯路线、生涯目标实施方案(大学期间的实施计划、目标职业准备阶段实施计划、中期发展规划、长期发展规划等)。

五、评估和调整

内容包括:职业目标评估与调整、职业路径或实施策略评估与调整、其他因素评估与调整等。

【习题与思考】

1.试述秘书职业生涯发展的特点。

2.秘书职业生涯发展的类型有哪些?

专题4 秘书职业成长与领导力的自我开发

案例导入

李明是一家跨国公司的初级秘书,起初负责接听电话、安排会议和整理文件等基础工作。然而,他并不满足于仅仅完成分配的任务,而是积极学习公司的业务流程和行业知识,不断提升自己的专业技能。通过参加内部培训和自学,李明逐渐掌握了项目管理和商务沟通的能力。

随着时间的推移，李明开始承担更多的责任。他不仅能够独立管理重要客户的会议安排，还能够协助团队解决复杂问题。他的工作效率和专业能力得到了上级的认可，很快被提升为高级秘书。在这个新的角色中，李明开始参与决策过程，为公司的战略发展提供支持。

李明并没有止步于此。他意识到，要想在职业生涯中取得更大的成就，就必须不断挑战自己。因此，他主动承担了一项跨国项目，负责协调不同国家和地区的团队合作。这个项目不仅考验了他的组织能力和跨文化沟通技巧，也锻炼了他的领导力。项目成功后，李明在公司内外都赢得了声誉。

几年后，李明已经成为公司的中层管理人员，负责监督一个由多名秘书和其他行政人员组成的团队。他不仅确保团队的高效运作，而且致力于培养团队成员的个人发展。在他的领导下，团队的表现超出了预期，为公司创造了巨大的价值。

李明的故事证明，即使是从基层秘书岗位起步，只要有决心、有策略地规划职业生涯，也能够实现显著的成长，取得事业成功。他的经历告诉我们，秘书不仅仅是执行者，更是战略家和领导者。通过不断学习和适应变化，秘书完全可以在企业中找到属于自己的舞台，展现才华，实现梦想。

一、明确目标与愿景

设定个人职业目标。秘书应明确自己的职业发展方向，设定短期和长期的职业目标。这些目标应具体、可衡量、可实现、相关性强，并有明确的时间限制（SMART原则）。通过设定目标，秘书可以更具方向性地提升自己的领导力。

理解组织愿景。作为领导者的助手，秘书需要深入理解组织的愿景和使命。这有助于他们在日常工作中更好地支持领导工作，推动组织目标的实现。同时，对组织愿景的理解也能激发秘书的工作热情和动力。

二、重视个人职业修养，养成踏实工作习惯

要做事，先做人。人，最重要的是修养，内圣而外王。个人修养包括：文化修养，体现为对文化知识的学习与提升；艺术修养，是塑造完美人格不可或缺的部分；涵养与意志的修养，关乎意志的培养与素质的提高；品德修养，涵盖高尚的道德理想，秉持合作、诚实、守信、正义等优良品德。

新秘书可能要从最简单的工作做起，不会被委以重任，但是新秘书必须认真对待这些琐碎的任务，这样才能给他人留下踏实肯干的印象。不要认为自己被大材小用了，要认识到从事秘书职业需要丰富的经验和能力，而经验和能力的获得需要在平时的工作中不断积累和训练。对于领导交办的工作任务，应当尽职尽责、尽心尽力地完成。另外，要保持办公环境整洁、井井有条。新秘书总想展示自己，所以对待工作往往都会认真谨慎，

但是由于环境陌生等因素,工作中还是难免出现失误。因此,失误后要分析原因、总结教训,敢于向领导和同事承认错误,敢于承担责任,以获得领导和同事的理解,并虚心向领导和同事请教与学习,避免类似失误再次发生。出现失误后,任何回避、推卸、找借口都是禁忌。

因此,新秘书从一开始就要在工作中不断完善自己,力争做一个勇于承担责任的人,一个具有团队精神的人,一个善于学习的人,一个有向心力的人,一个了解组织与他人需要的人。

三、掌握有效工作方式

在一个单位里,你的上级最关心的永远是你的工作业绩,而不是你会不会讨他开心。要想和上司保持比较融洽的关系,为他做好工作服务,你就要注意自己的工作方法。[①]

(一)接受命令的方法

(1)立即停下手里正在进行的工作,准备接受新的任务。

(2)边听指示边总结要点,不要插嘴。

(3)待上司的指示完成后,就疑点进行提问,做到全面切实地理解指示的内容。

(4)确认工作完成的期限和主次顺序。

(二)执行任务的方法

(1)准确领会上级的意思,再付诸行动。

(2)对承担的任务要敢于负责任。

(3)把握上司的心理,制订能得到认可的工作计划。

(4)工作中出现问题能随机应变加以解决。

(三)汇报工作的方法

(1)汇报的内容要事先整理、记录好。

(2)汇报的内容如果比较复杂,就写个正式的报告。

(3)首先从结论开始,然后再说经过和其他问题。

(4)实事求是,不要掺杂自己的主观判断和推测。

四、寻找自我优势与工作的结合点

在哪里发挥你的优势?只有找到与工作的恰当结合点,才能真正发挥优势,才能产生效益。每一个工作岗位对人都会有很多要求,人很难同时具有岗位要求的众多优势,但关键是要找到能发挥你优势的岗位结合点,并经常加以运用,把它发挥到极致。

---

① 理弘.给新员工101条忠告:公司新人必须遵守的天条[M].北京:华艺出版社,2005.

怎样识别优势与工作的结合点呢?

第一,要分析你目前工作中关键的角色、任务、职责都有哪些。这些角色、任务、职责对人有哪些要求?

第二,根据第一步的分析,详细分析你所具有的优势的前五项是什么。

第三,找出岗位工作要求与你所具有的几个优势的最佳匹配点。比如,工作中有一项重要职责就是与客户沟通,你的优势中有一项是逻辑性强。这样你可以在与客户沟通中充分发挥逻辑性强这一优势,多用说理的方式来进行沟通。

无论你做什么,只要你能合理安排自身工作,使你的标志性才干在大部分时间里得到发挥,你就会取得最大的成功。

五、做好维持性工作,关注发展性工作

秘书在工作生涯中,一定会遇到两类工作:发展性工作和维持性工作。

(一)发展性工作

发展性工作是指向高目标移动的工作,也就是说你做了这件事情,就会得到明显的好处,或者是待遇,或者是职位晋升。

(二)维持性工作

维持性工作是指向平行方向移动的工作,就是说你做了这件事情,不会得到明显的好处。

在秘书的日常工作中,做得最多的是维持性工作,大部分秘书日复一日,甚至年复一年全在做这类工作。秘书要想得到较快的发展,除了做好维持性工作外,关键是要在维持性工作中找到发展性工作的亮点。

六、提升沟通协调能力,建立和谐人际关系

秘书需要具备出色的沟通能力,包括口头沟通和书面沟通。他们应学会倾听他人意见,表达自己的观点,并确保信息准确无误地传达给相关人员。有效的沟通能够减少误解和冲突,提高团队协作效率。

秘书在工作中需要协调各种资源,包括人力、物力和财力等。他们应学会合理分配资源,确保各项工作顺利进行。同时,秘书还应具备处理突发事件的能力,能够在关键时刻迅速做出决策,并协调各方力量解决问题。

和谐友好的关系是事业成功的一半,是实现晋升目标的重要手段和途径,因此要注意构建职业人际关系网。要尝试尽可能多地与同事进行工作、业务上的交流合作,共同处理问题,并注意在合作中向同事学习,了解组织的工作规范和习惯,对领导和同事表现出足够的尊重,处理好业务与私事之间的关系等。

在工作中多替对方着想。构建关系网络必须遵循的规则,不是"别人能为我做什

秘书心理与行为

么"，而是"我能为别人做什么"。优秀的关系网络是双向的。如果你仅仅是个接受者，无论什么网都会疏远你——有付出，才有回报。

七、持续学习，提升自我

新时代知识迭代非常快，随着人工智能的快速发展，秘书工作无论从内容还是手段上，都已经发生了重要变化，并将继续发生变化。不注重学习，不学会学习，知识和技能就会落后，自己就会被时代甩到后面，就无法胜任秘书工作，更谈不上职业生涯的健康发展，以及实现职业理想。因此，秘书应积极参加各种培训和学习活动，不断提升自己的专业知识和技能。这包括参加领导力培训、沟通技巧培训、时间管理培训等。通过学习，秘书可以不断完善自己的知识体系，提高自己的综合素质。

秘书还应定期对自己的工作进行反思和总结，找出存在的问题和不足，并制订改进措施。通过反思和总结，他们可以不断提高自己的工作效率和质量，为组织的发展作出更大的贡献。

八、创造条件，促进职业生涯发展

无论哪种类型的职业，其发展都是有条件的。为了实现职业晋升，秘书在工作中也需要创造条件。

第一，树立良好的形象。以良好的仪容仪表及敬业、负责任、勤劳肯干的工作态度为成功铺路；找出高一级职位的能力需要，塑造自己，适应需要；积极帮助领导者解决困难问题，争取信任和友谊；提出不同意见时，要讲策略，不拘谨，不卑不亢。

第二，要积极做好变动的准备。秘书，尤其是高级管理者的秘书，是有机会得到晋升机会的，关键是要做好准备，尽量使你的领导了解你的能力、行为和个性，使他们认为你能胜任更高级别的管理工作，力争进入其候选人的基本名单中。与此同时，还要培养接替自己工作的人选，以使调走成为可能。做好这项准备的时间把握很重要，做得太早，会使自己完全变成多余的人，自己在工作岗位上曾有过的重要地位和作用会被遗忘；做得太晚，有可能因为无合适人选接替工作，耽误上调的时机。因此，必须把握好恰当的时机。

能力训练

心理测试：自我优势测验

马库斯·白金汉还提出了"优势测试"的简易量表[1]，如表9.8所示。

---

[1] 白金汉.现在，发现你的职业优势[M].苏鸿雁，谢京秀，译.北京：中国青年出版社，2007：101.

表9.8　优势测试简易量表

	1=非常不赞同,2=不太赞同,3=既不赞同也不反对,4=比较赞同,5=非常赞同	
S 成功	1. 在这类事情上,我已经取得了极大的成功。	1 2 3 4 5
	2. 其他人经常对我说,我在这一类事情上很有天分。	1 2 3 4 5
	3. 我曾因为做这一类事情而得过奖或是得到过认可。	1 2 3 4 5
I 直觉	4. 我每天都做这一类事情。	1 2 3 4 5
	5. 我经常会主动做这一类事情。	1 2 3 4 5
	6. 这一类事情总让我很兴奋。	1 2 3 4 5
G 成长	7. 对于这一类事情,我上手很快。	1 2 3 4 5
	8. 我发现自己每天都在思考这一类事情。	1 2 3 4 5
	9. 我迫不及待想学习新技能,把这一类事情做得更好。	1 2 3 4 5
N 需求	10. 我总是期待着做这一类事情。	1 2 3 4 5
	11. 回想之前做这一类事情的经历总是很有趣。	1 2 3 4 5
	12. 这一类事是让我最有成就感的事情之一。	1 2 3 4 5

找一个你正在做的,且想要评估的事情,按上表打分。如果总分为53分以上,做这类事极可能就是你的优势,如果在这类事情上分数低于46分,它极可能不是你的优势。

【习题与思考】

结合自己职业生涯规划,谈谈怎样进行生涯资源的自我开发?

模块十
秘书的心理健康与压力管理

学 习 目 标

知识目标：

· 了解常见的情绪与心理健康问题。

· 掌握心理健康、压力的含义。

· 理解秘书消极情绪与压力问题的来源。

· 了解压力对人体的影响与危害。

能力目标：

· 利用心理学相关理论,分析生活中的大事件。

· 学会压力管理的基本技巧。

素质目标：

· 学会以积极态度面对工作中的压力。

· 提升秘书的抗压能力。

专题1　秘书工作中常见的情绪与心理健康问题

案例导入

李婷是一家知名企业的高级秘书,她的工作看似光鲜亮丽,实则压力山大。每天,她都要面对堆积如山的文件、应接不暇的电话以及各种突发状况。她的上司是一位要求极高的领导,对工作的细致程度几乎达到了苛刻的地步。李婷常常加班到深夜,只为了第二天能够准时提交完美的报告。

随着时间的推移,李婷开始感到身心俱疲。她的笑容不再像以前那样灿烂,眼中的光芒也逐渐黯淡。她开始出现失眠、焦虑等症状,甚至在工作中出现了一些小错误,这在她以往的职业生涯中是极为罕见的。她知道,自己可能患上了职场抑郁症。

李婷的情况并不是个例。在高强度的工作压力下,许多职场人士都可能面临类似的心理健康问题。他们往往因为担心影响工作表现而选择隐忍,不愿意寻求帮助。这种沉默的代价是沉重的,不仅影响了个人的生活质量,也可能对企业的整体效率产生负面影响。

幸运的是,李婷的故事并没有就此结束。在一次偶然的机会中,她的同事发现了她的不对劲,并鼓励她寻求专业的心理咨询。在专业人士的帮助下,李婷开始学习如何管理自己的压力,学会了在工作和生活之间找到平衡。她也开始向上司沟通自己的困境,希望能够得到更多的理解和支持。

经过一段时间的努力,李婷的状态有了明显的改善。她的笑容重新回到了脸上,工作效率也有所提高。更重要的是,她意识到了自己的价值,并不在于无休止地工作,而是在于健康和幸福的生活。

李婷的故事告诉我们,职场上的心理健康问题不容忽视。企业和个人都应该重视这个问题,采取积极的措施来预防和干预。只有这样,我们才能构建一个更加健康、和谐的工作环境。

一、高压工作环境下的应激反应

秘书常常处于快节奏的工作环境中,需要同时处理多线程任务,应对突发状况,这种持续的压力容易导致焦虑、紧张乃至疲劳过度。长期的高压状态可能引发身体的应激反应,在情绪层面,常见的有焦虑、抑郁情绪的滋生,以及对工作的持续厌倦感;在生理层面,长期的精神紧张会引发失眠、头痛、消化不良等躯体症状,甚至可能导致免疫力下降,使人更容易感染疾病;在行为层面,可能采取逃避行为,如拖延、迟到早退,或是过度工

作,牺牲个人时间以追求完美,形成恶性循环。在认知层面,会出现注意力难以集中、记忆力减退、决策能力下降等情况,进而影响工作效率和质量。

二、角色定位与期望冲突导致职业倦怠

在现代社会中,秘书的角色不再局限于传统的文书工作和行政支持。他们往往需要具备更高的专业素养和更广的知识面,以应对日益复杂的工作环境。然而,这种角色的扩展也带来了定位上的模糊性。一方面,领导层可能期望秘书能够承担更多的决策辅助和战略规划任务;另一方面,同事和下属则可能将秘书视为简单的执行者和传声筒。这种角色定位的不清晰,使得秘书在工作中难以准确把握自己的职责边界,容易陷入角色冲突的困境。

期望冲突在秘书工作中表现得尤为明显。一方面,领导层对秘书的期望往往过高且不切实际,希望他们能够迅速、准确地完成各项任务,同时还要具备出色的人际交往能力和应变能力。另一方面,秘书自身也可能对职业发展有着更高的期望,希望能够通过努力获得晋升机会或实现个人价值。然而,现实情况往往是资源有限、机会稀缺,秘书很难在短时间内满足所有期望。这种期望与现实之间的差距,导致了秘书在工作中面临巨大的压力和挑战。

当个人的努力未得到充分认可,或是在夹缝中艰难调和不同部门的利益,自己的期望又难以达成时,容易产生自我价值怀疑,长期下去可能导致职业倦怠。

三、隐私泄露风险与道德压力造成巨大心理负担

秘书在工作中经常需要处理大量敏感信息,包括商业机密、客户资料、内部决策等。这些信息的泄露往往会导致严重的后果,如企业竞争力下降、客户信任度降低、法律诉讼风险增加等。因此,秘书在处理这些信息时必须格外小心谨慎,确保信息安全。然而,随着信息技术的发展,黑客攻击、网络钓鱼等手段层出不穷,信息安全面临更大的挑战。秘书在面对这些外部威胁的同时,还需要应对内部管理不善导致的信息泄露风险。

除了隐私泄露的风险外,秘书还面临着来自道德方面的压力。他们需要在维护企业利益与遵守职业道德之间找到平衡点。在某些情况下,企业可能会要求秘书做出违背其职业道德的选择,如隐瞒不利信息、夸大业绩等。这些行为虽然可能短期内对企业有利,但长期来看却会损害企业的声誉和可持续发展能力。同时,这些行为也会给秘书带来巨大的心理压力和道德负担,甚至可能导致职业倦怠和心理健康问题。

秘书每天处于这种"如履薄冰"的状态会带来极大的心理负担,对心理健康极为不利。

四、人际交往的复杂性引发孤独感、被排斥感

秘书的工作性质决定了他们必须具备高超的人际交往能力。他们是领导的得力助

手,需要精准理解并执行上司的意图;同时,他们也是团队的联络员,要与各部门保持良好沟通,确保信息畅通无阻。然而,这种多重角色的扮演往往让秘书处于一种微妙的平衡之中。一方面,他们需要保持专业距离,以维护工作的公正性和保密性;另一方面,过于疏远又可能导致同事间的隔阂,影响团队合作的氛围。这种"近而不亲,远而不疏"的状态,使得秘书在人际交往中常常感到如履薄冰。

在这种复杂的人际环境中,秘书很容易产生孤独感。由于工作的特殊性,他们往往难以与同事建立深厚的个人友谊,因为在很多情况下,他们的言行都代表着领导的意志,这使得他们在无形中树立了一道隐形的屏障。此外,长时间的高强度工作也让秘书们难以有充足的时间和精力去参与社交活动,进一步加剧了他们的孤独感。夜深人静时,面对堆积如山的文件和邮件,那份孤独与无助便如同潮水般涌来,让人无处遁形。

除了孤独感,秘书还可能面临被排斥的问题。在一些团队中,由于对秘书角色的误解或偏见,部分同事可能会将秘书视为"领导身边的红人",从而产生嫉妒心理,故意疏远甚至排挤他们。这种被排斥的感觉会让秘书感到更加孤立无援,严重时甚至会影响工作效率和心理健康。他们渴望被理解和接纳,却又往往难以找到合适的方式去打破这种僵局。

五、工作与生活的失衡导致情感枯竭

(一)时间失衡

秘书工作的繁忙程度往往超乎想象,24小时待命成了不成文的规定。会议筹备、日程管理、文件处理……每一项任务都要求极高的专注力与效率。于是,夜晚的灯光成为他们最长情的伴侣,而周末的家庭时光则被紧急的工作电话一次次打断。时间不再是均匀分布的资源,而是一块块碎片,难以拼凑成完整的自我时光。长此以往,生物钟紊乱,身心健康受损,生活的天平严重倾斜。

(二)情感的沙漠化

在无尽的任务清单和紧迫的截止日期面前,秘书们的情感世界逐渐荒芜。他们学会了压抑个人情绪,将笑容留给客户和同事,将疲惫藏于心底。家庭聚会缺席,朋友邀约婉拒,爱情的甜蜜也被工作稀释。人际交往变得功利而短暂,深层次的情感交流成为一种奢侈。心灵的绿洲在慢慢枯萎,取而代之的是一片情感的沙漠,孤独与疏离感日益增长。

(三)自我价值的迷失

秘书工作虽重要,但往往被视为辅助性质,这在一定程度上限制了个人成就感的获得。秘书的这种工作模式严重侵占了个人时间,导致生活失衡。缺乏足够的休息和娱乐,长此以往,不仅身体健康受损,人也会感到精神空虚,失去生活的热情和动力,导致情感枯竭。

能力训练

美国生理学家艾尔玛将玻璃管插在零摄氏度的冰水混合容器里,收集人在不同情绪呼出的"气水"。结果发现,悲痛时呼出的水汽冷凝后则有白色沉淀;心平气和时呼出的气所凝成的水澄清透明,无色、无杂质;如果生气,则会出现紫色的沉淀。将"生气水"注射到白老鼠身上,老鼠居然死了。由此可见,生气对健康的危害非同一般。

请结合实验材料分析,说明情绪与健康之间的关系。

【习题与思考】
举例说明秘书工作中常见的情绪与心理健康问题有哪些?

专题2　秘书消极情绪与压力问题的来源及其危害

案例导入

在一家知名跨国公司的办公室中,李强,一位资深秘书,负责公司高层的日常行程安排和重要文件的处理。一天,公司的CEO突然宣布将召开一场紧急会议,讨论一项可能对公司未来产生重大影响的战略决策。这场会议的时间定在了第二天早晨,而李强需要在短短几个小时内完成所有准备工作。

第一,李强需要通知所有相关高层管理人员参加会议,并确保他们的日程能够调整以出席这次临时会议。由于涉及的人员众多,且分布在不同的时区,这项工作本身就是一个巨大的挑战。第二,他还需要准备会议所需的资料,包括市场分析报告、竞争对手的研究资料以及相关的财务数据。所有这些工作都需要在短时间内完成,而且必须保证信息的准确性和完整性。

在这个过程中,李强面临的压力主要来自以下几个方面:①时间紧迫:从接到任务到会议开始的时间非常有限,这要求李强必须在极短的时间内完成大量的工作。②责任重大:作为秘书,李强不仅要确保信息的准确无误,还要保证会议的顺利进行。任何一个小小的疏忽都可能导致严重的后果。③多方协调:在准备过程中,李强需要与多个部门和个人进行沟通协调,这不仅考验了他的沟通能力,也增加了工作的复杂性。④不确定性:由于会议内容涉及公司的未来战略,存在很多不确定因素。这种不确定性使得李强难以预测和控制可能出现的问题,从而增加了心理压力。这些压力不仅考验着秘书的专业能力,更考验着他们的心理素质和应变能力。因此,对于秘书这一职业来说,学会有效管理压力,保持良好的心态,是职业生涯中不可或缺的一部分。

一、秘书消极情绪与压力问题的来源

(一)工作来源

秘书的不良情绪与压力主要源于与工作相关的各种不适应情境,如工作量过大或过少、工作单调机械、时间短任务重、角色冲突、职责重大、晋升迟缓、缺乏工作安全感、抱负受挫、人际关系(与上司、同事及下属的关系)紧张、工作与家庭的冲突、组织变革(如并购、重组、裁员等),这些情况都将引发很大的心理压力,引发不良情绪困扰。秘书工作中不良情绪与压力的来源大体上可以归纳为6个方面。

1.秘书工作机械、单调而无成就感

秘书每天上下班,整日忙忙碌碌,接待、接打电话、编写信息、打印材料等,其中很大部分是一些程序化、重复化、单调的工作,日复一日,年复一年。在单位里这些工作算什么呢? 没有创造出直接的价值,有什么样的地位呢? 有的部门对外联系,搞了几个项目;有的部门经过攻关,开发了几项科研成果;有的部门经过改革,掌握了一些技术。而秘书人员,虽然看起来事务工作做了不少,好像什么事都参与了,但又好像什么事都与自己无关。烦琐的事务、杂乱的事项,功劳簿上却找不到哪些是秘书或秘书部门所为。这一切容易让秘书产生工作上的无成就感,而引发职业倦怠。

2.秘书事务繁杂和无意义感

秘书部门不是纯粹的技术部门,而是一个综合协调机构,事务琐碎且繁杂:有的是程序化的工作,有的是无规律的突发事件,有的是临时性的事务。凡是专业性强、技术性强的事项,都由具体的业务部门去办理。而大部分秘书在单位里就像是一个勤杂工,而目前的秘书基本都是本科以上学历,他们长期处理这种繁杂的事务将产生无意义感。

3.秘书工作上的被动性和压抑性

秘书工作的辅助性质和从属地位决定了它具有被动性的一面。作为领导者的参谋和助手,秘书部门和秘书人员必须按照领导意图办事,不能自行其是,各种工作基本都是领导安排的,而不是自己选择的。工作性质决定了秘书人员的能力与地位、贡献与评价常常不相称:秘书有时实在是非常辛苦,但得到的结果却不尽如人意,需要比较好的心理承受力;而秘书的机要性质又决定了其工作内容多半不能对外透露,保密性强,这样也使得秘书的心理负荷比较大。

4.秘书工作角色的多面性要求

在角色定位上,秘书因其特殊的工作性质,在组织中往往具有多种身份角色并须承担相应的各种职责。秘书是领导的参谋、助手,要为领导的经营决策提供信息咨询并出谋划策,对领导的工作部署要具体地传达贯彻,并进行督查落实,想领导之所想,急领导之所急,充分发挥自己的积极主动性和聪明才智;同时,秘书又是从事具体事务工作的得力办事员、服务人员,根据组织及其领导活动的需要,秘书常常须完成大量繁杂的日常事

务性工作,如接打电话、编写信息、打印材料,代表组织外出调查、联系工作、接洽商务、接待来访等。总之,秘书工作具有丰富性、多样性的特点,当秘书处在不同地点、场合时,其角色也在发生着改变。由此可见,秘书的角色身份具有多元性和多层性。而在能力方面,秘书作为领导的助手和参谋,既承担着为领导决策提供辅助服务的任务,又肩负着联系上下左右、沟通四面八方的重要责任。因此,要做一名合格的秘书,除了具有良好的语言表达能力和扎实的文字功底外,还必须具备其他的特殊能力,如速记能力、应变能力、协调能力、创新能力等。[①]秘书工作角色的多面性,导致了对秘书工作能力需求的多样性,这一切构成了秘书工作的又一重要压力来源。

5.秘书服务对象的特殊性

秘书服务的对象大多为单位的重要领导人,他们既是秘书人员服务质量、水平的主要评判者,也是影响秘书人员个人前途发展的重要人物,是组织中最难服务的一群人。这个阶层非常特殊,具有位高、权重、资源多、能力强等特点,但这些对于秘书而言却不一定都是好事。位高者往往容易有官气,导致与秘书之间难沟通;权重者常常会有傲气,使得秘书与其交流时难开口;资源多者可能会有娇气,容不得自己受一点委屈;能力强者对他人要求高,自身对别人的满意度就低,甚至会让秘书觉得相形见绌。结果使秘书所做的辅助性、服务性工作变成了"要求高、难度大、满意度低"的工作。并且,当领导心情不愉快时,往往会把秘书当成发泄不满情绪的对象。

6.秘书工作中人际关系的复杂性

人际关系是组织生活中的关键部分,秘书若与同事、上司或下属关系不协调,就会产生不良情绪,进而引发压力。秘书部门是一个机要且敏感的部门,秘书在处理部门内外各种关系时,若处理不当,容易给自己带来压力。秘书人员直接服务于领导的特殊角色,往往会令一些素质不高的同事产生嫉妒心理。所以,秘书人员往往会遭遇本部门一些同事的冷嘲热讽、离间中伤,从而导致秘书人员的心理失衡。办公室尽管是个公开场合,看似平静,实则是一个暗流涌动的小世界,人际关系复杂,同事之间难以沟通,大家各自为保全自身的利益而明争暗斗。在这样的工作环境中,一不小心就会陷入别人设下的陷阱,遭人暗算。这样的工作环境,使人的心理常常处于高度紧张状态,给秘书工作和秘书的心理健康带来了许多不利影响。

(二)自身来源

1.认知

面对同样的压力情境,有些人苦不堪言,而另一些人则能够平静地对待,这与认知因素有关。当一个人面对压力时,会在没有任何实际的压力反应之前,先辨认和评价压力。如果对压力的威胁性估计过高,对自己应对压力的能力估计过低,那么压力反应也必然

---

① 周乐秋,张帆.试析企业秘书的心理挫折及预防[J].新闻天地(论文版),2008(5):177-180.

会比较大。例如,面对经理布置的一个非常重要的新任务,秘书如果认为自己缺乏经验,万一搞砸了,会引起经理的极度不满,就会感到惊慌恐惧;而如果认为虽然自己缺乏经验,但可以请他人协助,即使没干好也不至于太糟糕,并且这个任务会给自己带来前所未有的成长机会,就会感到兴奋。正如一位哲学家所说:"人类不是被问题本身所困扰,而是被他们对问题的看法所困扰。"

对压力的认知评估可以分为两个阶段。初步评估是评定压力来源的严重程度,二次评估是评定应对压力的可能性。如果压力严重,又无有效的应对压力的良方,必然会产生一种持续性的紧张状态。

2.不切实际的自我期望

一个人如果没有理想抱负,就会碌碌无为,就很难有大的成长进步。然而,一个人如果不能正确评价自己,把目标定得过高,而自身的能力或客观条件又有限,就会因目标无法实现而遭受精神上的挫折,进而影响心理健康。不切实际的自我期望容易带来压力。下面的快乐公式可以用来描述期望与所得之间的关系。

$$快乐(Happiness, H) = 成就(Achivement, A) ÷ 期望(Expecations, E)$$

如果你的期望值很低,那么即使获得小小的成果也能让你感受到极大的快乐。当你的期望值超出自己能力所及的范围,且超过环境所能提供的资源供给量,成功的可能性微乎其微时,就必然导致你产生不快、沮丧等负面情绪。

有些秘书对自己抱有不切实际且过高的自我期望,对自己所做的每项工作都要求做得十分完美,例如,"我必须始终准时""我必须与任何人融洽相处""我必须时刻待在办公室里,以便上司或下属随时都能找到我""当别人要求我时,我必须说'是'"。结果是,其对自己的表现永远不满意,永远不能从已经完成的工作中获得轻松感。

3.性格

压力与一个人的性格也有密切的关系。研究发现,A 型性格的人容易产生心理压力,甚至患上心理疾病。

A 型行为是美国著名心脏病学家弗里德曼和罗森曼于 20 世纪 50 年代首次提出的概念。他们发现许多冠心病患者表现出一些典型的、共有的特点,如雄心勃勃、争强好胜、醉心于工作却缺乏耐心、容易产生敌对情绪、常有时间紧迫感等。他们把这类人的行为表现特点称为 A 型性格,而相对缺乏这类特点的行为所表现出的性格称为 B 型性格。A 型性格被认为是一种冠心病易患行为模式。冠心病患者中更多的人属于 A 型性格,而且 A 型性格的冠心病患者复发率高,愈后较差。

A 型性格的人常处在中度至高度的焦虑状态中。他们不断给自己施加时间压力,总为自己设定最后期限。这些特点导致了一些具体的行为结果。比如,A 型性格的人是工作速度很快的人,他们对数量的要求高于对质量的要求。从管理角度来看,A 型性格的人表现为愿意长时间从事工作,但他们决策欠佳也绝非偶然,因为他们做得太快了。A 型性格的人很少有创造性,因为他们关注的是数量和速度,常常依赖过去的经验来解决自己当前面临的问题。对于一项新工作而言,无疑需要专门的时间来开发解决它的具体办法,但 A 型性格的人却很少分配出这样的时间。他们很少根据环境的各种挑战改变自己的反应方式,因而他们的行为比 B 型性格的人所表现出的行为更易于预测。

在组织中,A 型性格的人和 B 型性格的人谁更容易成功呢?尽管 A 型性格的人工作十分勤奋,然而 B 型性格的人常常占据组织中的高层职位。最优秀的推销员常常具有 A 型性格,但高级经营管理人员却常常是具有 B 型性格的人。这是为什么呢?答案在于 A 型性格的人倾向于放弃对质量的追求,而仅仅追求数量,然而在组织中晋升机会常常被授予那些睿智而非行事匆忙、机敏而非充满敌意、有创造性而非仅有好胜心的人。

4.秘书自身知识和能力的欠缺

秘书工作头绪多,事务杂,范围广,尤其是新时代的秘书工作范围大大拓宽,几乎包罗万象。秘书在工作中会接触到政治、文化、经济、法律等各方面的知识,这就需要优化秘书的知识结构,使其具备广博的知识,这样才能在工作中游刃有余,适应日新月异的发展形势。所以,如果秘书自身知识匮乏、能力不足,就难以适应工作的需要。如果因能力不够而导致工作受阻,那么秘书在心理上除了要承受失败的痛苦外,还会增添一分内疚和自责,长此以往,容易产生心理压力。

(三)工作—家庭冲突

工作—家庭冲突(Work-Family Conflict)是指当来自工作和家庭两方面的压力在某些方面出现难以调和的矛盾时,产生的一种角色交互冲突。也就是说,由于工作任务或者工作需要,个体难以尽到对家庭的责任,或是因为家庭负担过重而影响工作任务的完成。这主要表现为:秘书为完成领导布置的紧急任务要经常加班,还要经常陪领导出差,无法兼顾家庭生活。

(四)社会对秘书的消极观念

当今社会,许多人对秘书这一职业的界定存在不同程度的偏见。有的人认为秘书是领导的"高级保姆",认为秘书为领导服务没有界限,从日常工作到家庭事务都要包办,是一种不需要什么专业技能,只要会察言观色就行的角色;有的人认为秘书坐在办公室里,只不过处理些收收发发、抄抄写写、迎迎送送之类的琐事,没什么特别重要的任务,坐在办公室里清闲自在;甚至还有一些非常庸俗且错误的观点,比如把男秘书视为"酒保"、把女秘书视为"花瓶",认为秘书职业就是陪侍或者应酬性质的工作,极端地贬低了秘书职业的作用,丑化了秘书的职业形象。这些关于秘书角色的错误观点势必会对秘书人员的心理造成较大的冲击。对于女秘书而言,她们更容易遭遇流言蜚语,从而导致自身生活和家庭生活出现困难和矛盾。

二、消极情绪与压力问题对人体的影响及危害

(一)消极情绪与压力对身体的影响

在消极情绪与压力状态下,身体会持续性地紧张,以提供面对压力所需的注意力与体力。此时,人的身体会分泌交感神经素与肾上腺皮质类固醇等荷尔蒙。其中,交感神经素会让人的心跳加速,若交感神经长期处于过度兴奋状态,首先会对心脏血管产生影响。当交感神经素分泌过多时,血液会变得较为浓稠,容易出现阻塞情况,进而增加患高血压、心血管疾病等风险。当压力过大时,身体所分泌的肾上腺皮质类固醇会减少免疫系统淋巴球的数量,使人的抵抗力减弱。因此,越觉得有压力的人,在接触呼吸道病毒时,越容易受到感染而患上感冒。长期处于精神压力下,生病的概率会增加3至5倍。而免疫力降低,意味着身体内部的防御力不足,生病的概率便会提高。小至感冒,大至癌症,都有可能发生。

由于面对压力需要大量的注意力与体力,尤其在面对重大压力时,身体自然会出现许多症状,如肠胃不适、头痛、偏头痛、肌肉酸痛、背痛、食欲异常(暴饮暴食或没有食欲)、睡眠异常等。严重的情况下,还可能导致"过劳死"。"过劳死"的主要原因是长期处于高强度、超负荷的劳心劳力状态,再加上缺乏及时的恢复和足够的营养补充,这会导致细胞快速老化,一旦这种老化程度超过一定限度,就会过劳死。因此,可以说慢性疲劳综合征与"过劳死"有一定关联,慢性疲劳综合征若长期得不到有效缓解和治疗,可能会增加"过劳死"的发生风险。

(二)消极情绪与压力对心理行为的影响

长期的消极情绪与过度的压力还会导致如下心理与行为反应。

1.认知改变

出现不专心、注意范围缩小、注意力涣散、记忆力降低、反应迟钝、错误增加、组织规划能力降低等情况,甚至产生错觉。

2.情感改变

表现出焦虑、紧张、急躁、疑病、情绪波动、悲观无望、自卑、沮丧与无助等情绪。

3.行为改变

出现热情降低、工作效率下降、迟到或旷工现象;还有可能有吸烟酗酒、滥用毒品、玩世不恭等行为,以及睡眠困难、进食紊乱等问题,甚至出现离奇行为,严重时可能会导致自杀行为。

4.人际互动改变

对周遭环境缺乏关注,对别人的困难与痛苦漠不关心,不关心别人也逃避与他人共情。

能力训练

心理测试：A型行为类型测验（TABP）

中国版的A型行为类型量表由张伯源于1983年主持修订，含60个题目，回答按"是""否"评分，用于鉴别行为类型是A型的人。本量表共分3个部分：

TH：共有25个项目，表示时间匆忙感（Time Hurry）、时间紧迫感（Time Urgency）和做事快节奏（Do Something Rapidly）等特点。

CH：共有25个项目，表示竞争性（Competitive）、缺乏耐性（Impatience）和敌对情绪（Hostility）等特征。

L：共有10个题目，作为测谎题，用以考查被试回答量表问题是否诚实、认真。

指导语：请根据以下日常行为描述与自己的符合程度，作"是""否"回答：

1.我觉得自己是一个无忧无虑、悠闲自在的人。

2.即使没有什么要紧的事，我走路也快。

3.我经常感到应该做的事情太多而有压力。

4.我自己决定的事，别人很难让我改变主意。

5.有些人和事情常常使我十分恼火。

6.我急需买东西但又要排长队时，我宁愿不买。

7.有些工作我根本安排不过来，只能临时挤时间去做。

8.上班或赴约会时，我从来不迟到。

9.当我正在做事时，谁要是打扰我，不管是有意无意，我总是感到恼火。

10.我总看不惯那些慢条斯理、不紧不慢的人。

11.我常常忙得透不过气来，因为该做的事情太多。

12.即使跟别人合作，我也总想单独完成一些更重要的部分。

13.有时我真想骂人。

14.我做事总是喜欢慢慢来，而且思前想后，拿不定主意。

15.排队买东西，要是有人加塞，我就忍不住要指责他或出来干涉。

16.我总是力图说服别人同意我的观点。

17.有时连我自己都觉得，我所操心的事远远超过我应该操心的范围。

18.无论做什么事，即使比别人差，我也无所谓。

19.做什么事我也不着急，着急也没用，不着急也误不了事。

20.我从来没有想过要按照自己的想法办事。

21.每天的事情都使我的精神十分紧张。

22.就算去玩，比如逛公园等，我也总是先逛完，等着同来的人。

23.我常常不能包容别人的缺点和毛病。

24.在我认识的人里,个个我都喜欢。

25.听到别人发表不正确的见解,我总是想立即就去纠正他。

26.无论做什么事,我都比别人快一些。

27.人们认为我是一个干脆、利落、高效率的人。

28.我总是觉得我有能力把一切事情办好。

29.聊天时,我也总是急于说出自己的想法,甚至打断别人的话。

30.人们认为我是个安静、沉着、有耐心的人。

31.我觉得在我认识的人之中,值得我信任和佩服的人实在不多。

32.对未来我有许多想法和打算,并且总想都能尽快实现。

33.有时我也会说人家的闲话。

34.尽管时间很充裕,我吃饭也很快。

35.听人讲话或报告,如感到讲得不好,我就非常着急,总想还不如我来讲。

36.即使有人欺负我,我也不在乎。

37.我有时会把今天该做的事拖到明天去做。

38.当别人对我无礼时,我对他也不客气。

39.有人对我或对我的工作吹毛求疵时,很容易挫伤我的积极性。

40.我常常感到时间已经晚了,可一看表还早呢。

41.我觉得我是一个对人对事都非常敏感的人。

42.我做事总是匆匆忙忙,力图用最少的时间办尽量多的事情。

43.如果犯有错误,不管大小,我全都主动承认。

44.坐公共汽车时,即便车开得快,我也常常感到车开得太慢。

45.无论做什么事,即使看着别人做不好,我也不想拿来替他做。

46.我常常为工作没有做完,一天又过去了而感到忧虑。

47.要是很多事情由我来负责,情况要比现在好得多。

48.有时我会想到一些说不出口的坏念头。

49.即使领导我的人能力很差、水平低,不怎么样,我也能服从并与之合作。

50.必须等待什么的时候,我总是心急如焚,缺乏耐心。

51.我常常感到自己的能力不够,所以在做事遇到不顺利时就想放弃不干了。

52.我每天都看电视,同时也看电影,不然心里就不舒服。

53.别人托我办的事,只要答应了,我从不拖延。

54.人们都说我很有耐心,干什么事都不着急。

55.外出乘车、船或跟人约定时间办事时,我很少迟到,如对方耽误我,我就会生气。

56.我偶尔也会说一两句假话。

57.许多事本来可以大家分担,可我喜欢一个人去干。

58.我觉得别人对我的话理解得太慢,甚至理解不了我的意思。

59.我是一个性子暴躁的人。

60.我常常容易看到别人的短处而忽视别人的长处。

【记分与解释】

1.答"是"计分(表10.1)。

表10.1　A型性格测验分维度记分1

维度名	记分题目	题目数
TH	2,3,6,7,10,11,21,22,26,27,32,34,40,42,44,46,50,53,55,58	20
CH	4,5,9,12,15,16,17,23,25,28,29,31,35,38,39,41,47,57,59,60	20
L	8,20,24,43,52	5

2.答"否"计分(表10.2)。

表10.2　A型性格测验分维度记分2

维度名	记分题目	题目数
TH	1,14,19,30,54	5
CH	18,36,45,49,51	5
L	13,33,37,48,56	5

3.分数解释

37~50分属于典型的A型性格,29~36分属于中间偏A型性格(简称A-),27~28分属于中间型(M型),19~26分属于中间偏B型性格(简称B-),1~18分属于典型的B型性格。L的得分只供研究和使用者参考,L≥7分可认为是无效问卷。

如果你的A型得分高,并且你认为它是引发你的压力的主要原因,那么通过对A型行为方式的少数几个方面做出改变,你不但可以降低自己所承受的压力的等级,而且还可以在工作中发挥更高的效率。

【习题与思考】

1.试述压力的含义及特点。

2.结合实际谈谈秘书压力的来源主要表现在哪些方面?

专题3 **秘书针对消极情绪与压力来源的管理**

案例导入

小李是一家大型企业的秘书,她工作勤奋、认真负责,深受领导和同事们的喜爱。然而,最近一段时间,由于公司业务量的增加,她的工作量也随之加大。每天加班到深夜,让她感到身心俱疲。渐渐地,她开始变得焦虑、易怒,甚至对工作产生了抵触情绪。

面对这种情况,小李决定采取措施来调整自己的心态。她首先意识到,自己的情绪问题可能会影响到工作表现,甚至会影响到与同事的关系。于是,她开始尝试一些方法来缓解自己的压力。

她利用午休时间进行短暂的休息和放松。她会找一个安静的地方,闭上眼睛,深呼吸几次,让自己的心情平静下来。同时,她还会在午休时阅读一些励志书籍或者听一些轻松的音乐,以此来调整自己的心态。

小李开始注重自己的身体健康。她知道,一个健康的身体是应对压力的基础。因此,她每天都会抽出一些时间进行锻炼,如跑步、瑜伽等。通过锻炼,她不仅能够释放压力,还能够提高自己的身体素质,更好地应对工作中的挑战。

此外,小李还学会了与他人分享自己的感受。当她感到压力过大时,她会找一些信任的朋友或者同事倾诉自己的烦恼。通过倾诉,她能够得到他人的理解和支持,从而减轻自己的心理负担。

经过一段时间的努力,小李成功地调整了自己的心态,重新找回了工作的热情。她发现,只有学会正确地面对和处理消极情绪,才能更好地应对工作中的挑战,实现自我价值。

这个案例告诉我们,作为秘书,我们需要时刻关注自己的情绪变化,学会调整自己的心态。只有这样,我们才能够在工作中保持高效、专业的形象,为公司创造更大的价值。同时,我们也要学会关爱自己,保持良好的身心健康,这样才能在忙碌的工作中找到属于自己的幸福。

心理学家曾形象地说,压力就像一根小提琴弦,没有压力,就无法奏响音乐。但是,如果琴弦绷得太紧,就会断掉。管理压力并不是要消除压力,因为适度的压力对人是有益的,完全没有压力的工作会变得单调乏味。况且,压力也不可能完全消除掉。因此,压力管理就是要将压力控制在适当的水平,使压力的程度能够与工作、生活相协调。

消极情绪与压力管理可分为两大方面:一是对消极情绪与压力来源的管理;二是对消极情绪与压力反应的管理。下面先谈谈秘书如何针对消极情绪与压力来源实施有效

管理。

一、改善工作环境

从整理办公桌开始减轻压力——杂乱无章的办公环境只会制造压力。因此,每天工作结束时,整理办公桌,以便第二天能够轻松地开始工作。

(一)清除杂物

有些人害怕清理东西,担心处理掉了之后需要的物件,从而造成废纸成堆的情况。对于许多工作来说,"三月规则"不失为一个安全可行的办法。任何东西堆在桌上三个月都未被使用,就应该进行清理——或存进文件夹,或丢进废纸篓。如果你很久没有整理办公桌或进行文件归档,那么你应该客观公正、毫不留情地把文件纸张整理并分成三类:

(1)当即处理:当天完成。

(2)留存处理:把文件放进未处理文件夹中,当周内完成。

(3)无需处理:存档或丢弃。

(二)保持整洁

办公桌应配备收文文件夹、发文文件夹、归档文件夹以及未处理文件夹——利用层叠方法节省存放空间。对于未处理文件夹中的文件,要做到每周清除一次,整理办公桌时要力求让最常用的东西最便于拿取。恰当安放电器,以免使用时扭曲身体;而显示器应该放置在正前方。

(三)改善环境

其他可视刺激物同样可以影响压力的程度,比如周围环境的颜色。公司常常在商店、接待处等场所利用颜色来制造气氛。你也可以围绕办公桌进行类似的布置。根据自己的喜好选择颜色,选择最宜人的色度,还可以用鲜花、盆栽植物及家人照片给办公桌增色添辉。

(四)改善工作场所

让你的工作场所像家一样温馨,这样可以带来审美的愉悦感。毕竟,你在办公室所待时间很有可能比在家的时间更长。以下措施有助于你改善工作场所:未处理文件夹要放置在随手可及的位置;将电脑显示器斜放,以避开刺眼的光线;花束可使办公桌显得明朗活泼,盆栽植物能给办公桌添加一份翠绿与清新,家人照片也可以让你回忆美好时光;文件柜要近在身旁,可以随手关闭;旋转椅的位置要正对电脑或书写的方位。

二、有效管理时间

管理学家彼得·德鲁克曾指出,有效的管理者不是从他们的任务开始,而是从他们的时间开始。不是从做计划开始,而是从发觉他们的时间实际花在什么地方开始。

秘书工作压力大的症状之一是感到时间不够用,无法应付所有必须完成的工作。妥善安排时间,分解任务并逐一完成,可以缓解这种不良感觉。

(一)安排工作时分清主次

把工作分成四大类:A(紧迫、重要)、B(紧迫、不重要)、C(重要、不紧迫)、D(既不重要也不紧迫),如图10.1所示。重点做好既重要又紧迫的工作,重要而不紧迫的工作往往容易被人忽视,但这类工作对长期发展非常重要,应引起关注。

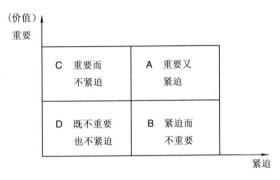

图10.1　时间管理分类法

(二)分配时间

要想最有成效地利用时间,最大限度地减轻压力,就必须仔细周详地规划好每一天。综观所有计划完成的工作,给每项工作分配一个适当的时间量。如果可能的话,尽量把一项或多项重要的A类工作安排在上午完成,以免整天对其念念不忘而产生压力。利用适当方法制订工作安排,如借助日志、使用电脑制作计划。

每天制作工作列表,列出所有必须完成的工作,按工作主次排列顺序,即根据工作的紧急性和重要性来安排次序。

三、提升行动力

秘书有时因领导布置比较陌生的任务而处于焦虑、痛苦的状态,迟迟不采取行动。其实,许多压力并不像人们想象的那么难应对,如果一个人陷入对压力的恐惧中,就会越想越觉得困难,越觉得困难就越害怕,而越害怕压力感就越大。

要认识到绝大多数忧虑是我们想象出来的;找出事情的真相,忧虑自然消失;了解事情最坏的状况,并立即开始设法改变现状;把注意力集中在解决问题的方法与程序上;去做害怕的事情。对任何事情,一旦你行动起来就会发现,并不像想象中那样难,有时反而会很容易。与其采取拖延的方式,整天生活在焦虑之中,不如马上行动,去做你害怕的事,害怕自然就会消失!

当然,面对困难、挫折,也并不是要盲目地行动,而是要善于行动,这样才能解决压力。此外,还要善于发现困难和挫折背后隐藏的机会。

四、构建和谐的人际关系

秘书每天都要跟领导、同事打交道,人际关系处理不好就难以顺利地完成自己的分内工作,进而引发诸多情绪困扰。

因此,秘书要协调处理好各种人际关系,除了掌握人际关系技巧外,还应该从深层次认知上明白,每个人都是独立的,每个人都有自己的待人处事的方式,你不能强求他人按照你的方式来对待你,他人做出不符合你的期望的行为可能有多种多样的其他原因,并不是对你不满。如果你非要他人按你期望的方式对待你,那么你在人际交往中必然会遭受挫折,从而产生不必要的心理压力。

同时,在与领导、同事和客户交往时,秉持宽容之心,遇事以大局为重。在工作中,人与人之间产生摩擦是不可避免的,作为秘书对此应表现出宽容豁达的胸怀,不斤斤计较个人得失。此外,还要注意团结那些与自己意见不同甚至相悖的同事,这样才有利于工作的推进。

具体来说,和谐人际关系的构建可以从以下几个方面着手:对上司,先尊重后磨合,如要让上司接纳你及你的观点,就应在尊重的氛围里,有礼有节、有分寸地磨合;对同事,多理解支持,在与同事发生误解和争执时,要学会换位思考,理解对方的处境;对下属,多帮助、细聆听,帮助下属,其实是帮助自己,因为员工们的积极性发挥得越好,工作就会完成得越出色,你也就能获得更多的尊重,而聆听为准确反馈信息又提供了翔实的依据。另外,接待一些有特殊关系和特殊背景的人员时,秘书人员也要把握适当的距离,既要笑脸相迎,又要保持一定的分寸做到敬而远之,不可表现得过于热情,以免引起周围人的误解,导致人际关系变得复杂。

能力训练

一位富有的企业家跟他的小学同学碰面了,这位企业家每月赚取的财富相当于他的同学工作85年所赚取的财富。小学同学问他:"为什么你能赚取这么多财富,而我的收入却这么低?"企业家说:"我们两个脑部思维方式不一样。"他的同学听完之后,非常生气,说:"我记得上学的时候,你抄我的作文,现在你跟我讲我们两个的脑部思维方式不一样,到底是哪里不一样?"企业家说:"因为我永远注意问题背后的机会,而你永远注意机会背后的问题,所以你会裹足不前。"

讨论:富商和这位同学在思考和行为上有什么不同? 这种不同会带来怎样的心理感受? 并分析造成不同结果的原因。

【习题与思考】

结合自己实际情况,谈谈如何针对消极情绪与压力来源进行管理?

专题4　秘书针对消极情绪与压力反应的管理

案例导入

小李是一家大型企业的高级秘书,负责协助总经理处理日常事务和组织重要会议。随着公司业务的不断扩展,小李的工作量急剧增加,经常需要加班加点以确保工作质量和效率。长期的高强度工作让她感到身心俱疲,出现了焦虑、失眠等压力反应。

小李意识到自己的情绪和身体状态开始受到影响,她决定首先对自己的情绪和压力水平进行评估。通过写日记的方式,她发现自己在面对紧急任务和多任务处理时压力最大。此外,缺乏休息和放松的时间也是导致压力累积的重要原因。

为了有效管理压力,小李制订了一套个性化的压力管理计划:

时间管理:她开始使用时间管理工具,如日程表和待办事项列表,合理规划每天的工作任务,确保工作和休息时间的平衡。

优先级排序:通过对工作任务进行优先级排序,小李能够集中精力先完成最重要的任务,避免因任务堆积而产生的焦虑感。

沟通技巧:她学会了更有效地与同事和上级沟通,明确表达自己的工作进度和遇到的困难,寻求必要的支持和帮助。

放松技巧:小李开始练习冥想和深呼吸等放松技巧,每天抽出一段时间进行放松训练,以缓解身心的紧张状态。

健康生活:她还注重改善自己的睡眠质量和饮食习惯,保证充足的睡眠和均衡的饮食,增强身体的抗压能力。

小李坚持执行自己的压力管理计划,并根据实际情况进行调整。例如,她发现某些放松技巧对自己特别有效,就会加强这方面的练习;如果某项策略效果不佳,她会及时调整或尝试新的方法。

经过一段时间的努力,小李发现自己的压力水平明显下降,工作效率也有所提高。她不仅在工作中更加自信和高效,而且生活质量也有了显著提升。通过这次经历,小李深刻认识到,有效的压力管理对于个人的职业发展和身心健康至关重要。

小李的案例告诉我们,面对工作中的压力,我们不能被动接受,而应该主动采取措施进行管理。通过识别压力来源、制订合理的管理策略,并坚持实施与调整,我们完全有能

力将压力转化为推动自己前进的动力。正如小李所展现的那样,压力管理不仅是解决问题的过程,更是个人成长和自我提升的契机。

一、树立正确消极情绪与压力应对观

要管理好消极情绪与压力,需要树立正确应对消极情绪和压力的观念。

(一)消极情绪的多重面貌

消极情绪,如同一座深邃的宝藏山,蕴藏着焦虑、悲伤、愤怒、恐惧等多种宝石。焦虑是未来的不确定性在心头投下的影子,让人在徘徊中寻觅方向;悲伤则是失去后的阵痛,教会我们在泪水中学会释怀与珍惜;愤怒,是不满与挫败感的火焰,燃烧着改变现状的决心;而恐惧,则是对未知本能的警觉,促使我们更加谨慎地探索世界的边缘。每一种消极情绪,都是生命故事中不可或缺的篇章,它们以独特的方式诉说着人性的脆弱与坚韧。

尽管消极情绪常被视为心灵的负担,但它们实则是一把双刃剑。一方面,过度沉浸其中可能导致心理健康的滑坡,影响生活质量和社会功能;另一方面,适度的消极情绪却能成为个人成长的催化剂。正如夜空中最亮的星往往诞生于最深的黑暗,许多人在经历挫折与痛苦后,反而激发出了前所未有的创造力与韧性。它们促使我们反思自我、调整策略,以更加成熟的心态面对未来的挑战。

(二)适当的压力会带来高绩效

压力对你个人的效率能够起到帮助或阻碍的作用,两者的关系通常如图10.2所示。当你的压力程度上升时,你的个人效率随之提高;但当压力程度超过了你的最佳压力点时,你的个人效率随之降低,并且长时间处于这种状态还会导致身心方面的问题。这就意味着,当压力使你更加警觉、精力更加充沛时,它对你有益,并能使你全神贯注,保持高水平的工作状态。适度的工作压力可刺激机体处于紧张状态,提高工作业绩。著名心理

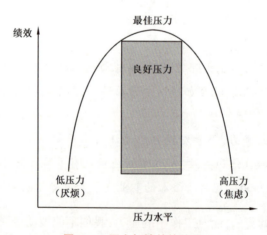

图10.2　压力与绩效的关系

学家罗伯尔认为,压力如同一把刀,它可以为我们所用,也可以把我们割伤。那要看你握住的是刀刃还是刀柄。

(三)压力带来乐趣和成长

为了维持正常的生理和心理状态,人们需要一个最低水平的刺激输入。贝克斯顿在美国麦吉利大学开展了感觉剥夺研究,并招募了大学生志愿者作为实验参与者。志愿者每天躺在床上,除了睡觉基本不进行其他活动,并且每天能获得20美元的酬劳。他们可以自己决定何时退出实验。结果大多数被测试者在实验开始后24至36小时内要求退出,没有人坚持超过72小时。研究人员认为,维持大脑觉醒状态的中枢结构——网状结构需要得到外界的刺激来维持一个激活的状态。实验证明,生命活动的维持需要一定水平的外界刺激。有时人们还会主动寻求刺激,如观看恐怖片、参加户外探险活动以及在公园里体验惊险娱乐项目等。

行为医学研究发现,追求"成就感"或"事业的成功"是人类行为极为重要的动机之一,而工作恰恰是人们满足成就欲望的无可替代的途径。此外,工作还可以帮助人们排解一些不必要的烦恼和忧愁。

人的成长和发展就是不断适应环境压力的过程。个体在一生的发展中,在每个阶段都需要应对新的要求。没有压力,就没有成长。压力是无处不在、不可避免的,也是必要的。人在成长与发展过程中,只有不断保持一定程度的焦虑、恐惧与不安全感,才能维持自身的警觉性,不断提升自我,创造新的业绩,谋求更大的发展空间,获得内心的慰藉。因此,要把压力视为一种动力,了解它、接受它,享受它所带来的张力。

知识链接

螃蟹激活效应

日本人很喜欢吃一种鱼,而这种鱼必须从西伯利亚空运到日本。不知道为什么,每次在空运过程中,都会有高达40%的鱼因为飞机摇晃而晕机死亡。为了降低鱼的死亡率,有人提出在水箱中放入鱼类的天敌——螃蟹,这样一来,鱼为了躲避螃蟹的攻击,自然会集中精神、全力戒备以保护自己,不畏外在环境的威胁。结果,这一方法真的奏效了,鱼的死亡率从40%降到了5%。

二、正确认识秘书职业角色的性质

有人这样描述秘书工作:电话铃声不停,迎来送往不断;校对时念念有词,开会时默默无言;来得最早,走得最晚;整日头昏脑涨,成果遍寻不见。长期从事这种工作,难免会产生厌倦心理。健康的秘书工作者应该正视现实,对自己的工作性质有一个正确的认

知。在认清了自己的工作角色和工作性质后，积极主动地去适应现实，心态就会变得平和，就能正确应对工作中的诸多不如意。

有些秘书对琐碎重复的工作感到厌烦，通常是因为没有定位好自己的角色，没有认识到自身的价值。现代秘书的职业素养具有无限的提升空间，要成为一名优秀的秘书，其实也并不是一件容易的事情，而且在这个岗位上能学习到的并非一般的技能性的知识，而是如何为管理一个企业或一个部门提供参谋意见，这对于个人以后的职场生涯是十分有益的。

三、树立明确长远的目标

一个人一旦拥有了长远的、清晰的、有意义的目标，就可以过得充实、坦然，不至于为每天的烦心事而苦恼，减轻眼前的困难和挫折造成的不良影响。精神病理学大师弗兰克尔曾说，有意义的目标，是克服困难的能力之源。秘书工作岗位虽然任务机械、单调、琐碎，但因为处在机要部门，和高层领导接触的机会多，增长的见识多，并且获得的锻炼机会，晋升机会也多。因此，要着眼于长远发展，正所谓"路遥何须愁日暮，心有明月照行途"。

秘书的奋斗目标要视情况而定。在企业中，许多秘书的发展方向就是朝着办公室主任的职位努力。再往前的职业道路如何发展，那就因人而异了。

秘书的职业发展路径一般有以下几种情形[①]：

第一条路径是成为一个部门的主管。因为秘书工作能够接触到组织业务的各个方面，秘书人员在职业转换，特别是组织内部换岗方面具有很好的优势。行政主管方向是秘书未来的职业发展比较便利的选择之一，如可以朝着公关经理、人事经理、业务经理等岗位发展。某科技生物公司的人事主管说，他对公司里"秘书""特别助理"这两个职位的人员选拔把关得最紧。秘书如果工作表现出色，则有机会晋升为特别助理，而特别助理岗位则是培养主管人才的摇篮。有的公司还需秘书负责咨询服务工作，组织产品和办公室自动化的展览会以及组织研讨会，要做好这些工作，就需要具备相关的科技专业知识背景。但是，想向这个方向发展的秘书在心里要明确：一方面，在主观上自己要付出努力，学习相关专业知识，培养自己的行政能力，同时还需具备一定的政治智慧，要先明确方向，并且个人目标不要定得过高；另一方面，在客观上还会受领导因素的制约——领导是否会发现你、任用你；此外，还会受环境的制约，即个人是否有发展机遇。只有这样，才能更有机会向主管这一位置靠近。

第二条路径是自行创业。秘书若有了这样一个目标，个人主观因素的影响就非常大：要确定自己是否有承受风险的能力，是否具备独挑大梁的精力和能力，以及在自行创

---

① 徐曼.企业秘书的心理困扰及调适[J].焦作大学学报，2007，21（1）：125-127.

业方面是否具备了相应条件。要对自己有一个客观的评价与认知,不能盲目行事。

第三条路径是秘书界专家、教育工作者,或者选择终身以秘书为职业,这应该是一条很好的发展路径。因为专业对口,不需要我们付出额外巨大的努力去"晋升"、去"独创"。秘书可以凭借自身的素养和工作状态,服务于领导和领导工作,真正地把秘书工作作为一个专业化、永久化的职业去对待。这就要求秘书工作者不能单纯把秘书工作当成一个养家糊口的职业,而是要把它作为一个事业去用心经营。

秘书一旦找出了自己长远发展的路径,心中有了明确的目标,就会减少许多烦恼和困扰。

四、了解认知与情绪及压力的关系

美国的戴维·迈尔斯说过:"压力不仅仅是一个刺激或一个反应。它是我们用来评价和应对环境威胁和挑战的过程。我们生活中的事件要经过一个心理过滤器。压力更多地来自个体对事物如何评价,而不是事件本身。"[①]

心理学上有一个理性情绪理论,又称 ABC 理论,是由美国临床心理学家艾里斯提出的。艾里斯认为,在人们情绪产生的过程中有三个重要的因素:诱发情绪发生的事件;人们对诱发事件所持的相应信念、态度和解释;以及由此引发的人们的情绪和行为的结果。情绪并非由导致情绪发生的诱发事件直接引起的,而是通过人们对这一引发事件的解释和评价所引起的,即并非事件引起了情绪,而是人们对事件的认识引起了情绪。

理性情绪理论的核心观点如下:

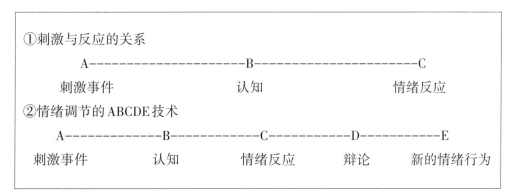

理性情绪理论的应用步骤:

首先,将引发不良情绪的事件和认识一一列出。

其次,找出引发不良情绪的非理性信念(Irrational Belief)。非理性信念有以下几种主要特征:

---

① 迈尔斯.心理学[M].黄希庭,等,译.北京:人民邮电出版社,2006:458.

（1）绝对化。从自己的意愿出发，对某一事物怀有认为其必定如此或必定不是如此的信念。这种特征常常表现为日常生活中"应该""必须""一定""绝对"等用语。

（2）过分概括化。这是以偏概全的思维方式。在这种非理性特征中，世界上的事物只有两类：正确或错误。对自己或他人的某一缺点、不足加以扩大，求全责备，由此否定自己或他人的整体价值。

（3）灾难化。常会表现为一旦出现了什么问题，就会产生这种情况：天就要塌了，再没有比这更可怕的了等。对某一负性事件进行推论，认为其结果将非常糟糕、非常可怕，甚至觉得自己正面临灭顶之灾。

再次，通过对非理性观念的认识、驳斥和纠正，找出合理的观念。

最后，通过建立合理的信念（Rational Belief），达到情绪感受的改变。

因此，当你愤怒的时候可以通过改变认知来改变情绪。例如，如果一个司机在公路上把你的车给堵住了，你很自然地会生气。这时，你应该提醒自己这位司机并没有使你生气，这件事也没有使你生气或对你产生压力，而是你下意识的认知导致了你生气。而如果你这样暗示自己，这个司机实在不容易，他可能现在正有急事要办，不料车出了问题，他现在一定很着急。你一旦这样想，就不会再生气了。

知识链接

被迫做就是苦差，自愿干就是乐事

马克·吐温在其著作《汤姆·索亚历险记》的第2章写道：汤姆接到了一个无聊的任务，把波莉姨妈75平方米的栅栏刷成白色。这项工作一点都不能让他兴奋，"生活对他来说太乏味了，活着仅是一种负担"。就在汤姆正要灰心绝望的时候，一条"聪明绝伦，妙不可言"的妙计涌上心头。他的朋友本漫步到他面前准备嘲笑他的时候，汤姆做出了很疑惑的表情。他说，把颜料涂到栅栏上不是苦差事。它是一种特权，是一种内在激励方式。这活儿看起来很诱人，当本问他能不能亲自刷几下的时候，汤姆拒绝了。直到后来本以自己的苹果作为交换，汤姆才给了他刷栅栏的机会。马克·吐温总结道："所谓'工作'就是一个人被迫要干的事情，至于'玩'就是一个人没有义务要干的事情。"奖励有时候很奇怪，它就像对人的行为施了魔法：把有意思的工作变成了苦工，把游戏变成工作。

能力训练

如图10.3所示，试着从不同角度去看，看到的画面有什么不同。

图10.3　老妇还是少女？

五、找人宣泄不良情绪

不管一个人对外有多么强大，他的内心都是脆弱的。所以，每个人都是需要安慰的。在美国有一种缓解情绪的方法：在一个叫宣泄室的屋子，你可以对着里面说话，里面会有简单的回应，实际上是机器在回应，它能让情绪得到缓解。在日本的一些公司会专门安排一个发泄室，当员工不满时，可以到里面打领导的模型，也可以摔东西、骂人等等，目的是发泄和缓解不满情绪。还有一些女孩子不满时会发疯地吃东西，这实际上是一种情绪转移现象，也是一种宣泄。

秘书工作时时、处处都会面临压力和挫折。当遇到比较大的挫折时，最好去找具有强势思维的人诉说，他会帮你找方法，给你以力量。不要找一些一开口就同情你的人诉说，一些廉价的同情可能会让你心里好受一点，但会让你陷入一种弱者的境地，进入弱势思维模式，处处感到不公正，对命运感到不满，最终对你无益。当然，你还可以找亲人、信得过的朋友诉说，但他们可能并非具有强势思维的人，他们或许完全是出于好意，然而仍会给你传达一种弱势思想。你只要留意这一点就行了。对于他们的一些话，可以有选择性地听取，但自己心中要明白，你的目的是让自己的心灵减负，而不是向亲人寻求解决的方法。

六、学会幽默

幽默风趣是人类宝贵的精神财富，是情感丰裕和心灵自由的体现。在生活和工作中面临诸多困惑时，幽默风趣能帮助你化被动为主动，变尴尬为愉悦，以轻松的微笑代替沉重的叹息。丘吉尔就是一个很善用幽默化解困境的人。有一次，他在公开场合演讲，台下递上来一张纸条，上面只写着两个字："笨蛋"。丘吉尔知道台下有反对他的人等着看他出丑，便神色轻松地对大家说："刚才我收到一封信，可惜写信人只记得署名，忘了写内容。"丘吉尔不但没有被负面情绪左右，反而用幽默回敬了对方。

秘书工作内容繁杂，压力较大，有时难免产生烦躁、厌倦之情。具有幽默感的秘书，则能以出众的机智和精妙的语言化解困境，战胜挫折，获得良好的心境，保证工作的顺利开展。秘书在交往活动中运用幽默，可以让人感到轻松，易于沟通情感，达成理解，消除陌生感和紧张情绪，营造出和睦的交际氛围。

七、学会发现工作中的乐趣

当我们做自己喜欢的工作时，很少会感到疲倦。心理学家曾经做过这样一个实验：他把12名学生分成2个小组，每组6人，让一组的学生从事他们感兴趣的工作，另一组的学生从事他们不感兴趣的工作。没多长时间，从事自己不感兴趣工作的那组学生就开始出现小动作，再过一会儿就抱怨头痛、背痛，而另一组的学生干得正起劲。这说明，人们感到疲倦往往不是工作本身造成的，而是由工作的乏味、焦虑和挫折引起的，这些因素磨

灭了人们对工作的活力和干劲。[1]

因此,善于发现工作中的乐趣是对抗压力的有效方式。你把工作当作负担,你就要承受压力;你把工作当成乐趣,你就会乐在其中而不知疲倦。有人说,假如你非常热爱工作,那你的生活就是天堂,假如你非常地讨厌工作,你的生活就是地狱。因为在你的生活中,有大部分的时间是和工作联系在一起的。不是工作需要人,而是任何一个人都需要工作。约翰·米尔顿说过:"一切皆由心生,天堂与地狱只不过一念之间。"

八、学会放松技巧

压力生理反应调节的有效方式是松弛,松弛是一种身心的感受,能让人感受到身体肌肉的放松、心境的舒畅。当一个人在沉思、冥想或从事缓慢的放松活动时,体内会产生一种宁静的气息,如肌肉松弛训练、瑜伽、打坐等,使得心跳、血压及肺部氧气的消耗降低,从而使身体各器官得到休息。这对于常常不自觉地使自己神经紧绷,或下班后仍满脑子是工作压力的秘书而言,是相当重要的缓解压力的方法。

知识链接

什么叫真正的松弛?

要了解什么叫松弛,首先必须了解,肌肉紧张时会消耗能量,放松时才能够恢复能量。一个人坐着或躺着并不一定等于放松。即使坐在椅子上或是躺在床上,也可能和工作时一样,处于紧张状态。如果精神无法放松,肉体就根本不可能放松下来。还必须了解到,当你努力让自己放松时,不但起不到放松的效果,反而使自己变得更疲劳,意志的力量对放松根本没有任何帮助,因为当你在做意志努力时,却正在消耗体内的能量。也就是说,用一种很有压力的方式来进行压力管理是达不到预期效果的,但这却是常见的现象。如果非常努力地要去控制压力,这种努力本身就构成了压力。

怎样做到松弛呢? 松弛主要是通过肌肉、骨骼关节和呼吸的放松,以及神经的放松等基本动作,来降低机体能量的消耗,从而达到控制情绪强度的目的。神经放松,尤其是大脑的放松,一般需要进行专门训练,其中颈部的放松动作对于消除紧张情绪十分重要。颈部位于中枢神经系统的中间部位,是连接大脑和脊椎的桥梁,颈部肌肉和骨关节的放松可以使来自内脏器官的兴奋冲击降低或中断,从而使得紧张的情绪状态失去激发的物质(神经能量)基础,进而降低情绪的紧张性。人在肌肉放松时的情绪状态与处于紧张焦虑时的身心反应是互相对抗的,两者难以相容,一种状态的出现必然会抑制另一种状态。因此,可以通过训练,诱发全身各个部分的肌肉放松,以此克制人们在紧张焦虑时的情绪

---

[1] 凯普.自驱力:工作态度决定一切[M].蓓蕾,译.北京:中国工人出版社,2004:45.

反应,使身心达到一种泰然自若的境界。

能力训练

想象中解压的心理暗示:

(1)平躺在床上,尽量放松你的肌肉。

(2)闭上眼睛,把工作忘掉。

(3)想象一个熟悉的地方,最好是以前一个你喜欢的园景。

(4)想象一个你曾经历过的令你高兴的情景。

(5)用你的想象将上面两种情景联系到一起,让那个高兴的情景发生在你喜欢的园景中。

(6)观察你想象中的园景,体验高兴的情景。

(7)然后进一步放开想象力。记住,你只是随着你的想象走。

(8)保持这种宁静状态,10分钟、20分钟、30分钟都可以,然后让自己回到躺着的地方,让想象的景物消失,睁开眼睛回到现实。你会感到头脑清醒,身心不那么沉重了。

九、合理饮食

有一个健康的身体可以更好地缓解生活中不可避免的压力,良好的营养摄入可以塑造健康的身体。有的管理者因为忙碌而放弃正常的饮食,甚至以方便面充饥,这样会造成营养不良,进而影响精力,不仅不利于工作,还会损害身体健康。正确的饮食习惯有助于预防或控制高血压、心脏病、消化不良、便秘、低血糖、糖尿病和肥胖症等病症。良好的饮食习惯同时也能降低愤怒、头疼和疲劳程度。日常饮食要做到合理搭配、定时定量,勿忽饥忽饱。

(一)少吃刺激性的食物

有些食物会引发压力,如可乐、咖啡和巧克力。它们含有咖啡因,能加快新陈代谢速度、提高警觉性、引致压力荷尔蒙的分泌,导致心跳加速、血压上升。香烟中的尼古丁,也会引起压力。

(二)多吃富含维生素B和C的食物

身体处于压力状态时,会消耗大量的维生素B和C。当人体缺少维生素B和C时,会感到焦虑、情绪低落、失眠、软弱无力,还可能会出现胃痛的症状。此外,缺乏维生素B和C,还会减少肾上腺荷尔蒙的分泌,从而降低应对压力的能力。所以人应多吃豆类、绿叶蔬菜、动物肝脏和鱼来摄取足够的维生素B,多吃柑橘、番茄、白菜、马铃薯来摄取足够的维生素C。

（三）多吃钙质食物

压力还会影响肠对钙的吸收，增加钙、钾、锌、铜、镁的排出。这对中年妇女的影响较为显著，容易引发骨骼疏松等病症，严重时甚至会导致骨折。

（四）少吃盐

过量的盐分也可能会引致压力。有些人会因为食用盐分过高的食物，而导致血压升高。当他们面对压力时，他们的血压会进一步升高，对心脏造成很大的负荷，后果严重。

（五）少吃糖

过量的糖分摄入也可能会引致压力。要分解糖需要足够的维生素B。当身体应对压力时，需要维生素B参与多种生理过程，其中包括促进肾上腺荷尔蒙的分泌等。所以应少吃糖分高的食物，以减少身体因分解过多糖而消耗维生素B，从而让体内有足够的维生素B来参与促进荷尔蒙的分泌，帮助身体应对压力。此外，不要短时间内快速节食，因为这会造成血糖过低，进而引发焦虑、头痛、眩晕、颤抖、不安等症状。

（六）适量饮水

压力的生理影响包括脱水和随之而来的血液黏稠度的增加、皮肤营养不良、消化功能紊乱以及新陈代谢紊乱。防止脱水的一个重要措施就是增加水的摄入量。茶、咖啡和酒均为利尿物（实际上会增加身体水分的流失），相反，纯净水或天然的不加糖的水、果汁才是补充水分的最佳选择。

表10.3 健康膳食基本构成

成分及摄入量	典型食品
维生素与矿物质 维生素帮助机体正常运转。有关部门对各种维生素的每日摄入量都有一个权威性的建议 矿物质包含二十多种化学成分，对身体健康同样重要	很多食品富含维生素 维生素C含量丰富的有柑橘类水果、西红柿、西瓜、草莓 维生素D多来自水果蔬菜、海鲜、动物肝脏、蛋类等 维生素B族多来自谷物类、动物内脏、蛋黄、水果类等 阔叶蔬菜和鱼富含多种矿物质
碳水化合物 此类食品包括糖类和淀粉类，营养学家一般建议，碳水化合物应占健康饮食的55%左右	碳水化合物多来自粗面包、糖果、面食、苹果、甜玉米烤制的红色菜豆、扁豆、青椒、杏干、香蕉、烤或煮土豆、未经腌制的坚果、水果干、糙米等
植物蛋白质 人体需要由氨基酸构成的蛋白质，以利于细胞的生长和修复，同时提供各类抗体和荷尔蒙合成酵素，部分豆类蔬菜等含有一定数量的这类植物蛋白质	植物蛋白含量丰富的有豌豆、大豆、谷物、扁豆、土豆等。但某些植物蛋白中基本氨基酸成分不足或种类不全，所以应该尽量把坚果、谷物与豌豆、大豆掺杂食用

成分及摄入量	典型食品
动物蛋白质 动物蛋白质给人体提供的蛋白质很全面,也就是说,人体所需的一系列基本氨基酸在动物蛋白中都能找到,而且各类氨基酸所占比例协调	红色肉类是动物蛋白质的一大来源,对于维持健康的身体非常必要 家禽、鱼、蛋以及奶酪、黄油、牛奶、酵母等同样可以提供动物蛋白
脂肪 脂肪是食物中的基本能量单位。机体的有效运转不可缺少脂肪。健康饮食中,脂肪含量应为30%,脂肪过多则会导致各种严重疾病,比如心脏病	多不饱和以及单饱和低脂肪在鱼肉、鸡肉、植物油和牛油果中大量存在 相比来说,黄油、肉类、蛋类、奶油以及全脂牛奶则含有丰富的饱和脂肪,不利于人体吸收,而且对身体健康不大有利

十、丰富自己的精神文化生活

厌职的人往往缺少对工作、对组织、对人的热情和兴趣,也失去了工作的目标和动力。为了改善你的生活,你需要广泛涉猎各种不同类型的知识,接触不同的人群,培养兴趣爱好,从而重新唤醒对人生的美好追求和生活的渴望。你可以利用升华技巧,把自己的原始需要、欲望投射到其他科学文化领域之中,抛开杂念和烦恼,追求高尚的目标。你可以做到的有很多,例如,可以多参加一些社交活动。许多沮丧的人放弃了他们最喜爱的业余活动,这只会让心情更糟,所以,为了调整你目前的心情、扭转心态,不妨每天多参加些社交活动,如朋友联欢会、聚餐或参加一个社团组织、一个沙龙等。

你可以通过旅游、回归大自然的怀抱来调适自己的不适心态,因为当你精神压抑时,漫步于田间地头,跋涉于山水之间,看春华秋实,听蝉鸣鸟啼,置身于大自然的怀抱会让你产生许多联想与灵感,悟出很多人生哲理;你可以坚持参加体育锻炼,因为"健康的人格寓于健康的身体"。事实上,有许多厌职者和无数的精神压抑者都是通过极限运动(如卡丁车、蹦极、攀岩、冒险竞赛)和体育锻炼(如散步、慢跑、游泳、瑜伽、拳击和骑车等)来改变心态和情绪的。出一身汗,压力就烟消云散了,精神就轻松多了。科学家经过科学实践证明,呼吸性的锻炼可使人信心倍增、精力充沛,这些活动让人的肌体彻底放松,从而消除了紧张和焦虑的心情。

知识链接

生命的长度和宽度

你改变不了环境,但你可以改变自己;

你改变不了事实,但你可以改变态度;

你改变不了过去,但你可以改变现在;

你不能控制他人,但你可以掌握自己;

你不能预知明天,但你可以把握今天;

你不能左右天气,但你可以改变心情;

你不能选择容貌,但你可以展现笑容;

你不可以样样顺利,但你可以事事尽心;

你不可以延伸生命的长度,但你可以决定生命的宽度。

能力训练

心理素质训练:学会理性思考

以小组活动形式从A、IB、C、RB四个方面分析下列描述,并总结非理性想法和理性想法对人的不同影响。

1.我在路上遇见了教我们课的老师,老师没有看我一眼就走过去了。老师可能是认为我成绩不好,不想理睬我,所以装着没看见我,其实他是看不起我。

A(事件):

IB(不合理想法):

C(情绪后果):

RB(理性想法):

2.我希望我的人际关系很好,我努力地想得到别人的喜爱,我应该得到每个人的喜爱和赞美。但昨天经理说我桌子太乱,我觉得一切都白费了,我根本就不受重视,他一定不喜欢我。

A(事件):

IB(不合理想法):

C(情绪后果):

RB(理性想法):

3.我是一个主管,我必须很能干、很完美,并且在各方面都有很好的成就。可是上次开会的时候,我有点累,做结论时,讲错了一句话,他们在底下偷偷笑我。唉!身为主管竟然出现这种不可原谅的错误,真是太丢脸、太失身份了。讲话都讲不好的人,一定不会受到尊重的,我真没用。

A(事件):

IB(不合理想法):

C(情绪后果):

RB(理性想法):

心理素质训练:压力游戏——好技巧,坏技巧

游戏目的:通过参加游戏,学习正确评价控制压力的建设性技巧与破坏性技巧。

游戏时间:大约15分钟。

材料准备:一块黑板或投影,大张白纸也可以,用以记录下那些被提出的技巧。

操作要求:要求参加游戏的所有人提出尽可能多的控制压力的技巧。每提到一种新的技巧时,让其他人大声地回答该技巧"好"或者"不好",并且把这些技巧填在黑板上相应的"好技巧""坏技巧"的栏目里。针对其中一些或所有的技巧,要求大家分别进行充分的论证。表10.4是一个可能会出现的清单(仅供参考)。

表10.4　好技巧,坏技巧

好技巧	坏技巧
深呼吸	暴饮暴食
慢跑	装着不存在
游泳	沉溺于手机中
按摩	吃镇定药
找好朋友聊	对某人大发脾气,以得到宣泄
自我放松	吸烟、喝酒

讨论:

1.调整压力的好技巧与坏技巧之间有什么区别?

2.为什么理解好技巧与坏技巧的区别很重要?

3.为什么说尽可能多地学习并掌握好的技巧很重要?

其他还可供参考的操作:还可开列第三个名单,叫作"糟糕透顶的技巧"。这些技巧对于控制压力来说尤其有害,不幸的是,大约10%~20%的人每天都求助于这些手段。"糟糕透顶的技巧"可以被界定为其长期后果将对生命产生威胁的东西,药物滥用恰好属于这一类。

注意:最后组织者要提示组员认识到,"好技巧"只带来利益,而"坏技巧"往往先带来短暂的好处(如服药后的"亢奋"),随之而来的是更严重的问题。

个人操作:列出你自己控制压力的好的与坏的技巧。你能够添加更多好技巧而从坏技巧的清单中消除一些吗?

【习题与思考】

1.压力对人有怎样的影响?

2.结合实际谈谈,秘书如何有效管理情绪与压力?

参考文献

[1] 埃科尔. 快乐竞争力: 赢得优势的 7 个积极心理学法则[M]. 师冬平, 译. 北京: 中国人民大学出版社, 2012.

[2] 白金汉, 克利夫顿. 现在, 发现你的优势[M]. 方晓光, 译. 北京: 中国青年出版社, 2002.

[3] 白金汉. 现在, 发现你的职业优势[M]. 苏鸿雁, 谢京秀, 译. 北京: 中国青年出版社, 2007.

[4] 曹振杰. 职业生涯设计与管理[M]. 北京: 人民邮电出版社, 2006.

[5] 陈国海. 组织行为学[M]. 2 版. 北京: 清华大学出版社, 2006.

[6] 陈鸿雁. 管理心理学[M]. 北京: 北京交通大学出版社, 2008.

[7] 陈勇. 秘书心理学[M]. 2 版. 大连: 东北财经大学出版社, 2015.

[8] 蒂姆, 彼得森. 人的行为与组织管理[M]. 钟谷兰, 译. 北京: 中国轻工业出版社, 2004.

[9] 段万春. 组织行为学[M]. 重庆: 重庆大学出版社, 2003.

[10] 范兰德. 轻松做秘书[M]. 广州: 广东经济出版社, 2003.

[11] 格林伯格. 压力管理[M]. 潘正德, 译. 台北: 台湾心理出版社股份有限公司, 1995.

[12] 格林豪斯, 卡拉南, 戈德谢克. 职业生涯管理[M]. 王伟, 译. 北京: 清华大学出版社, 2006.

[13] 洪凤仪. 一生的职业规划[M]. 广州: 南方日报出版社, 2002.

[14] 侯典牧. 秘书心理学[M]. 北京: 首都经济贸易大学出版社, 2008.

[15] 侯典牧. 秘书心理学[M]. 北京: 中国劳动社会保障出版社, 2005.

[16] 黄素菲. 人际关系测试与训练[M]. 北京: 中国纺织出版社, 2002.

[17] 季水河. 秘书心理学[M]. 长沙: 中南工业大学出版社, 1997.

[18] 金盛华, 张杰. 当代社会心理学导论[M]. 北京: 北京师范大学出版社, 1995.

[19] 凯普. 自驱力: 工作态度决定一切[M]. 蓓蕾, 译. 北京: 中国工人出版社, 2004.

[20] 理弘. 给新员工 101 条忠告: 公司新人必须遵守的天条[M]. 北京: 华艺出版社, 2005.

[21] 廖金泽. 公司秘书手册[M]. 深圳: 海天出版社, 2002.

[22] 廖金泽. 怎样做高级秘书[M]. 广州: 广东旅游出版社, 2000.

[23] 刘儒德, 等. 教育中的心理效应[M]. 上海: 华东师范大学出版社, 2006.

[24] 刘正周. 管理激励[M]. 上海: 上海财经大学出版社, 1998.

[25] 罗宾斯. 组织行为学[M]. 孙健敏, 李原, 译. 北京: 中国人民大学出版社, 2005.

[26] 迈尔斯. 心理学[M]. 黄希庭, 等, 译. 北京: 人民邮电出版社, 2006.

[27] 孟庆荣. 秘书工作案例及分析[M]. 北京: 清华大学出版社, 2007.

[28] 彭聃龄 . 普通心理学[M]. 2 版 . 北京: 北京师范大学出版社, 2001.

[29] 平克 . 驱动力[M]. 龚怡屏, 译 . 北京: 中国人民大学出版社, 2012.

[30] 申先军 . 领导者的大脑: 神经科学与领导力提升[M]. 北京: 人民邮电出版社, 2019.

[31] 谭融 . 公共部门人力资源管理[M]. 3 版 . 天津: 天津大学出版社, 2017.

[32] 魏特利, 薇特 . 乐在工作: 成功的 31 个信念[M]. 尹萍, 译 . 上海: 上海交通大学出版社, 2002.

[33] 张钦平 . 秘书心理学[M]. 合肥: 安徽文艺出版社, 1990.

[34] 赵中利, 史玉峤 . 现代秘书心理学[M]. 青岛: 青岛出版社, 1996.

[35] 赵中利 . 秘书心理学[M]. 北京: 北京师范大学出版社, 2017.

[36] 周恩珍, 周文建, 史华楠 . 秘书心理学[M]. 北京: 中国城市经济社会出版社, 1990.

[37] SALVO V D, LUBBERS C, ROSSI A M, et al. Unstructured perceptions of work related stress: an exploratory qualitative study[M]// CRANDALL R, PERREWE P L. Occupational stress: A handbook. Boca Raton: CRC Press, 1995.

[38] 鲍亚林 . 浅谈 AI 技术在秘书工作中的应用[J]. 秘书之友, 2023(7): 4-6.

[39] 笔岸 . 秘书要扮演好三种角色[J]. 应用写作, 2024(8): 1.

[40] 杜立新 . 论领导的秘书观[J]. 秘书之友, 2022(12): 9-11.

[41] 顾周东, 沈晓力 . 企业行政工作中秘书的辅助决策职能探究[J]. 活力, 2022(22): 106-108.

[42] 关琼 . 秘书职业倦怠及解决策略探讨[J]. 办公室业务, 2022(23): 110-112.

[43] 侯典牧, 刘翔平 . 基于需求层次的快乐工作特征调查研究[J]. 中华女子学院学报, 2008, 20(3): 83-87.

[44] 侯典牧, 朱颖敏, 刘翔平 . 关于快乐工作特征的调查研究[J]. 中华女子学院学报, 2007, 19(2): 49-53.

[45] 侯典牧 . 谈秘书职业生涯发展的特点、类型及趋势[J]. 秘书之友, 2008(5): 8-9.

[46] 黄荣华 . 融媒体时代网络舆情对秘书工作的挑战及对策研究[J]. 秘书, 2022(5): 85-92.

[47] 黄志刚 . 国有企业秘书的角色定位与职业素养[J]. 经营管理者, 2024(8): 78-79.

[48] 李利利 . 秘书如何应对职业生涯中的"三大挑战"[J]. 秘书之友, 2022(7): 46-48.

[49] 李兴桂 . 企业办公室秘书如何处理好人际关系[J]. 秘书, 2006(2): 30-31.

[50] 李玉芬 . 现代秘书工作的职业特点与发展趋势[J]. 贵州师范大学学报(社会科学版), 2005(4): 119-121.

[51] 刘利利 . 浅论秘书与领导的关系[J]. 内江科技, 2007, 28(8): 74, 102.

[52] 刘明国 . 保守秘密: 领导秘书应做到这几点[J]. 保密工作, 2022(10): 51.

[53] 刘燕平 . 企业秘书角色定位过程探析[J]. 嘉兴学院学报, 2002, 14(S1): 109-111, 128.

[54] 刘占卿, 吴浩 . 论市场经济条件下秘书人员的价值观建设[J]. 衡水学院学报, 2005, 7(2): 34-36.

[55] 满宗洲 . 秘书向领导请示工作应注意的几个问题[J]. 秘书工作, 2004(3): 34.

[56] 潘连根 . 再论秘书的角色定位[J]. 秘书之友, 2022(10): 10-13.

[57] 彭惠平, 叶文举 . 试论秘书与领导关系的双向性[J]. 秘书之友, 2020(4): 4-7.

［58］邱宗国.共情语言在秘书人际沟通中的应用技巧[J].秘书之友,2022(11):40-42.

［59］舒晓兵,廖建桥.工作压力研究:一个分析的框架:国外有关工作压力的理论综述[J].华中科技大学学报(人文社会科学版),2002,16(5):121-124.

［60］孙杰军.浅谈秘书工作艺术[J].淮北职业技术学院学报,2003,2(4):73-82.

［61］孙龙,姚成福.从秘书的定义解析秘书的角色意识与价值取向[J].甘肃科技纵横,2005,34(1):64-65.

［62］王小明,莫雨,宇仙,等.发生在秘书身边的细节故事[J].秘书工作,2005(5):21-22.

［63］韦经麟.浅谈秘书的角色定位[J].和田师范专科学校学报,2005(6):215-216.

［64］吴建强.试论正确处理秘书与领导者之间关系的艺术[J].镇江市高等专科学校学报,2000,13(4):39-42.

［65］肖丽珍.秘书对领导应持的态度[J].秘书,2005(7):14-15.

［66］徐曼.企业秘书的心理困扰及调适[J].焦作大学学报,2007,21(1):125-127.

［67］颜卿鸿.影子领导与背后助手:秘书角色认知心理分析[J].领导科学,2016(19):51-53.

［68］岳湘华,房翔.浅谈领导与秘书的相互影响[J].企业家天地,2006(7):27-28.

［69］张瑞志.秘书要积极适应领导特点[J].秘书工作,2004(2):44-18.

［70］张婷.新时代背景下办公室秘书职业素养培养与实践[J].办公室业务,2024(10):15-17.

［71］周乐秋,张帆.试析企业秘书的心理挫折及预防[J].新闻天地(论文版),2008(5):177-180.

［72］朱华贤.心理学家为什么能难倒心算家[J].科学24小时,2002(6):9.

［73］邹波.高校办公室秘书工作角色的定位与意识培养[J].山东省青年管理干部学院学报(青年工作论坛),2004(3):90-91.